뇌의 스위치를 켜라 365

* 본서에 인용된 일부 신약성경 본문은 순전한나드에서 출간된 《원뉴맨성경》을 사용하였다.

뇌의 스위치를 켜라 365

SWITCH ON YOUR BRAIN

캐롤라인 리프 지음 | 심현석 옮김

| 서문 |

성경은 여러 장르가 한데 모인 놀라운 책이다. 성경이 다루는 내용도 단순한 이야기부터 다양한 인물들, 기이한 사건에 이르기까지 매우 다양하다.[1] 성경의 이야기들은 과거, 현재, 미래를 아우르며 인간의 노력과 승리, 실패를 보여 준다. 각각의 이야기는 소망과 두려움, 꿈과 선택으로 가득하다. 성경은 삶보다 더 숭고한 목적을 노래하고, 생존에 필요한 요소보다 생명 자체의 중요성을 말한다.[2]

성경은 매우 위대한 책이다. 그래서 기록된 지 수천 년이 지났음에도, 여전히 우리는 이 책을 겨우 수박 겉핥기 식으로 이해할 뿐이다. 수없이 읽고 또 읽어도 보고 이해해야 할 내용이 무궁무진하다.

성경은 시간의 흐름과 함께 자연스레 쌓여 간 역사적 기록이 아니라 그 자체로 살아 있는 책이다. 성경은 생명을 내포하고 있는 책 중의 책이며, '살아 있는 말씀'이다. 비유하자면 성경은 인간의 마음과 같다. 우리의 마음처럼 역동적이고, 찬란하며, 강력하고, 엄청난 영향력으로 가득하다. 성경은 독자의 삶은 물론, 온 세상에 크나큰 영향을 끼친다. 그러므로 이 책을 제멋대로 이해하거나 활용해선 안 된다.

성경은 매우 정교하고 선명하면서 모호하기도 하다. 우리는 성경을 인간의 경험이라는 정황에서 분리할 수 없다. 예수님을 보라. 그분은 인간으로 이 땅에 오셨다. 성육신하신 하나님께서 모든 비밀과 변화와 약속을 품은 채 인류의 역사 속으로 들어오신 것이다.

무엇보다도 문자는 인간 사회가 이뤄진 후에야 등장했다.[3] 그러므로 성경은 인간의 경험과 기억이 반영된 이야기들의 모음집이라고 할 수 있다. 이것은 우리의 사고방식이 생각과 말과 행동에 영향을 끼치는 것과 마찬가지이다.

나는 양자물리학이 등장하면서 창세기부터 계시록까지 성경의 이야기가 마음 또는 의식의 중요성을 강조하고 있다고 말하게 되었다. "태초에 말씀이 계시니라"(요 1:1)는 성경 전체에서 가장 상징적인 구절이다. 이 구절은 극적인 방법으로 창세기를 상기시키면서 동시에 말씀을 강조한다. 여기서 말씀에 해당하는 성경 원어 '로고스'는 '이성', '지성', '이해' 등으로 해석된다.[4]

하나님의 로고스, 하나님의 이성, 곧 신적 지성은 우리를 존재하게 했고, 우리의 일상까지 조각한다. 하나님의 '의식'인 로고스[5]는 무질서한 세상에 질서를 부여하고, 파멸의 세상에 평화를, 증오로 가득한 세상에 사랑을 주었다. 과거에 그와 같이 행하신 하나님은 지금도, 또 앞으로도 그와 같이 역사하실 것이다. 지금도 하나님은 온 우주를 붙들고 계신다.

전작인 《뇌의 스위치를 켜라》(Switch On Your Brain)에서 설명했듯, 우리는 양자물리학 덕분에 '의식'(곧 성경이 말하는 '로고스')의 중요성을 좀 더 쉽게 이해할 수 있게 되었다. 시간과 공간에 대한 전통적인 패러다임을 넘어서야 이해할 수 있는 양자물리학은 우주의 배후에 '창조적 의식'(지적 설계자)이 존재한다는 믿음을 증명해 주었다. 의식의 소유자가 존재하게 했으므로, 우주에는 '존재 목적'이 담겨 있다(지적 설계자, 곧 하나님께서 목적을 가지고 우주를 창조하셨다).

원자나 전자 같은 소립자들은 본질상 완성된(더 이상 변하지 않는) 물체가 아닙니다.6) 이 소립자들은 순수한 가능성의 세계를 이루고 있는데, 이러한 가능성의 세계에서 중요한 것이 바로 관찰자의 '선택'이다. 관찰자의 선택으로 가능성이 실체가 되기 때문이다(선택의 순간, 가능성으로 존재하던 확률이 붕괴되고, 가능성은 실체가 된다).7) 우리는 마음(생각과 선택)으로 실체를 만들어 낸다.

하나님은 존재하는 모든 것의 궁극적 원인(제1원인)이시다. 하나님은 항상, 모든 곳에서 관찰하시는 절대적 관찰자이시다. 이러한 하나님이 선택하실 때, 가능성으로 존재하던 모든 것이 현실화되어 실체로 나타난다. 이 세상의 모든 것이 하나님에게서 나왔다. 만물은 하나님으로 인해 존재하게 되었고, 또 새로워진다(창 1-2장, 고후 5:17).

성경의 정의대로 하나님이 사랑이시라면, 사랑은 온 우주를 떠받치는 주춧돌이다(요일 4:8). 완전한 사랑은 만물의 '레종데트르'(raison d'etre), 즉 존재하는 모든 것의 존재 이유이다.

그런데 이 모든 사실이 우리에게 무슨 의미가 있는가? 만일 우리가 하나님의 형상대로 창조되었고(창 1:27) 그리스도의 마음을 지녔다면(고전 2:16), 우리가 하나님의 자녀이고(갈 3:26) 하나님의 영광을 드러내는 존재라면(고후 3:18), 우리가 모든 피조물의 청지기(창 2:15)이며 대제사장이라면, 우리에겐 '마음의 능력'이 있다.

우리는 마음의 능력을 소유하고 있다는 사실에 기뻐해야 할 것이다. 하지만 기뻐함과 동시에 이 사실을 매우 심각하게 받아들여야 한다. 우리의 생각과 감정과 선택이 우리 자신은 물론 주변 모든 사람과 모든 사물에 영향을 끼치게 되어 있기 때문이다. 이 사실을 인정하지 않는다면, 지극히 높으신 하나님의 자녀라고 할 수 없다. 우리는 마음의 능력으로 실체들을 만들어 세상을 변화시킨다. 그런데 어떤 실체를 만들고, 어떻게 세상을 변화시킬지는 전적으로 우리의 선택에 달렸다.

이 책은 우리의 마음에 담긴 독특한 힘과 영향력에 대해 쉽게 이해하도록 도와주는 가이드북이다. 이를테면, 생각과 선택으로 실체를 만드는 법을 알려주는 초보자용 지침서라고 할 수 있다. 이 책은 해당 주제에 대한 최종 결론이 아니다. 무언가를 증명하고 풀어내는 딱딱한 논문이라기보다, 이해를 돕기 위한 설명이나 대화에 더 가깝다.

각 주제의 앞부분에는 성경 구절을 기록해 두었다.[8] 나는 그리스도를 따르는 성도로서 성경이 인간 사회를 잘 비춰 주는(지배하는 것이 아니라 잘 보여 주는) 일련의 이야기라고 믿는다.[9]

이 책의 내용은 토론의 장을 마련해 준다. 매일 이 책에 기록된 성경 말씀을 자세히 관찰하면서, 과연 우리의 인생이 그 말씀대로 돌아가고 있는지, 또 말씀이 정해 둔 인생의 틀은 어떠한지 점검해 보라.

성경 말씀을 믿고 받아들여 당신 안에 새로운 세계관이 형성되면, 마음의 능력으로 아름다운 실체를 만들어 낼 수 있게 된다. 이 경우, 당신이 성경을 읽는 것이 아니라, 성경이 당신을 읽는 것이다![10] 성경 말씀을 믿고 받아들일지는 당신이 결정한다. 선택은 당신에게 달려 있다.

이 책의 목적은 본질적으로 로고스의 권위를 사용하여 사랑 안에서 행함으로 하나님의 사랑이 육신으로 당신의 삶에 나타나게 하는 것이다. 마치 예수님이 하나님의 사랑을 나타내신 것처럼 말이다. 즉 이 책은 당신의 선택을 통해 천국을 이 땅에 가져오는 법을 알려준다(신 30:19, 마 6:10).

성경 구절 다음에는 '뇌 건강을 위한 팁'이 나온다. 과학은 흥미로울 뿐 아니라, 하나님을 예배하는 방법이기도 하다. 우리에게 하나님의 놀라운 창조 능력을 입증해 준다. 성경이 '왜'를 설명할 때, 과학은 '어떻게'를 설명해 준다.[11] 성경을 읽을 때, 과학의 저울로 측량하려는 태도는 버려야 한다. 성경을 과학 앞에 무릎 꿇리게 만들면 안 된다.

성경이 담고 있는 과학의 원리를 이해하면, 성경의 이야기에 보다 의미있게 접근할 수 있다. 과학 덕분에, 평상시엔 주목하지 않고 그냥 넘어가던 성경의 내용이 도드라져 보이는 때도 있다. 서로 다르지만 상호보완적인 성경과 과학 사이에 '대화'가 진행될 때, 우리는 성경의 텍스트를 좀 더 쉽게 이해할 수 있게 된다. 성경과 과학의 대화는 단순한 질의응답에서 멈추지 않고, 창조주의 광대하심을 경외하는 계기를 마련해 준다.

나는 성경과 과학의 대화를 통해 성경을 구성하는 각 권이 어떻게 '사람들에 대한 책'이 될 수 있는지, 즉 다양한 사람들이 어떻게 공동체를 이루어 사랑하게 할 수 있는지 깨달을 수 있다고 말하게 되었다.[12]

책을 쓰는 동안 어떤 개념은 며칠 동안 충분히 고민하며 설명했다. 또 어떤 성경 구절은 여러 날 등장하기도 한다. 그만큼 반복이 기억을 견고하게 하는 단백질 합성에 중요하기 때문이다! 같은 성경 구절이 반복해서 등장하더라도 매일 다른 주제를 언급했기 때문에 그 구절의 다양한 면면을 깨닫게 될 것이다. 게다가 그 구절이 무엇을 말하는지, 삶에 어떤 영향을 끼칠지 깊이 생각해 볼 기회가 되기도 한다.

랍비적 전통에서는 성경 각 구절을 보석처럼 다뤄야 한다고 말한다. 돌려볼 때마다 표면에서 다양한 빛이 반사되는 것처럼, 같은 성경 말씀이라도 매번 처음 읽는 듯 새로운 눈으로 마주해야 한다는 뜻이다.[13] 같은 말씀이라도 다른 각도로 바라보면, 새롭고, 독특하며, 아름다운 면을 발견하게 된다. 그래서 성경을 읽을 때마다 거기에 기록된 모든 단어와 문장과 단락의 문맥을 존중해야 하는 것이다.

'생각과 선택의 능력' 같은 개념들이 이 책에서 반복적으로 등장할 것인데, 이것이 변화된 삶의 척추와 같기 때문이다. 뛰어난 성경학자 톰 라이트가 말했다. "사도 바울이 언급한 세계관은 마음의 변화를 입은 사람이 그 변화된 마음으로 하나님에 대한 의문점과 이 세상의 문제들을 끊임없이 다뤄 낼 때에만 제 기능을 할 것이다."[14]

생각하고 느끼고 선택하는 능력에는 생명과 죽음의 힘이 있다. 우리의 말과 생각과 선택으로 오늘, 그리고 다가올 세상에서 생명의 삶을 살지, 죽음의 삶을 살지 결정할 수 있다.

성경 구절과 '뇌 건강을 위한 팁' 다음에는 그날그날의 읽을거리가 이어진다. 이 부분을 스치듯 읽고 넘어가지 말고, 읽은 내용에 관한 생각이나 느낌 등을 일기처럼 적어 보라. 이때 읽은 내용에 대해 떠오르는 질문, 질문에 대한 답, 느낀 점과 토론할 점의 순서로 기록할 것을 적극적으로 권면한다. 이 세 가지 순서는 학습 과정의 뼈대를 이루고 있다. 당신이 스스로 질문하고 답하는 동안, 지적인 기억이 생성될 것이다. 이것은 나중에 잊어버리게 될 정보를 읽는 것과는 차원이 다르다. 학습과 기억 형성에 대해 더 많은 것을 알고 싶다면 전작《생각하고 배우고 성공하라》(Think, Learn, Succeed, 순전한나드 출간)를 참고하라.

본문을 읽고 먼저 스스로 질문해야 한다. 그날 읽은 내용 가운데 궁금한 점 몇 가지를 일기장에 적어 보라. 이것은 당신이 읽은 성경 구절을 보다 큰 그림 안에서 이해하는 데 도움이 될 것이다. 여기서 '큰 그림'이란, 마음을 새롭게 함으로 생각과 말과 행동을 통해 하나님의 영광을 드러내는 과정을 뜻한다. 궁금한 점을 일기장에 적는 동안, 당신은 이 큰 그림 안에서 성경 말씀의 의미를 이해하게 된다.

예를 들어, "마음을 새롭게 하는 것을 내 삶에 어떻게 적용할 것인가?", "삶 가운데 마음을 바꿔야 했던 상황이 있는가? 또 그렇게 했을 때 내 말과 생각과 행동은 어떻게 달라졌는가?", "자신이 그리 좋은 사람이 아니라고 생각하는가?", "그래서 인생의 문제들을 해결하지 못할 것 같은가?", "나는 내게 일어난 사건이나 주어진 상황에 어떻게 반응하는가?", "이 일이 내 삶에 어떤 영향을 줄 것인가?"와 같은 질문이 이에 해당한다.

물론 여기에서 궁금한 성경 본문을 전부 다 다룰 수는 없다. 성경은 인생을 수십 번 살면서 수천 번 읽더라도 다 이해할 수 없는 복잡한 책이기 때문이다. 질문 과정은 대화의 문을 여는 데 목적이 있다. 일상 속에서 사람들과 대화하듯 질문하면 된다.

이어서 질문에 스스로 답하라. 해당 성경 구절을 삶에 적용하며 질문하는 동안, 당신이 품은 의문점들에 상세히 답해야 한다. 여기서 기억해야 할 것은 정답도, 오답도 없다는 것이다. 당신이 읽은 내용에 대해 스스로 묻고 답하는 것이다. 질문을 깊이 생각하면서 정직하게, 또 현실적으로 답하라. 그러면 생각하고 느끼고 선택하는 자신만의 독특한 경험이 형성된다. 이에 대해 더 알고 싶으면, 전작인 《완전한 나》(The Perfect You, 순전한나드 출간)를 참고하라.

세 번째로 토론에서는 두 번째 과정의 대답을 좀 더 깊게 분석하고 확장하여 적용해야 한다. 그날그날의 성경 말씀에 비추어 자신의 생각과 말과 행동을 좀 더 관찰해 보라. 관찰 결과를 삶에 적용하여 어떻게 하면 마음을 새롭게 할 수 있을지, 어떻게 하면 삶을 변화시킬 수 있을지 그 방안들을 기록해 보는 것이다. 그날그날의 성경 구절과 독대하면서 이전 단계에서 자신이 내놓은 답을 분석해 보라.

    이 책을 그룹스터디 교재로 사용한다면, 자신의 생각과 경험을 다른 멤버들의 것과 비교해 볼 수 있을 것이다. 이러한 접근은 본문에 대해 자연스럽게 질문하고 답하게 함으로, 성경을 읽는 새로운 방법들을 발견하게 만들 것이다.

    이 책의 내용 대부분은 전작인 《뇌의 스위치를 켜라》, 《완전한 나》 그리고 가장 최근작인 《생각하고 배우고 성공하라》에 기반을 두고 있다. 이 책에서 다루는 주제들을 더 깊이 알고, 마음을 새롭게 하는 실질적 방법을 알고 싶다면 www.drleaf.com을 방문해 보라.

    마지막으로, 이 책을 읽는 동안 기억해야 할 중요한 사실은 마음의 능력이 참으로 강하다는 것이다. 당신의 선택에 의해 생각의 방향이 결정되고, 어떤 생각을 품고 묵상하느냐에 따라 세상도 변화될 수 있다. 그것은 좋은 쪽으로 변화될 수도, 나쁜 쪽으로 변화될 수도 있다. 하나님은 당신에게 '선택'이라는 놀라운 능력을 주셨다. 우리가 지닌 선택의 능력은 하나님의 마음을 비춰 준다. 하나님은 생명의 하나님이시다. 그러니, 생명을 선택하라!

이 책의 목적은 당신이 어떤 존재이고,
무엇을 할 수 있는지를 깨닫도록 돕는 것이다.

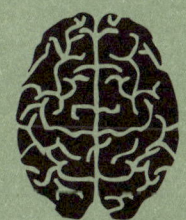

DAY 1

> 너희는 이 세대를 본받지 말고 오직 마음을 새롭게 함으로 변화를 받아 하나님의 선하시고 기뻐하시고 온전하신 뜻이 무엇인지 분별하도록 하라 (롬 12:2)
>
> 아울러 여러분은 이 세대에 순응하는 것을 멈추고, 끊임없이 마음을 새롭게 함으로 내면으로부터 또 다른 모습으로 변화되어 무엇이 하나님의 선하시고 기뻐하시는 완전한 뜻인지 입증해야 합니다. (롬 12:2, 원뉴맨성경)
>
> **뇌 건강을 위한 팁** | 뇌는 신경가소체이다. 환경에 따라 뇌가 변화된다는 말이다. 우리가 생각으로 내리는 결정을 통해 뇌 속에 받아들인 것이 좋은 쪽이든, 나쁜 쪽이든 우리의 뇌 구조를 변화시킨다.

우리는 온실 속에 갇혀 살아가는 것이 아니다. 우리가 사는 세상은 변화무쌍하고 역동적이다. 우리는 날마다 무엇을 믿고, 말하고, 행하고, 입어야 할지에 대해 수많은 말을 듣는다. 세상은 우리에게 인생을 어떻게 살아야 하고, 또 살아 있는 동안 무엇을 이루어야 할지 이야기한다. 이러한 세상의 목소리를 따르기는 참 쉽다. 그 소리에 굴복하여 그것이 우리 생각에 뿌리내리게 되는 것은 매우 쉬운 일이다. 최신 유행을 따라 사는 것은 어렵지 않은 일이다.

하지만 우리에겐 "No"라고 말할 능력이 있다. "나는 세상의 요구대로 살고 싶지 않아. 그건 진정한 내 모습이 아니야!"라고 하며 세상의 요구를 거부할 능력이 있다. 우리는 자신이 평상시 어떤 생각을 품고, 어떤 결정을 내리는지 주의 깊게 살펴봄으로 뇌를 변화시킬 수 있다.

이 세대를 향해 과감히 "No"라고 말하고, 예수 그리스도께서 삶의 모든 영역을 주관하시도록 허락해 드리라. 예수님의 사랑을 받아들이고, 그분의 영광을 위해 살기로 다짐하라. 하나님께서 예비하신 길과 그분이 마음에 부어 주신 열정을 따르라. 우리에게는 삶의 방향을 결정할 능력이 있다!

DAY 2

> 너희는 이 세대를 본받지 말고 오직 마음을 새롭게 함으로 변화를 받아 하나님의 선하시고 기뻐하시고 온전하신 뜻이 무엇인지 분별하도록 하라 (롬 12:2)
>
> 아울러 여러분은 이 세대에 순응하는 것을 멈추고, 끊임없이 마음을 새롭게 함으로 내면으로부터 또 다른 모습으로 변화되어 무엇이 하나님의 선하시고 기뻐하시는 완전한 뜻인지 입증해야 합니다. (롬 12:2, 원뉴맨성경)
>
> **뇌 건강을 위한 팁** | 과거에 우리에게 어떤 일이 일어났고, 또 현재 어떤 일이 일어나고 있든 상관없이 우리는 선택을 통해 뇌를 변화시킬 수 있다. 변화하기까지 시간이 걸리지만, 결코 불가능한 일은 아니다!

그리스도의 성품을 닮고, 예수님처럼 사는 것은 우리가 평생 수행해야 할 과제이다. 감사하게도 우리의 강력한 마음이 이 도전을 받아들인다. "로마는 하루아침에 이루어지지 않았다"라는 말이 있듯이, 우리는 매일 다르게 생각하기로 선택해야 한다. 지속적인 변화에는 적지 않은 노력과 시간이 필요하다. 변화를 위해 얼마나 도전하고 실패했는가? 로마서 12장 2절에서 중요한 구절 중 하나는 "마음을 새롭게 함으로"이다. 이것은 매일 끊임없이 지속되어야 한다.

우리의 뇌는 얼마든지 변화될 수 있다. 새로운 방식으로 생각하는 법을 배우고, 그리스도의 성품을 계발하여 예수님처럼 말하고 행하기 시작할 때, 우리의 뇌는 변화된다. 이것은 창조주 하나님의 영광스러운 형상, 곧 창조 본연의 모습으로 회복되는 과정이다. 물론 하루아침에 완성될 일은 아니다. 한두 번 기도하거나 자고 일어났더니 완벽한 그리스도인이 되어 있는 일은 없다!

우리가 매일 예수님을 따르기로 선택하면, 뇌 구조를 변화시킬 수 있다. 그러면 자연스럽게 우리의 생각과 말과 행동이 변화될 것이다.

DAY 3

> 너희는 이 세대를 본받지 말고 오직 마음을 새롭게 함으로 변화를 받아 하나님의 선하시고 기뻐하시고 온전하신 뜻이 무엇인지 분별하도록 하라 (롬 12:2)
>
> 아울러 여러분은 이 세대에 순응하는 것을 멈추고, 끊임없이 마음을 새롭게 함으로 내면으로부터 또 다른 모습으로 변화되어 무엇이 하나님의 선하시고 기뻐하시는 완전한 뜻인지 입증해야 합니다. (롬 12:2, 원뉴맨성경)

 뇌 건강을 위한 팁 | **마음(생각)이 가는 곳에 뇌도 따라간다.**

선택과 경험은 마음(생각의 틀)을 형성하고, 그것은 개인의 독특한 세계관을 만들어 낸다. 그리고 이 세계관은 우리의 생각과 말과 행동에 영향을 주며 오감을 통해 들어오는 것들을 반영하고 반추하며 정신 구조를 형성하는 필터이다.

우리가 예수님을 믿기로 선택하면, 가장 먼저 성경의 세계관과 자신의 세계관을 대조해야 한다. 우리에게는 우리의 경험에 새로운 빛, 곧 '하나님의 선하시고 기뻐하시고 온전하신' 빛을 더하고 입혀 주는 아름다운 필터가 있어서 이전과는 전혀 다른 새로운 방식으로 세상을 바라보고 반응할 수 있다.

우리가 예수님처럼 생각하고 행하기로 결단하면, 점점 더 예수님처럼 변화될 것이다. 마음이 가는 곳에 뇌도 따라간다.

DAY 4

하나님이 우리에게 주신 것은 두려워하는 마음이 아니요 오직 능력과 사랑과 절제하는 마음이니 (딤후 1:7)

뇌 건강을 위한 팁 | 우리는 사랑에만 반응하도록 창조되었다. 과학은 어떻게 우리가 낙관주의적인 성향을 갖게 되었는지 설명해 준다.

살아가는 동안 우리는 주변 사람들에게서 "당신은 이 일에 적합하지 않다", "당신의 재능은 별로인 것 같다" 등과 같은 말을 듣는다. 때로는 스스로 채찍질하듯 "난 절대 성공할 수 없어"라고 말하기도 한다. 그렇게 우리 삶은 걱정과 근심, 염려로 채워져 그것에 압도된다.

그러나 성경과 과학은 정반대로 말한다. 우리는 두려워하는 마음을 품고 살아가도록 설계된 존재가 아니다. 우리는 사랑에만 반응하도록 창조되었다. 우리 몸의 모든 세포는 생명과 온전함, 열정, 진리와 같은 긍정적 요소들에만 반응하도록 설계되었다.

우리가 메시아이신 예수님을 따르고 그분의 사랑의 법을 따라 살기로 다짐할 때, 능력 있는 그분의 건전한 정신인 '신중함'을 얻는다. 우리는 예수 그리스도라는 굳건한 반석 위에 서 있으므로, 어떤 어려움이 닥쳐도 감당할 수 있다.

우리의 경험은 완벽하지 않을 수 있다. 그러나 계속해서 사랑하며 살기로 선택하면 늘 승리할 것이다.

모든 생각을 사로잡아 그리스도에게 복종하게 하니 (고후 10:5)

뇌 건강을 위한 팁 | 생각은 물리적 실체(實體)로, 사고를 담당하는 뇌 속 구조물들을 점유하고 있다.

승리를 생각하는 것은 좋은 일이다. 그런데 우리는 어떻게 승리를 믿을 수 있는가? 어떻게 변화를 확신할 수 있는가?

이 모든 일은 마음(생각)에서 시작된다. 그런데 우리는 생각을 실체(물질)로 여기지 않으며, 그것이 우리 삶의 질과 건강에 영향을 끼친다고 생각하지 않는다. 생각이란 무엇인가? 단지 뜨거운 기운 같은 것인가? 가장 중요한 것은 우리가 그 생각을 가지고 무엇을 하는가이다.

생각은 물리적 실체이다. 우리가 무언가를 생각하는 동안 그것이 우리의 뇌 구조 안에 형성된다. 생각은 우리 뇌의 환경과 몸을 변화시키는 물리적 실체이다! 우리가 어떤 생각에 집중하고 시간을 들여 그것이 뇌 안에서 자라도록 선택하면, 그 생각이 우리의 뇌와 몸속 세포에 영향을 끼친다. 그리고 그것은 미래의 생각과 말과 행동으로 이어진다.

그러므로 머릿속에 어떤 생각을 품을지 잘 살피는 것이 중요하다. 모든 생각을 사로잡아 악하고 해로운 것이 아니라 오직 선하고 온전한 것만 생각해야 한다. 우리는 생각하는 대로 변화된다(We are what we think). 그러니 지혜롭게 생각하라!

DAY 6

> 내가 오늘 하늘과 땅을 불러 너희에게 증거를 삼노라 내가 생명과 사망과 복과 저주를 네 앞에 두었은즉 너와 네 자손이 살기 위하여 생명을 택하고 (신 30:19)
>
> **뇌 건강을 위한 팁 |** 우리의 선택은 몸과 마음의 건강에 영향을 주는 것은 물론, 우리가 사는 세상에도 (여러 세대에 걸쳐) 영향을 끼친다.

    나는 위 성경 구절을 참 좋아한다. 매우 강력한 말씀이자 큰 도전을 준 말씀이기 때문이다. 우리는 생각과 선택으로 뇌 속의 신경회로들을 정리하여 마음(생각)을 새롭게 함으로 자신의 뇌를 수술하는 집도의(執刀醫)이다.

    이 모든 일은 선택에서 시작된다! 우리의 선택은 생명과 죽음을 가져오며, 후성유전(DNA 이외의 다른 요소로 인한 유전자 발현을 뜻한다 - 역자 주)을 통해 자손에게까지 영향을 줄 수 있다. 이와 같이 우리는 현재를 살지만, 동시에 미래를 살아가는 존재이다. 오늘 나의 선택이 지속적으로 영향을 끼치기 때문이다.

    위 성경 구절은 우리의 생각이 생명을 향하고 있는지, 아니면 죽음을 향하고 있는지 스스로 섬섬하라고 요구한다. 또한 하나님의 형상대로 지음 받은 존재로서 우리에게 어떤 책임이 주어졌는지 강조한다. 무엇보다 이 말씀은 우리에게 용기를 준다. 우리가 선택을 통해 뇌의 신경회로를 변화시킬 수 있기 때문이다. 언제든 우리는 자신의 뇌를 수술할 수 있다.

    과거에 어떠한 죽음을 경험했든, 우리는 여전히 생명을 선택할 수 있다. 변화를 선택하라. 소망은 항상 우리 곁에 있다.

DAY 7

끝으로 형제들아 무엇에든지 참되며 무엇에든지 경건하며 무엇에든지 옳으며 무엇에든지 정결하며 무엇에든지 사랑 받을 만하며 무엇에든지 칭찬 받을 만하며 무슨 덕이 있든지 무슨 기림이 있든지 이것들을 생각하라 (빌 4:8)

 뇌 건강을 위한 팁 | 가장 많이, 가장 오랫동안 품은 생각이 자라난다.

어떤 노래가 머릿속에서 계속 맴도는 경험을 해 본 적 있는가? 끊임없이 반복 재생되는 가사와 곡조를 떨쳐 내고 싶지만, 어느새 자신도 모르게 그 노래를 따라 부르고 있다. 우리의 머릿속 생각도 이와 같다. 특정한 생각을 오랫동안 품고 반복해서 떠올리면, 그 생각은 우리의 뇌 속에서 견고하게 자라난다. 그렇게 자리잡은 생각은 미래의 생각과 말과 행동에 큰 영향을 끼칠 것이다. 원하지 않더라도 머릿속 생각이 우리를 그 방향으로 이끌어 갈 것이다. 특정한 생각을 더 많이, 더 자주 품을수록 머릿속의 그 노래를 떨쳐 낼 수 없게 된다!

그러므로 머릿속 생각들을 점검하는 일은 매우 중요하다. 자신의 생각이 진실하고, 경건하며, 올바르고, 정결하며, 사랑받을 만하고, 칭찬받을 만하며, 덕스럽고, 기릴 만한지 판단해 보라. 만일 이러한 생각들이 당신의 세계관을 형성하여 선택을 이끌어 낸다면, 당신의 영과 혼과 육은 점점 더 건강해질 것이다. 건강한 생각이야말로 당신의 '머릿속에서 계속 맴돌아야 할 노래'이다!

당신이 사는 세상에서 하나님의 영광을 나타내고 싶다면, 매일, 매 순간 어떤 생각을 품는지 스스로 점검하라.

마음의 즐거움은 얼굴을 빛나게 하여도 (잠 15:13)

뇌 건강을 위한 팁 | **미소는 건강에 이롭다!**

DAY 8

미소만 지어도 부정적인 마음이 긍정적으로 바뀐다는 사실을 아는가? 연구에 의하면, 미소 짓는 것은 뇌의 신경회로를 변화시켜 삶에 대해 긍정적인 태도를 갖게 만든다. 눈과 입술을 움직여 솔직하고 의미 있는 미소를 지을 때, 의사 결정과 지식 추구, 이성적 사고 등을 관장하는 뇌의 부위가 보다 활발하게 작동한다. 하나님께서 그렇게 만들어 놓으셨다! 간단히 말해, 미소 지을 때 우리는 좀 더 행복한 삶을 살고, 보다 지적인 존재로 성장할 수 있다.

당신이 미소 지을 때, 주변 사람들의 반응을 살펴보라. 태도 못지않게 미소의 전염력 역시 강하다. 진심으로 미소 짓는 사람에게 무반응으로 대응하기란 거의 불가능하다. 다른 사람의 미소를 볼 때, 하나님께서 우리의 뇌에 장착해 주신 '거울 뉴런'이 작동하기 때문이다. 이때 분비되는 이른 바 기분을 좋게 해주는 화학물질은 우리의 감성과 지성을 한껏 고조시킨다.

이처럼 미소는 당신만이 아니라 주변 사람들까지 건강하게 해 준다. 미소는 하나님의 사랑을 여러 사람에게 전하고 나누는 방법이다. 그러니 더 많이 웃으라!

DAY 9

하늘은 기뻐하고 땅은 즐거워하며 바다와 거기에 충만한 것이 외치고 밭과 그 가운데에 있는 모든 것은 즐거워할지로다 그때 숲의 모든 나무들이 여호와 앞에서 즐거이 노래하리니 (시 96:11-12)

TIP 뇌 건강을 위한 팁 | 나이와 상관없이, 웃음과 놀이는 건강에 도움이 된다.

우리의 일상에 웃음과 놀이를 적절히 섞어 넣으면, 건강에 도움이 된다. 소위 '마음의 조깅'이라고 하는 웃음은 우리의 뇌와 몸속에서 펩티드의 흐름과 양자 에너지의 순환을 활성화한다. 또한 수많은 연구 결과들이 왜 웃음이 최고의 보약인지 설명해 준다. 우리가 웃으면, 기분을 좋게 해주는 화학물질의 흐름이 빨라지고, 그 결과 몸의 면역체계가 강화된다. 그리고 거의 동시에 해로운 스트레스 호르몬의 수치가 줄어든다. 이와 같이 웃음은 건강에 도움이 된다.

웃으며 즐기고 기뻐하는 것은 행복감을 증진시키는 가장 값싸고, 쉽고, 효율적인 방법이다. 이것은 또한 지쳐 있는 몸과 마음, 영혼에까지 활력을 선사하고, 긍정적인 감정이 흘러넘치게 한다. 그러니 좀 더 웃고 즐기라!

DAY 10

마음의 즐거움은 양약이라도 심령의 근심은 뼈를 마르게 하느니라 (잠 17:22)

뇌 건강을 위한 팁 | 우리의 뇌와 몸은 우리의 마음(생각)에 반응한다. TIP

생각이 기분을 창조해 낸다는 사실을 기억하라. 우리가 두려움에서 비롯된 감정들을 느낄 때, 마음이 편치 않으며 생각 또한 부정적인 영향을 받는다. 우리의 생각은 왜곡되어 기쁨을 잃고, 몸은 질병에 취약한 상태가 된다. 유해한 생각과 스트레스가 뇌의 특정 부위를 줄어들게 만든다는 연구 결과도 있다.

이와 반대로, 긍정적인 생각을 하면, 몸과 마음 모두 건강해진다. 밝은 마음은 실제로 양약과 같아서 우리로 꿈을 추구하도록 돕는다. 우리의 뇌와 몸이 사랑에 반응하기 때문이다. 우리는 하나님의 형상대로 지음 받은 존재이다. 하나님은 사랑이시다.

DAY 11

악한 눈이 있는 자의 음식을 먹지 말며 그의 맛있는 음식을 탐하지 말지어다 대저 그 마음의 생각이 어떠하면 그 위인도 그러한즉 그가 네게 먹고 마시라 할지라도 그의 마음은 너와 함께 하지 아니함이라 (잠 23:6-7)

 뇌 건강을 위한 팁 | 생각은 뇌 속 구조물들을 변화시킨다. 그리고 뇌 구조물의 변화는 말과 행동의 변화로 이어진다. 우리는 생각하는 대로 변화된다.

"그 마음의 생각이 어떠하면 그 위인도 그러한즉." 성경에서 가장 유명한 구절 중 하나인 이 말씀은 노래 가사와 책, 심지어 영화 대사에까지 등장한다. 그런데 원문과 가장 가깝게 번역된 NRSV성경에서는 이 부분을 "그는 목구멍 속의 머리카락과 같다"로 번역하여 "인색한 사람이 후하게 대접하겠노라 제안할 때, 조심하라. 진심이 아니기 때문이다"라고 경고한다.

히브리 원문을 살펴보면 '목구멍'은 속사람(내면), 혼, 또는 마음을 뜻하는 것 같다.15) 전후 문맥을 따져 보면, 잠언 기자는 후한 대접 같은 선한 행위도 중요하지만, 동기도 선해야 한다는 점을 강조하는 것처럼 보인다. 누군가 호의를 베풀어 주었는데, 그 상황이 뭔가 불편한 것을 경험해 본 적이 있을 것이다.

단순히 옳게 행할 뿐만 아니라, 옳은 것을 생각하는 것도 중요하다. 우리의 생각이 어떤 식으로든 표출되어 관계는 물론 건강도 해칠 수 있기 때문이다. 예수님이 우리의 '마음속 생각'에 대해 그토록 강조하신 것은 당연한 일이다!

DAY 12

사람이 만일 온 천하를 얻고도 제 목숨을 잃으면 무엇이 유익하리요 사람이 무엇을 주고 제 목숨과 바꾸겠느냐 (마 16:26)

뇌 건강을 위한 팁 | 어떤 생각을 가장 많이 품느냐에 따라 삶의 방향이 결정된다.

세상에는 우리에게 어떻게 살아야 하는지 훈계하는 사람들이 많다. 무언가를 반드시 해야 하고, 소유해야 하며, 자녀는 많아야 하고, 어느 정도의 연봉이 되는 직장을 다녀야 하며, 외모는 어떠하고, 말은 어떻게 해야 하는지 등 요구사항은 끝이 없다.

하지만 이러한 요구들은 우리에게서 생명을 앗아갈 것이며, 어느 날 그 모든 요구대로 하느라 철저히 절망에 빠진 자신을 발견하게 될 것이다. 우리는 세상의 말과 요구들을 마음속에서 구체화시킴으로 뇌 구조를 변화시키고 삶의 여정에 영향을 주도록 허용한다. 그러면서 이제는 자신의 처지를 비관하고 있다.

좋은 소식은 변화되기에 결코 늦지 않았다는 것이다. "이것은 진정한 내 모습이 아니야!"라고 외치기에 결코 늦지 않았다! 생각을 바꾸고, 하나님이 당신에게 주신 놀랍고도 독특한 방식을 받아들일 때, 행복, 곧 참된 삶의 의미를 깨닫게 될 것이다. 지금 당신의 삶에 무슨 일이 벌어지고 있든지 아침에 눈을 떠 새로운 하루를 시작하게 하는 깊은 의미를 발견하게 될 것이다.

당신의 생각이 언제든 바뀔 수 있기 때문에 당신의 뇌는 언제든 변화될 수 있다. 당신은 누구의 말을 들을지 선택할 수 있다. 어떤 사람이 될지는 당신의 선택에 달렸다.

DAY 13

내가 주께 감사하옴은 나를 지으심이 심히 기묘하심이라 주께서 하시는 일이 기이함을 내 영혼이 잘 아나이다 (시 139:14)

 뇌 건강을 위한 팁 | 우리는 저마다 독특한 방식으로 생각하고, 느끼고, 선택한다.

    생각하고, 느끼고, 선택하는 방식은 사람마다 다르다. 우리는 저마다의 방식으로 세상을 바라보고 일을 처리한다. 우리 각 사람은 세상에 기여할 만한 독특하고 아름다운 무언가를 갖고 있다. 그렇다. 우리는 놀랍고 영화롭고 독특한 하나님의 형상의 일부이다.

    우리가 본연의 모습이 되지 못하고, 이 세상의 요구를 따라 그 틀에 자신을 끼워 맞추고자 억압하며, 거의 인식하거나 알지 못하는 존재가 되었다 해도, 얼마든지 변화될 수 있다. 하나님께서 창조하신 완전한 자아를 회복할 수 있으며, 이미 우리가 차고 넘치는 존재라는 것을 알 수 있다. 왜냐하면 우리는 사랑스럽고 위대하신 하나님의 걸작이기 때문이다!

DAY 14

몸은 한 지체뿐만 아니요 여럿이니 (고전 12:14)

뇌 건강을 위한 팁 | 사람마다 정보를 처리하는 방식은 제각각이다.

생각하고, 느끼고, 선택하는 방식은 사람마다 다르다. 그래서 우리 모두는 저마다 독특하고 놀라운 방식으로 세상을 변화시킨다. 이것은 은사이자, 동시에 의무이다. 각 사람은 마음과 열정, 진실한 삶 등 세상에 기여할 무언가를 갖고 있다.

그런데 우리가 온전치 못하거나 우리 자신과 상충한다면, 이 세상도 온전치 못할 것이다. 이 세상은 우리를 필요로 한다. 우리의 '다름'은 서로의 부족함을 채워 준다. 우리가 서로를 있는 그대로 인정하고 받아들일 때, 이웃과 하나님께서 우리에게 맡기신 이 아름다운 세상을 온전히 돌보고 사랑할 수 있다.

DAY 15

그리스도의 평강이 너희 마음을 주장하게 하라 너희는 평강을 위하여 한 몸으로 부르심을 받았나니 너희는 또한 감사하는 자가 되라 (골 3:15)

메시아의 샬롬이 여러분의 마음을 끊임없이 다스리게 하십시오. 여러분도 그 샬롬에 들어가도록 한 몸으로 부름 받았습니다. 그러므로 계속 감사해야 합니다. (골 3:15, 원뉴맨성경)

TIP | 뇌 건강을 위한 팁 | 우리는 객관적으로 자신의 생각을 살펴보고, 하나님의 도우심으로 부정적이고 해로운 생각을 변화시키거나 건강하고 긍정적인 생각을 키울 수 있다. 그렇게 되면 우리의 뇌 속에서 긍정적인 신경화학물질이 분비되어 뇌 구조물에 변화가 일어나면서 지적 능력이 향상되고, 몸이 건강해지며, 마음도 평안해진다. 우리 혼이 조화와 일치를 경험하면, 다른 사람과도 화목할 수 있다.

인간이 지닌 최고의 장점 중 하나는 선택할 수 있는 능력이다. 아무리 어려운 상황이라도 우리는 하나님의 생명, 곧 '왕의 평강'을 선택할 수 있다. 이렇게 그분의 평강이 우리의 무의식 깊은 곳에 뿌리내리면, 그것이 사람들과 관계하는 데 영향을 끼친다.

우리는 다른 사람의 변덕이나 고집, 그릇된 선택 등에 휘둘릴 필요가 없으며, 서로의 다름 때문에 분열할 필요도 없다. 하나님의 사랑이 우리의 속사람 깊은 곳에 심겨졌으므로, 사람들이 무엇을 믿고 말하든 상관없이 그들을 사랑할 수 있다. 이렇게 반응하기로 결심할 때, 대인관계가 좋아질 뿐만 아니라 몸과 마음 또한 건강해질 것이다.

DAY 16

그리스도의 평강이 너희 마음을 주장하게 하라 너희는 평강을 위하여 한 몸으로 부르심을 받았나니 너희는 또한 감사하는 자가 되라 (골 3:15)

메시아의 샬롬이 여러분의 마음을 끊임없이 다스리게 하십시오. 여러분도 그 샬롬에 들어가도록 한 몸으로 부름 받았습니다. 그러므로 계속 감사해야 합니다. (골 3:15, 원뉴맨성경)

뇌 건강을 위한 팁 | 각 사람은 독특한 방식으로 생각하고, 느끼고, 선택한다. 우리의 다름은 상호보완적이므로 서로 경쟁할 필요가 없다. **TIP**

    우리는 사람들을 상대해야 한다. 다시 말해, 기분이 좋지 않더라도 그들의 의견과 선택을 상대하고, 종종 그들을 제대로 다루지 못하는 상황에 처하게 된다.

    사도 바울의 주요 관심사 중 하나는 '교회의 연합'이었다. 어떻게 해야 성도들이 한 몸을 이룰 수 있을까? 서로가 너무 다른데, 어떻게 해야 서로 사랑하는 공동체를 이룰 수 있을까? 이웃을 사랑해야 한다는 것은 참으로 좋은 말이다. 하지만 그 이웃이 매우 어리석은 사람이라면, 그래도 사랑할 수 있을까?

    사랑하라. 우리는 사랑과 연합과 공동체 의식에 반응하는 존재이다. 우리가 서로 생각하고 느끼고 선택하는 방식이 다 다르고, 그래서 모두가 각자 독특한 방식으로 공동체에 기여할 수 있다는 사실을 깨달을 때, 더 이상 서로 대립하거나 서로의 '다름'을 무시하지 않을 것이다.

    한 몸을 이루는 일은 얼마든지 가능하다! 우리 모두가 진정한 자신의 모습대로 살 때, 하나님의 평강의 법을 따라 함께 동역하고, 이러한 공동체에 마음 깊이 감사하게 될 것이다!

DAY 17

이르시되 너희는 따로 한적한 곳에 가서 잠깐 쉬어라 하시니 (막 6:31)

TIP 뇌 건강을 위한 팁 | 휴식의 질은 정신건강에 가장 중요한 요소이다.

　살면서 너무 바빠서 한숨 돌릴 여유조차 없는 시기를 경험한 적이 있을 것이다. 한 가지 일을 마치면 곧바로 다른 업무에 착수하고, 그 일도 마치면 쉴 틈 없이 새로운 일에 손을 대다가 간신히 밤이 되어 잠자리에 들면, 그대로 무너져 내릴 것 같은 기분이 든다. 나 또한 그런 경험이 있다.

　이러한 시기에 우리의 뇌가 수시로 양질의 휴식을 요구한다는 사실을 기억해야 한다. 혼자서 조용히 묵상하는 시간은 우리의 정신건강에 큰 도움이 된다. 휴식하며 자신을 성찰하고 반성하며 기도하거나 부정적인 생각을 분별하고, 성경을 공부하거나 말씀을 암송하거나 소리 내어 읽고, 지적훈련을 통한 자기 계발의 시간을 가질 때, 우리 뇌의 신경네트워크는 초기화 모드(DMN, Default Mode Network, '훈련된 안식'이라고 할 수 있는 묵상, 기도 등의 상태에서 휴식을 취하면, 의식의 영역의 활동은 잠잠해지더라도 무의식의 영역에선 많은 에너지가 필요한 정신활동, 이를테면 발상, 선택, 정보 분류 작업 등이 진행되는데, 이러한 상태를 '신경네트워크 초기화 모드'라고 한다 – 역자 주)로 회복된다. DMN은 뇌 기능 및 영·혼·육의 건강을 증진시킨다.

DAY 18

너희는 가만히 있어 내가 하나님 됨을 알지어다 내가 뭇 나라 중에서 높임을 받으리라 내가 세계 중에서 높임을 받으리라 (시 46:10)

뇌 건강을 위한 팁 | 항상 바쁘게 살면, 우리의 몸과 마음은 쇠약해질 것이다.

　가만히 있는 것에는 강력한 힘이 있다. 삶 가운데 무언가를 이루기 위해 바쁘게 살아가며 열심히 노력하고 애써야 할 때가 있다. 그러나 "No"라고 말하는 법을 배워야 할 때도 있다. 무엇이든 압박감을 가지고 해서는 안 된다. 살면서 어떤 어려움에 부딪히든, 하나님이 더 크시다. 그러므로 환경이나 상황 때문에 지치지 않도록 해야 한다. 삶에 굴복당하지 말라. 그것이 무엇이든 우리가 경험하는 어려움으로 인해 아파하거나 절망하거나 지치지 말라.

　휴식을 취하라. 삶이 어려울 때, 하나님께서 나를 사랑하신다는 확신을 가지고 감사하는 마음을 가지면, 마음속 평안을 유지하는 데 도움이 된다. 아픔과 고통과 죽음에 직면한 것 같은 상황에도 우리는 안식을 통해 생명을 선택할 수 있다. 그것은 우리에게 버틸 수 있는 힘과 선한 싸움을 싸울 수 있는 능력이 된다.

　지금은 미소 지으며 내일을 맞이하기 위해 필요한 에너지를 공급함으로 회복되고 새로워질 때이다.

DAY 19

그러므로 모든 더러운 것과 넘치는 악을 내버리고 너희 영혼을 능히 구원할 바 마음에 심어진 말씀을 온유함으로 받으라 (약 1:21)

> **TIP** 뇌 건강을 위한 팁 | 우리가 생각을 통해 뇌 속에 전달된 정보들은 결국 '무의식'의 영역에 저장되는데, 정신 활동의 99.9%가 바로 여기에서 이뤄진다. 이것은 감정이나 인식이 섞인 생각들이 저장되는 최상위 디렉터리로, 우리의 의식과 말과 행동에 영향을 끼친다.

앞에서도 말했지만, 우리는 생각한 대로 변화된다. 우리가 무엇에 집중하고 생각하느냐에 따라 우리의 뇌 구조가 변화된다. 따라서 우리가 무언가를 염려하고, 그것에 대해 매일 생각하기로 선택하면, 이것이 우리의 무의식에 저장되어 우리가 생각하고, 느끼고, 선택하는 방식에 영향을 끼친다. 그 결과 두려움에 기반을 둔 세계관이 굳어져 매사에 그런 식으로 반응하게 된다.

그러나 우리가 예수 그리스도를 따르기로 선택하면, 그 모든 부정적인 생각들을 던져 버리게 될 것이다. 매일같이 마음을 새롭게 하여 모든 생각을 사로잡아 선하고 아름다운 것에만 집중시키면, 예수 그리스도의 세계관이 마음에 더 깊이 자리할 것이다. 예수님의 시각으로 세상을 바라보기 시작할 때, 자신의 참된 모습을 발견하고 우리의 생명을 구원하신 하나님의 사랑이 얼마나 강력한지 깨닫게 될 것이다.

DAY 20

> 육에 속한 사람은 하나님의 성령의 일들을 받지 아니하나니 이는 그것들이 그에게는 어리석게 보임이요 또 그는 그것들을 알 수도 없나니 그러한 일은 영적으로 분별되기 때문이라 신령한 자는 모든 것을 판단하나 자기는 아무에게도 판단을 받지 아니하느니라 누가 주의 마음을 알아서 주를 가르치겠느냐 그러나 우리가 그리스도의 마음을 가졌느니라 (고전 2:14-16)
>
> 그러나 자연적인 사람은 하나님의 영의 일들을 받아들이지 않습니다. 그것들이 그 사람에게는 어리석음이기에 그가 알 수가 없으니, 그것들은 영적으로 분별되기 때문입니다. 그리고 그 영(성령)으로 모든 것을 분별하는 사람은 아무에게도 판단받지 않습니다. 그러므로 "누가 주님의 마음을 알았고, 누가 그분을 가르치겠습니까?"(사 40:13) 그러나 우리는 메시아의 마음을 가졌습니다. 즉, 우리는 그분이 가르쳐 주신 것을 알고 있습니다. (고전 2:14-16, 원뉴맨성경)

뇌 건강을 위한 팁 | 우리가 듣는 말과 마음에 품은 생각이 우리의 뇌 구조를 변화시킨다.

    살면서 예수님의 길을 따르는 것이 어리석게 여겨진 적이 있을 것이다. 원수를 사랑하라거나 내 뺨을 치는 자에게 다른 쪽 뺨도 돌려대라거나 상처 준 사람을 용서하라는 말씀 등이 그렇다. 우리는 그들에게 대가를 치르게 하고 싶다. 그렇게 하는 것이 더 이치에 맞고 정의롭지 않은가?

    그러나 악으로 악을 갚는 것은 결코 좋은 결과를 가져오지 않는다. 서로를 공격하는 통제 불능의 상태가 수년 혹은 수십 년 동안 계속될 수도 있다. 정의와 폭력은 함께할 수 없다. 맞불을 놓을 수는 있지만, 불에 데일 위험을 감수해야 한다. 사실 상대에게 보복하려고 애쓰는 만큼, 쓴 뿌리와 주체할 수 없는 분노가 우리를 상하게 할 수 있다.

    사랑하기 어려운 사람을 사랑하라는 말이 어리석게 들릴 수 있다. 그러나 사랑과 자비와 긍휼과 겸손과 은혜로 충만한, 지금껏 인류가 보지 못한 세상을 소망한다면, 좀 더 큰 사랑으로 사람들을 용서하고 품어야 할 것이다. 탱크를 보내는 대신 온순하고 겸손한 평화주의자들을 보낸다면, 깜짝 놀랄 만큼 멋진 결과를 얻게 될 것이다. 이러한 세상을 바라지 않는가?

DAY 21

육에 속한 사람은 하나님의 성령의 일들을 받지 아니하나니 이는 그것들이 그에게는 어리석게 보임이요 또 그는 그것들을 알 수도 없나니 그러한 일은 영적으로 분별되기 때문이라 신령한 자는 모든 것을 판단하나 자기는 아무에게도 판단을 받지 아니하느니라 누가 주의 마음을 알아서 주를 가르치겠느냐 그러나 우리가 그리스도의 마음을 가졌느니라 (고전 2:14-16)

그러나 자연적인 사람은 하나님의 영의 일들을 받아들이지 않습니다. 그것들이 그 사람에게는 어리석음이기에 그가 알 수가 없으니, 그것들은 영적으로 분별되기 때문입니다. 그리고 그 영(성령)으로 모든 것을 분별하는 사람은 아무에게도 판단받지 않습니다. 그러므로 "누가 주님의 마음을 알았고, 누가 그분을 가르치겠습니까?"(사 40:13) 그러나 우리는 메시아의 마음을 가졌습니다. 즉, 우리는 그분이 가르쳐 주신 것을 알고 있습니다. (고전 2:14-16, 원뉴맨성경)

TIP 뇌 건강을 위한 팁 | 우리에게는 마음(생각)을 사용하여 실체를 창조하는 능력이 있다. 우리는 생각과 감정과 선택으로 이 세상에 생명을 불어넣을 수 있다. 우리는 강한 그리스도의 마음을 가졌다.

우리가 성령의 도우심으로 사랑이신 예수님을 따르기로 선택할 때, 전과 다른 방식으로, 보다 사랑 가득한 마음으로 생각할 수 있다. 우리는 그리스도의 마음을 가졌다. 우리는 세상을 다른 관점으로 바라보며 이러한 생각을 무의식 깊은 곳에 심어 두고 바르게 반응하기로 선택한다. 우리가 세상이 강요하는 방식이 아닌 하나님의 지혜를 따라 행할수록 점점 더 예수님처럼 생각하고 행동하게 된다.

그러면 어느 순간, 어리석어 보이던 것들이 더 이상 어리석게 느껴지지 않는다. 우리는 뇌에 심겨진 것들을 통해 사랑의 실체를 창조해 내는 능력이 있음을 알게 되어 무엇을 말하고 행해야 할지 결정한다. 그러면 더 이상 세상의 방식이 지혜로워 보이지 않는다. 인류는 세상의 방식을 따르느라 수천 년 동안 탐욕과 증오와 고통을 안고 살아 왔다.

우리는 무언가 변해야 한다는 것을 안다. 그리고 우리의 생각과 감정과 선택을 통해 세상이 더 나아질 수 있다는 것을 안다. 이를 위해 우리는 다시금 참된 '인간'이 되어 이 땅에 지옥이 아닌 천국을 가져오는 법을 배워야 한다.

Memo

DAY 22

나라가 임하시오며 뜻이 하늘에서 이루어진 것 같이 땅에서도 이루어지이다 (마 6:10)

TIP | 뇌 건강을 위한 팁 | 생각은 뇌를 변화시키고, 우리의 건강과 주변 세상에 영향을 끼친다.

우리는 하나님의 형상대로 창조된 걸작품이다. 우리는 하나님의 영광을 이 세상에 나타내는 존재, 이 땅에 천국을 가져오는 자로 창조되었다. 이것은 놀랍도록 위대한 일이다. 그런데 어떻게 이런 일이 가능한가? 어떻게 하나님 나라가 이 땅에 임하게 할 수 있는가? 이것은 매일의 삶 속에서 어떤 양상으로 나타나는가?

우리가 성령의 도우심으로 마음을 새롭게 하고 모든 생각을 사로잡아 그리스도께 복종시킬 때, 사랑의 관점으로 세상을 바라볼 수 있다. 천국의 세계관을 얻는 것이다! 우리가 하나님의 말씀에 집중하고, 그것을 묵상하여 무의식 깊은 곳에 뿌리내리게 하면, 우리의 뇌 구조가 긍정적인 방향으로 변화된다. 그리고 이러한 변화는 미래의 생각과 말과 행동에 영향을 주어 이웃과 주변 환경에 선한 영향력을 끼친다. 그러면 하나님 나라가 이 땅에 임할 수 있다!

인간의 참된 본질은 근본적으로 천국의 문화로 이 세상을 정복하는 것이다. 이것은 얼마든지 가능하다! 왜냐하면 우리가 하나님의 형상대로 창조되었기 때문이다.

DAY 23

> 하나님이 자기 형상 곧 하나님의 형상대로 사람을 창조하시되 남자와 여자를 창조하시고 (창 1:27)
>
> **뇌 건강을 위한 팁** | 우리의 생각과 말과 행동이 우리 주변 세상을 변화시킨다. 우리는 위대한 사랑의 하나님의 형상을 이 땅에 나타내는 존재로 창조되었다.

    우리가 하나님의 형상대로 창조되었다는 것은 참으로 강력한 말씀이다. 그런데 이것은 우리의 말과 행동에 어떻게 연결되는가? 우리의 말과 행동, 또 그 뿌리가 되는 생각에는 어떤 능력이 있는가?

    우리는 하나님의 사랑을 나타내도록 디자인되었다. 우리는 그분의 사랑의 형상을 드러내고, 하나님을 향한 피조물의 찬양을 그분께 돌려 드리도록 지음 받았다. 우리는 그분을 다양한 각도에서 비추는 거울들이다.[16]

    우리는 하나님의 디자인에 따라 생각하고, 느끼고, 결정함으로 하나님이 참으로 어떤 분이신지 세상에 보여 준다. 반면, 지속적으로 부정적인 생각을 하여 그것이 우리의 말과 행동에 영향을 주면, 이 세상에 그분의 사랑의 형상이 아니라, 왜곡되고 깨어진 형상을 나타내게 된다.

    그러므로 평소에 무엇을 생각하고, 느끼고, 선택하는지 살피는 것이 매우 중요하다. 우리가 어떤 일을 하고, 어떤 일을 당했든 상관없이, 올바르게 선택할 수 있는 능력이 있다. 하나님처럼 생각하기로 선택하여 이 세상에 그분의 사랑을 나타내고, 그로 인해 창조 본연의 모습으로 살아갈 수 있다.

    우리가 하나님의 형상대로 창조되었다는 것은 우리의 능력과 함께 책임을 일깨우는 참으로 위대한 진리이다.

DAY 24

TIP | 사랑하지 아니하는 자는 하나님을 알지 못하나니 이는 하나님은 사랑이심이라 (요일 4:8)

뇌 건강을 위한 팁 | 우리는 사랑에만 반응하도록 창조되었다. 과학에서는 이것을 '낙관주의적 성향'이라 한다. 다른 사람을 사랑하는 것은 우리 안에 내재된 본성으로, 건강과 치유와 기쁨을 가져다 준다.

선택은 사랑의 총체라고 할 수 있다. 선택의 자유가 없는 사랑은 존재할 수 없으며, 하나님의 사랑은 우리에게 선택의 능력을 부여하였다. 우리는 생명과 죽음, 복과 저주 사이에서 선택할 수 있다. 우리가 사랑이신 하나님의 형상대로 창조되기는 했지만, 이 세상에 어떠한 형상을 나타낼지 선택할 수 있다. 우리가 뇌 속에 구축한 생각은 미래의 생각과 말과 행동이 되는데, 이러한 생각을 통해 우리가 보기 원하는 대로 세상을 창조한다.

우리는 자신의 속사람(무의식)을 깊이 들여다볼 필요가 있다. 그 속에 어떤 세계관이 뿌리내려 있는가? 그것은 변화를 필요로 하는가? 다른 사람을 사랑하는 일에 실패하고 있는가? 우리 형상의 근원이신 사랑의 하나님을 제대로 알고 있는가? 정신적 혹은 육체적으로 자기 자신과 갈등을 빚고 있는가?

나는 내가 늘 사랑 안에서 행하지는 못한다는 것을 안다(특히 마트 계산대 앞에서 대기 라인이 길 때나 앞의 손님이 너무 많은 물건을 계산대 위에 올려놓아 오랫동안 기다려야 할 때, 자주 사랑의 테두리를 벗어난다). 그러나 사랑에만 반응하도록 설계된 우리의 뇌와 몸이 올바르게 작동하여 생각을 사로잡아 그리스도께 복종시키고, 마음을 새롭게 하기로 선택하면, 사랑 안에서 행하고 반응하는 것을 배울 수 있다. 그 결과, 사랑이신 하나님의 형상을 닮은 자로서의 진정한 자아상을 받아들이게 될 것이다. 그러면 우리 자신이 평안을 느끼고, 그로 인해 몸과 마음은 더욱 건강해질 것이다. 우리는 사랑에만 반응하기 때문에 그에 합당하게 행동하는 것이다.

DAY 25

> 이는 사람으로 혹 하나님을 더듬어 찾아 발견하게 하려 하심이로되 그는 우리 각 사람에게서 멀리 계시지 아니하도다 우리가 그를 힘입어 살며 기동하며 존재하느니라 너희 시인 중 어떤 사람들의 말과 같이 우리가 그의 소생이라 하니 (행 17:27-28)

뇌 건강을 위한 팁 | 의식이 우주를 붙들고 있다. 로고스, 곧 하나님의 마음(지존자의 의식)이 모든 존재의 근원이라는 말이다. 하나님은 사랑이시기에 모든 세계가 오직 사랑에만 반응하며 유지된다.

앞에서 말한 대로, 원자나 전자 같은 소립자들이 실체(실물)일 필요는 없다. 이러한 입자들은 가능성의 세계를 형성하는데, 관찰자의 선택을 통해 실재가 된다. 근본적으로 모든 현실은 관찰자의 마음(의식적 선택)이 만들어 낸 것이다. 또한 하나님은 항상 지켜보시고 존재하시는 분이므로, 궁극적 실존이시다. 만물은 이러한 하나님으로부터 기인했다.

하나님이 사랑이시라면, 사랑은 우주를 뒷받침한다. 사랑은 우리가 살며 기동하며 존재하는 이유이다. 우리가 이러한 사랑의 원칙대로 행할 때, 개별적이고 놀라운 방식으로 하나님을 경험하고 자신의 형상대로 우리를 빚으신 창조주를 알게 된다.

우리는 사랑에만 반응하는 창조의 본연에 따라 살아가야 한다. 이것이 건강한 삶의 기초이다.

DAY 26

이스라엘 자손들아 여호와의 말씀을 들으라 여호와께서 이 땅 주민과 논쟁하시나니 이 땅에는 진실도 없고 인애도 없고 하나님을 아는 지식도 없고 오직 저주와 속임과 살인과 도둑질과 간음뿐이요 포악하여 피가 피를 뒤이음이라 그러므로 이 땅이 슬퍼하며 거기 사는 자와 들짐승과 공중에 나는 새가 다 쇠잔할 것이요 바다의 고기도 없어지리라 (호 4:1-3)

> **TIP** | 뇌 건강을 위한 팁 | 우리는 복잡하게 얽힌 세상에서 살아간다. 우리의 말과 생각과 행동은 우리 자신뿐 아니라 주변의 모든 사람과 사물에 영향을 준다.

    우리는 거의 매일 기후 변화에 대한 소식을 접한다. 이것은 우리가 이 세상에 얼마나 큰 영향을 끼치며 살아가는지 생각하게 한다. 우리의 행동은 다양한 파급 효과를 낳는다. 우리의 생각과 말과 행동 때문에 우리가 알고 사랑하는 사람들과 주변의 모든 것이 영향을 받는다. 양자물리학에서는 이러한 상호의존성을 가리켜 '얽힘'(entanglement)이라고 하는데, 이것은 성경 전역에서 발견된다.

    우리는 세상을 관리하고 다스려야 할 청지기로서 모든 피조물에게 창조주의 사랑을 나타내 보여야 한다. 그러나 우리가 청지기의 사명을 제대로 감당하지 못하면, 이 땅이 슬퍼한다(호 4:3). 인간의 탐욕과 부패와 폭력으로 인해 땅의 육축과 새와 물고기 그 외 살아 있는 모든 것이 괴로워한다.

    전쟁으로 인해 이 땅에 어떤 일들이 일어나는지 생각해 보라. 인간의 탐욕이 자연재해에 끼치는 영향은 어떠한가? 그러므로 우리는 생각을 잘 살펴야 한다. 그것이 우리의 사고구조, 곧 이 세상을 어떻게 바라보고, 또 세상과 어떻게 교류하는지를 결정하기 때문이다.

    우리는 이 땅에 지옥이 아닌 천국을 가져와야 한다. 어떻게 세상과 사랑 안에서 생산적인 방법으로 교류해야 할지 고민해야 한다.

DAY 27

> 피조물이 고대하는 바는 하나님의 아들들이 나타나는 것이니 피조물이 허무한 데 굴복하는 것은 자기 뜻이 아니요 오직 굴복하게 하시는 이로 말미암음이라 그 바라는 것은 피조물도 썩어짐의 종 노릇 한 데서 해방되어 하나님의 자녀들의 영광의 자유에 이르는 것이니라 (롬 8:19-21)
>
> 뇌 건강을 위한 팁 | 생각의 힘은 강력하다. 말과 행동의 바탕을 이루는 생각은 이 세상을 좋은 쪽으로든, 나쁜 쪽으로든 변화시킨다.

우리가 살아가는 세상은 얽혀 있어서 우리가 생각하고, 느끼고, 선택하는 것이 이 세상에 영향을 끼친다. 우리는 하나님의 형상대로 창조된 존재이기에, 우리 안에 내재된 그분의 형상을 잘 간직해야 한다. 하나님으로부터 받은 선택의 자유를 어떻게 사용할지는 전적으로 우리에게 달렸다.

우리가 '과녁에서 빗나간 상태'를 의미하는 죄를 범하면, 하나님의 형상을 지혜롭게 사용한 것이라고 할 수 없다. 이렇듯 유해한 선택은 이 세상으로 하여금 '썩어짐의 종노릇'(롬 8:21)을 하게 만든다.17) 우리가 창조주의 영광을 포기하면, 세상 만물은 '허무한 데 굴복할' 수밖에 없다.

그러나 우리가 예수님의 마음을 품고 사랑 안에서 살아갈 것을 다짐하여 그리스도를 따르기로 선택하면, 이 세상에 하나님의 영광을 나타낼 수 있다. 참으로 피조물들은 우리가 영광을 나타내는 지혜로운 청지기로서 이 땅을 관리하며 살아가기를 학수고대한다. 그러므로 우리는 진실되고 훌륭한 사람이 되기 위해 반드시 사고방식을 바꿔야 한다.

DAY 28

아버지께서는 모든 충만으로 예수 안에 거하게 하시고 그의 십자가의 피로 화평을 이루사 만물 곧 땅에 있는 것들이나 하늘에 있는 것들이 그로 말미암아 자기와 화목하게 되기를 기뻐하심이라 (골 1:19-20)

아버지께서는 모든 충만이 그분을 통해 거하게 하시기를 기뻐하셨고, 그분의 십자가의 피로 샬롬을 이루셔서 땅 위에 있는 것이나 하늘들 가운데 있는 것을 다 그분을 통해 자기와 화해시키셨습니다. (골 1:19-20, 원뉴맨성경)

 뇌 건강을 위한 팁 | 우리의 생각과 말과 행동은 실체를 만들어 내는 힘이 있다. 이것은 말 그대로, '창세의 능력'(Genesis power)이다.

그리스도인들 중에는 어차피 이 땅은 소멸될 것이므로, 하루속히 천국에 가고 싶다는 우울한 소망을 가진 자들이 있다. 이들은 계시록의 내용을 불못, 끊임없는 고통, 재앙, 온갖 종류의 공포 등으로 여긴다.

그러나 '아포칼립시스' 곧 '계시'는 '베일을 벗겨내다', '감췄던 것을 드러내다'를 뜻하는 말이다.[18] 예수님이 죽으심으로 휘장이 찢어진 것처럼, 하늘, 곧 하나님이 계시는 곳과 이 땅 사이에 있는 베일이 사라지면서 우리는 피조물이 본래 어떤 모습으로 창조되었는지 볼 수 있게 되었다. 지금 이 땅에서는 천국을 볼 수 없다는 말이 아니다. 골로새서 1장에서 바울은 "그리스도를 통해 땅과 하늘에 있는 모든 것이 하나님과 화목하게 되었다"라고 말했다. 하나님의 나라는 이미 도래했다. 다만 아직 완성되지 않았을 뿐이다.[19]

예수님은 부활하셔서 사망과 두려움과 이 세상의 모든 어두움을 이기셨다. 지금 우리는 '승리'에서 '완성'으로 나아가고 있기에, 우리가 생각하고, 말하고, 행하는 모든 것이 좋은 쪽으로든, 나쁜 쪽으로든 하나님 나라에 영향을 끼치게 된다. 그러므로 오늘 우리의 생각과 말과 행동은 영원한 중요성을 지닌다.

　지금 우리는 하나님 나라가 이 땅에 드러나도록(베일이 벗겨지도록) 하나님을 섬기고 있다. 그러므로 지혜롭게 생각해야 한다. 우리는 생각으로 실체를 만들어 내는 존재이다.

Memo

DAY 29

여호와여 위대하심과 권능과 영광과 승리와 위엄이 다 주께 속하였사오니 천지에 있는 것이 다 주의 것이로소이다 여호와여 주권도 주께 속하였사오니 주는 높으사 만물의 머리이심이니이다
(대상 29:11)

 뇌 건강을 위한 팁 | 온 세상은 사랑에 반응한다.

사랑이신 하나님이 이 세상을 창조하셨다. 우리는 사랑의 하나님의 형상대로 창조되었으며, 그분의 피조물을 관리할 책임이 주어졌다. 우리가 생각하고 말하고 행하는 것은 이 세상에 하나님의 사랑을 나타내도록 디자인되었다. 온 세상이 그분의 것이기 때문이다. 세상의 근원은 사랑이다!

영국 옥스퍼드 대학의 명예교수이자 수학자인 로저 펜로즈 경이 내놓은 복잡한 계산식은 사랑이 시공간을 구성하는 요소임을 보여 준다.[20] 우리는 선택을 통해 사랑이라는 요소에 접근할 수 있다. 그래서 사랑을 생각하고, 말하고, 표현할 수 있다. 그러나 그 반대도 가능하다. 우리는 선택을 통해 사랑의 능력(가능성)을 일그러뜨릴 수 있고, 우리가 살아가는 환경에 해로운 요소들을 불러들일 수도 있다.

우리는 지혜롭게 선택하여 천국을 이 땅으로 가져와야 한다. 우리가 생각하고 말하고 행하는 것은 온 세상에 영향을 끼친다. 우리는 이렇게 자문해야 한다. "내가 속한 공동체와 세계적 차원에서 사랑은 어떻게 나타나는가?"

> 무릇 있는 자는 받아 풍족하게 되고 없는 자는 그 있는 것까지 빼앗기리라 (마 25:29)
>
> **뇌 건강을 위한 팁** | 우리가 생각하고, 그 생각으로 무언가를 창조해 내는 능력은 은사일 뿐만 아니라 책임이다. 생각은 말과 행동의 뿌리이며, 그것은 삶 가운데 열매를 맺는다.

DAY 30

    우리는 피조물을 관리하는 청지기의 사명을 진지하게 감당해야 한다. 달란트 비유에서처럼, 하나님께서는 우리에게 이 세상을 돌보도록 맡기셨다. 그리고 그분은 돌아오셔서 우리에게 우리 자신의 삶뿐만 아니라 그분의 아름다운 세상을 얼마나 잘 다스렸는지 물으실 것이다.

    오늘 예수님께서 찾아오신다면, 뭐라고 답하겠는가? 자신의 영혼과 생각과 뇌와 몸, 그리고 당신이 사는 세상에 대한 청지기 사명에 대해 어떻게 말할 것인가? 자신의 쾌락과 하나님의 영광 중 무엇을 위해 구하고 사용하였는가? 인생을 살아가는 방식은 하나님을 사랑하는 방식을 보여 준다.

DAY 31

> 여호와께서는 모든 것을 선대하시며 그 지으신 모든 것에 긍휼을 베푸시는도다 (시 145:9)
>
> **TIP** 뇌 건강을 위한 팁 | 우리는 지각이 있는 존재로서 매일같이 자신의 몸과 영혼뿐만 아니라 온 세상까지 잘 돌보고 긍휼히 여기기로 결단해야 한다.

하나님은 자신이 창조하신 모든 것을 돌보신다. 피조물을 향한 하나님의 사랑은 성경 전체에 기록되어 있다. 사랑과 긍휼과 은혜가 풍성한 하나님께서 우리를 자신의 형상대로 지으셨기 때문에, 우리 또한 온 세상을 향해 긍휼한 마음을 가질 수 있다. 이를 위해 우리는 자신의 생각과 말과 행동이 주변 환경에 어떤 영향을 주는지 살펴보아야 한다. 그리고 어떻게 해야 영광스런 하나님의 사랑을 이 세상에 전할 수 있을지도 생각해야 한다.

이 세상이 얼마나 악한지, 불평하기는 쉽다. 그러나 피조계의 제사장인 우리는 그러한 세상을 바라보며 애통해할 수 있어야 한다. 우리는 생각을 통해 하나님의 온전한 사랑을 이 세상에 나타내도록 창조되었다. 우리는 생명을 전달하는 능력을 가지고 있으며, 이 능력을 올바르게 사용할 책임이 있다.

DAY 32

땅과 거기에 충만한 것과 세계와 그 가운데에 사는 자들은 다 여호와의 것이로다 여호와께서 그 터를 바다 위에 세우심이여 강들 위에 건설하셨도다 (시 24:1-2)

뇌 건강을 위한 팁 | 우리는 사랑에 기초하여 복잡하게 얽혀 있는 세상을 살아간다.

우리가 지극히 높으신 하나님의 자녀라는 사실은 참으로 기분 좋은 사실이다! 그런데 하나님의 자녀가 된다는 것은 무슨 뜻인가? 하나님의 자녀가 되면 우리의 삶은 어떻게 달라지는가?

하나님은 만물의 창조자이시다. 그러므로 이 세상 모든 것이 주께 속했다. 하나님의 자녀이자 제사장인 우리는 만물을 다스림으로 창조주의 영광을 세상에 나타내도록 부름 받았다. 우리는 피조물의 찬양을 한데 모아 아버지께 올려드려야 할 제사장이다.[21]

그러나 우리의 생각 속에 독초가 자라고 있다면, 이 세상에 하나님의 사랑을 나타낼 수 없다. 우리가 마음을 새롭게 하지 않으면, 우리 자신이나 주변 사람들의 삶을 바꾸지 못하게 된다. 하나님께서 사랑하시는 것을 사랑해야만 진정한 그분의 자녀가 될 수 있다.

DAY 33

> 모든 생물의 생명과 모든 사람의 육신의 목숨이 다 그의 손에 있느니라 (욥 12:10)
>
> **TIP** 뇌 건강을 위한 팁 | 긍휼과 사랑은 우리의 뇌와 몸을 치유한다. 이러한 긍휼과 사랑은 우리의 선택을 통해 활성화된다.

　모든 것이 하나님 안에서, 하나님에 의해 창조되었기 때문에 피조물은 붙들어 주시고 지지해 주시는 하나님의 사랑에 의지한다. 이것은 우리의 의식이나 마음도 하나님이 붙들어 주신다는 말이다. 하나님은 진리이시며, 모든 의식의 근원이시다.

　우리 역시 하나님의 형상을 닮은 의식으로 이 세상과 그 안에 거하는 사람들과 자기 자신에게 지속적인 영향을 끼친다. 우리는 이 세상에 하나님의 영광을 비추도록, 그리고 피조물의 찬양을 하나님께 돌려 드리도록 창조되었다. 그러나 우리 삶이 엉망이라면 이 역할을 제대로 수행할 수 없을 것이다.

　어떻게 해야 변화되고 치유받는 것일까? 진정한 사랑만이 긍휼을 낳고, 사랑과 긍휼만이 이 세상뿐만 아니라 우리의 뇌와 몸도 치유하고 변화시킨다. 우리가 예수님처럼 사람들을 사랑하고 긍휼을 베푼다면, 우리의 몸과 마음이 변화되어, 치유가 일어나고, 수명이 길어질 것이다!

DAY 34

> 내가 내 언약을 너희와 너희 후손과 너희와 함께 한 모든 생물 곧 너희와 함께 한 새와 가축과 땅의 모든 생물에게 세우리니 방주에서 나온 모든 것 곧 땅의 모든 짐승에게니라 (창 9:9-10)
>
> 뇌 건강을 위한 팁 | 우리가 믿는 것이 우리가 생각하고 말하고 행하는 것에 영향을 준다.

홍수 후 하나님께서는 온 세상과 언약을 맺으셨다. 다시는 물로 이 세상을 멸하지 않겠다고 약속하신 것이다. 하나님은 모든 생명을 돌보신다. 우리 또한 하나님의 형상대로 지음 받고, 주님이 오심으로 성취될 언약의 수혜자로서 모든 생명을 돌볼 책임이 있다.

하나님께서 왜 홍수를 일으키셨는지, 그 이유를 기억해야 한다. 그것은 바로 인간의 죄, 즉 목적에서 벗어났기 때문이다. 당시 인간은 우상을 사랑함으로 하나님께서 창조하신 목적을 잊고, 세상을 파괴하고, 어떤 대가를 치르더라도 자신의 탐욕을 이루겠다며 이 땅에 지옥을 가져왔다.

진정으로 하나님의 언약에 참여하기 원한다면, 날마다 우리의 생각과 말과 행동으로 이 땅에 천국을 가져오기로 선택해야 한다. 우리의 마음을 새롭게 하고, 사랑 안에서 행하며, 부정적인 생각들을 사로잡아 성령께서 우리의 마음과 생각을 이끄시도록 허락해 드려야 한다. 이 모든 것이 우리가 세상과 어떻게 교류하고 소통하는지를 보여 준다.

DAY 35

너는 엿새 동안에 네 일을 하고 일곱째 날에는 쉬라 네 소와 나귀가 쉴 것이며 네 여종의 자식과 나그네가 숨을 돌리리라 (출 23:12)

TIP 뇌 건강을 위한 팁 | 모든 생명체와 마찬가지로 우리에게도 휴식이 필요하다.

현대 사회에서 반복되는 일상을 멈추는 일은 혁명과도 같다. 우리의 문화는 "더 많이!", "더 많이!", "더 많이!"라고 외치기 때문이다. 우리는 더 많은 돈과 더 비싼 차, 더 좋은 집과 더 많은 휴가와 시간을 원하는데, 이 모든 것은 소비에 대한 것이다. 심지어 사람마저 소비의 대상으로 삼는다.

그러나 하나님 나라는 청지기 직분에 관한 것이다. 지혜로운 청지기는 이 세상으로부터 무언가를 취하려 하는 대신 베풀고자 한다. 그들은 사랑에 반응하며, 얼마나 많이 소유하고 소비하는가가 전부가 아님을 알기 때문에 휴식의 중요성을 인식한다. 자신에게만 휴식이 필요한 것이 아니라 소와 나귀를 포함하여(출 23:12) 모든 생명체에게 휴식이 필요하다고 생각한다.

우리는 하나님의 형상을 지닌 청지기로서 자신과 피조세계를 어떻게 대해야 하는지 알아야만 한다. 우리는 피조물에 대한 태도를 고찰해야 한다. 그러나 이 세상은 오직 '나 자신'과 더 많이 소유하는 것에만 집중하라고 말한다.

안식의 개념은 중요하다. 그것은 단순히 현대적 의미의 휴식이 아니라 안식하도록 설계된 우리 뇌와 몸을 포함하여 모든 생명체를 존중하는 것이다.

DAY 36

> 그러나 주의 날이 도둑 같이 오리니 그날에는 하늘이 큰 소리로 떠나가고 물질이 뜨거운 불에 풀어지고 땅과 그중에 있는 모든 일이 드러나리로다 (벧후 3:10)
>
> 뇌 건강을 위한 팁 | 온 우주에서 하나님 다음으로 강력한 것이 바로 우리의 마음이다.

사람들은 예수님이 다시 오실 때, 이 세상이 불살라지고 만물이 다시 새로워질 것이라고 생각한다. 하지만 안타깝게도, 이것은 베드로후서 3장 10절을 잘못 해석한 것이다. 이 세상은 불살라지는 대신 드러나거나 벗겨지거나 혹은 그 실체를 나타내게 될 것이다.

위 구절의 '풀어지고'에 해당하는 헬라어는 금속을 제련하여 불순물을 제거하는 '주물공장'을 뜻한다.[22] 본질적으로 사랑에 속하지 않은 불순물은 전부 불에 타서 제거되고, 선하고 아름답고 참된 것만 남게 될 것이다. 우리가 알고 사랑하는 이 세상은 남겨질 것인데, 상상 이상으로 더 완전할 것이다.

그러므로 우리는 사람들과 세상을 대할 때 조심해야 한다. 우리의 선택에 생명과 죽음의 힘이 있기 때문에, 날마다 우리의 마음을 새롭게 해야 한다. 우리는 이 땅에 천국을 가져올 수도, 지옥을 가져올 수도 있다.

이 사실을 기억하라. 마음에 구축되어 있는 '사랑의 생각들'과 그것들이 우리의 삶에 가져오는 열매들은 영원토록 중요한 가치로 여겨질 것이다. 새로운 세상에서도 불타 없어지지 않을 것이다.

DAY 37

하나님이 영원 전부터 거룩한 선지자들의 입을 통하여 말씀하신 바 만물을 회복하실 때까지는 하늘이 마땅히 그를 받아 두리라 (행 3:21)

TIP 뇌 건강을 위한 팁 | 마음과 뇌와 몸은 치유될 수 있다. 우리는 우리의 이야기를 다시 쓰고, 미래를 바꿀 수도 있다. 우리에게 영향을 준 과거도 얼마든지 바꿀 수 있다. 양자역학에서는 이것을 '소급적 인과관계'(retroactive causation)라고 한다.

    주변 세상이나 우리의 인생을 바라보면, 절대 상황이 변하지 않을 것 같아 보인다. 늘 혼란스러운 세상처럼 우리의 인생도 늘 아프고, 지치고, 슬플 것 같다. 그러나 우리는 모든 것이 그대로일 것이라고 믿을 수도 있고, 변할 것이라고 믿을 수도 있다. 변화는 가능하다. 우리는 하늘과 땅 아래 있는 '모든 것'(만물)을 회복하실 것이라는 하나님의 말씀을 믿기로 선택할 수 있다.

    하나님은 우리의 삶은 물론, 우리를 둘러싼 세상도 회복시키실 수 있으며, 그렇게 하실 것이다. 오직 하나님만이 진정으로 치유하실 수 있을 뿐 아니라, 치유는 그분의 약속이다. 기억하라. 하나님은 시간의 제약을 받지 않으신다. 우리의 미래를 이루는 모든 것이 이미 존재하고 있다.

    당신은 이러한 치유가 가능하다는 사실을 믿어야 한다. 앞으로 어떤 세상에서 살아갈지는 당신이 선택하는 것이다. 당신이 무엇을 창조할지도 선택할 수 있다. 당신은 자신의 이야기를 다시 쓸 수 있다. 당신은 과거에 묶인 존재가 아니다.

DAY 38

이는 물이 바다를 덮음같이 여호와의 영광을 인정하는 것이 세상에 가득함이니라 (합 2:14)

뇌 건강을 위한 팁 | 우리는 생각으로 우리의 세상을 만든다.

마지막 날, 이 세상이 어떤 모습일지 상상해 본 적 있는가? 주님이 다시 오실 때, 이 세상은 어떻게 될까? 하나님의 사랑을 받아들여 그 안에서 생각하고 말하고 행한다면, 얼마든지 이 땅에서 천국과 하나님의 영광을 맛볼 수 있다.

하지만 어떻게 이런 일이 가능할까? 우리가 하나님의 형상대로 창조되었기 때문이다! 우리는 생각하고 말하고 행하는 것으로 하나님의 영광을 이 세상에 나타낸다. 우리의 마음이 하나님의 사랑을 아는 지식 안에서 새로워지고 변화되면, 오직 하나님의 영광만 비추게 된다. 천국을 이 땅에 가져와 공동체를 치유하고, 물이 바다를 덮음같이 그분의 영광으로 이 땅을 덮을 수 있다. 현재를 살아가며 하나님의 통치 가운데 모든 것이 아름답고 순결하고 선한 미래를 상상할 수 있다. 이것이 창조주의 완전한 사랑으로 가득한 세상, 우리의 영원한 소망이다.

DAY 39

> 나 여호와가 시온의 모든 황폐한 곳들을 위로하여 그 사막을 에덴 같게, 그 광야를 여호와의 동산 같게 하였나니 그 가운데에 기뻐함과 즐거워함과 감사함과 창화하는 소리가 있으리라 (사 51:3)
>
> **TIP** 뇌 건강을 위한 팁 | 우리가 생각하고 말하고 행하는 모든 것이 세상을 변화시킨다. 생각은 단백질로 구성된 실체(물질)로, 허공에 떠다니는 기운이 아니다.

하나님께서는 우리뿐만 아니라 온 세상을 치유하고 위로해 주겠다고 약속하셨다. 하나님은 모든 생명체의 신음을 들으시고, 우리를 통해 모든 피조물의 고통을 없애 주시며, 기쁨과 즐거움을 주겠다고 약속하셨다. 이것은 변화를 가능케 하는 능력 있는 마음을 가진 우리에게 주어진 책임이다. 우리는 사랑을 활성화함으로 온 세상에 치유를 가져다주어 변화시키는 능력의 사역자들이다.

우리는 이 온전한 사랑의 사역자이자 하나님의 자녀로서, 모든 사람과 만물에게 하나님의 위로와 사랑을 전해야 한다. 이 땅에 천국이 임하도록 매일, 매 순간 생각과 말과 행동이라는 변화의 도구를 잘 사용해야 한다.

> 여호와 하나님이 그 사람을 이끌어 에덴 동산에 두어 그것을 경작하며 지키게 하시고 (창 2:15)
>
> 뇌 건강을 위한 팁 | 우리가 세상을 대하는 방식은 우리의 머릿속에 형성된 세계관에 반영된다.

DAY 40

마음속에 구축되어 있는 생각이 우리의 말과 행동으로 나타나는 것이라면, 우리가 피조계를 지키고 보호하는 방식에는 청지기인 우리의 역할과 창조주 하나님에 대한 관점이 드러난다. 하나님은 우리를 이 땅의 청지기로 창조하셔서 그곳을 지키고 돌보며, 자유의지를 가지고 온 세상을 더 아름답고 생명과 사랑이 충만한 곳으로 가꾸게 하셨다.

그러나 우리가 만물을 다스리는 청지기의 사명을 오용하여 그것들을 돌보기보다 오히려 소모하려고만 한다면, 이 땅에 죽음과 파멸을 가져오게 될 것이다. 우리는 진지하게 마음의 능력에 따르는 책임감을 가지고 이 세상에서 하나님의 영광을 나타내며 살고 있는지 자문해야 한다. 자신의 생각과 말과 행동이 새로운 창조로 이어질지, 불에 타 없어질지 깊이 생각해 봐야 한다.

DAY 41

> 스스로 속이지 말라 하나님은 업신여김을 받지 아니하시나니 사람이 무엇으로 심든지 그대로 거두리라 (갈 6:7)

TIP 뇌 건강을 위한 팁 | 우리는 가장 많이 하는 생각대로 된다. 우리의 강력한 마음을 어떻게 사용하느냐에 따라 결과가 달라지는데, 과학에서는 이것을 '마음의 인과 작용'(causal efficacy)이라고 부른다.

무엇이든 우리가 가장 많이 생각하는 것이 발전하여 주변 상황을 이해하고 영향을 주고받는 방식을 형성하게 된다. 이것이 바로 우리가 사랑하는 것이 영향을 끼치는 원리이다. 무언가에 지속적이고 의도적으로 집중하다 보면, 그것을 사랑하고 숭배하게 되며, 그것이 결국 우리의 마음과 삶에 영향을 끼치게 되는 것이다.

양자물리학자인 헨리 스태프는 다음과 같이 말했다. "인간에게 주어진 자유롭게 선택할 수 있는 능력은 조물주가 우주를 창조할 때 사용한 선택 능력의 축소판이라 할 수 있다 … 이것은 강력한 신이 존재하여 자신의 자유로운 선택에 따라 우주와 그것이 운영되게 하는 법칙들을 만들고, 또 자기 형상을 닮은 존재들(인간)에게 그 능력을 주었다는 개념과 일치한다. 따라서 인간은 이성적 판단에 근거하여 선택함으로 이 세상에 물리적(실질적) 영향을 끼칠 수 있다."[23]

주변의 환경과 상관없이 머릿속에 어떤 생각을 심느냐에 따라 우리의 결정과 선택, 삶 가운데 거두게 될 열매가 달라질 것이다. 어떤 생각으로 어떤 실체를 만들어 낼지는 우리의 선택이다. 천국의 아름다운 사랑을 선택하겠는가? 아니면 원수의 악한 거짓말을 선택하겠는가?

DAY 42

> 그런즉 너희가 먹든지 마시든지 무엇을 하든지 다 하나님의 영광을 위하여 하라 (고전 10:31)
>
> 뇌 건강을 위한 팁 | 우리는 사랑을 극대화하는 방식으로 생각하고, 말하고, 행하도록 창조되었다.

본질이 사랑이신 하나님께서 우리의 뇌와 몸, 주변의 모든 만물을 창조하셨다. 그분의 영광 또한 사랑이다. 기억하라. 우리는 진정한 사랑 안에서만 행하고 반응하도록 지음 받았다. 우리는 하나님의 형상을 따라 그분의 영광(사랑)을 세상에 나타내도록 지음 받았다.

이 사랑은 우리 삶의 모든 영역에서 드러나야 한다. 무엇을 먹을지, 누구와 교제할지, 또 어떤 직업을 가질지 결정할 때, 사랑을 나타내어야 한다. 매일의 삶 속에서 성령님께 생각과 말과 행동을 주관하셔서 자신이 속한 공동체에 천국의 문화를 전하게 해 달라고 구해야 한다. 진정한 사랑만이 세상이 바르게 돌아가도록 만든다.

DAY 43

내 이름으로 일컫는 내 백성이 그들의 악한 길에서 떠나 스스로 낮추고 기도하여 내 얼굴을 찾으면 내가 하늘에서 듣고 그들의 죄를 사하고 그들의 땅을 고칠지라 (대하 7:14)

 뇌 건강을 위한 팁 | 우리의 뇌와 몸은 사랑으로 가득한 환경에서 건강해진다.

물론, 이 세상은 문제가 많고 고통과 가난과 질병으로 가득하다. 그래서인지 아무런 변화도 없을 것 같고, 우리가 직면한 문제에 대한 해결책도 없는 것 같다. 하지만 우리에게는 소망이 있다. 무엇을 생각하고 말하고, 어떻게 행할지 선택할 수 있는 능력이 있기 때문이다. 우리는 그리스도를 따르기로 선택하여 마음과 생각을 새롭게 변화시켜 천지 만물을 회복시키시는 하나님의 사역에 동참하기로 선택함으로 놀라운 변화를 일으킬 수 있다.

앞에서 말했듯이, 오늘날 과학은 진정한 사랑 안에서 행할 때와 왜곡된 사랑 안에서 행할 때, 그 결과가 어떻게 다른지 보여 준다. 우리는 이 땅과 사람들을 치유하는 하나님의 구원 사역에 동참할 수 있다.

참으로 우리가 사랑으로 공동체를 섬기면, 우리의 마음이 치유된다. 사랑은 가장 강력한 치료의 능력이다. 진정한 사랑은 그 자체로 기적이면서, 동시에 기적을 창조해 낸다. 진정한 사랑은 '선행릴레이'와 같은 '눈덩이 효과'를 일으킨다. 모두의 행복과 건강과 평안의 열쇠가 바로 사랑이다.

DAY 44

> 보라 내가 속히 오리니 내가 줄 상이 내게 있어 각 사람에게 그가 행한 대로 갚아 주리라 (계 22:12)

뇌 건강을 위한 팁 | 우리의 뇌에는 수많은 생각들이 자리잡고 있기 때문에, 그것들을 떨쳐 낼 수 없다. 가장 많이 품는 생각이 가장 크게 자라고, 거기에 더해 양자 에너지까지 공급받으므로, 향후 우리의 선택과 행동 방식에 지대한 영향을 줄 것이다.

생각은 단지 생각에서 끝나지 않는다. 생각은 삶에 뿌리내린 씨앗이며, 우리가 끌어안기로 선택한 실체, 곧 모든 말과 행동의 근원이다. 우리는 그 놀랍고 창조적인 마음으로 무엇을 생각할지, 무슨 말을 할지, 또 무엇을 느끼고, 어떻게 행할지 결정할 수 있다. 우리는 '매트릭스'('자궁, 모체, 행렬'을 뜻하나 주로 '사이버공간'의 의미로 사용된다 – 역자 주) 안에 갇혀 있지 않으며, 얼마든지 자유로이 생각하고, 어떤 사람이 될지 선택할 수 있다.

마음에 건강한 씨앗들을 심으면, 건강한 삶을 거두게 될 것이다. 정반대의 상황도 마찬가지이다. 물론 사랑 가득한 삶을 선택한다고 해서 우리 삶에 고난이 닥치지 않는 것은 아니다. 우리가 외부의 상황을 조종하거나 통제할 수 없기 때문이다. 그러나 마음 깊은 곳에 사랑을 심어 놓음으로 그러한 일들에 대해 어떻게 반응할지는 우리 스스로 통제할 수 있다.

기억하라. 우리의 반응이 우리의 실체를 이룬다. 인간으로서 우리는 선택의 능력과 책임으로부터 벗어날 수 없다.

DAY 45

> 그러므로 너희 곧 너희의 동족이나 혹은 너희 중에 거류하는 거류민이나 내 규례와 내 법도를 지키고 이런 가증한 일의 하나라도 행하지 말라 너희가 전에 있던 그 땅 주민이 이 모든 가증한 일을 행하였고 그 땅도 더러워졌느니라 너희도 더럽히면 그 땅이 너희가 있기 전 주민을 토함 같이 너희를 토할까 하노라 (레 18:26-28)
>
> TIP | 뇌 건강을 위한 팁 | 우리는 자신이 믿는 대로 이웃을 대하는데, 이것은 이웃뿐만 아니라 우리의 뇌와 몸에도 영향을 끼친다.

우리가 자신의 욕구와 필요에만 집중할 경우, 스스로를 신격화하게 된다. 그렇게 되면 이 신을 만족시키기 위해 다른 사람들과 모든 만물의 필요와 갈망을 제물로 삼는다. 하나님으로부터 받은 사랑의 형상을 더럽히고, 이 세상과 우리의 뇌와 몸에 파멸과 고통을 가져온다.

그러나 우리의 마음을 새롭게 하고 생각을 변화시켜 이 세상을 하나님의 아름다운 창조물로 바라보며 주위 사람들을 소중한 존재로 받아들이기 시작하면, 이 세상뿐만 아니라 우리 자신도 치유하게 된다. 한 연구에서는 어떤 질병에 걸렸든 우리가 다른 사람을 도울 때, 치유의 속도가 60%나 빨라진다고 밝혀졌다.

본질이 사랑이신 은혜롭고 아름다우신 하나님의 형상대로 지음 받은 우리의 본연의 모습을 되찾을 때, 우리는 '완전한 나'(하나님이 디자인하신 독특한 청사진을 담은 자아 - 역자 주), 곧 참된 자신에 더 가까워진다.

DAY 46

> 너희는 너희가 거주하는 땅 곧 내가 거주하는 땅을 더럽히지 말라 나 여호와는 이스라엘 자손 중에 있음이니라 (민 35:34)
>
> 뇌 건강을 위한 팁 | 우리가 세상을 대하는 방식은 우리의 태도와 세계관을 형성하는 생각의 영향을 받는다.

하나님은 항상 지켜보신다! '로고스'이신 그분은 이 세상 모든 존재를 붙들어 주시고, 또 모든 것을 지켜보신다. 그분은 시간이 창조되기 전에도 계셨고, 그분을 통해, 그분의 사랑으로 온 세상이 존재하게 되었다. 그분은 항상 계시며, 우리의 마음속 깊은 생각과 우리의 모든 말을 아신다. 그분은 우리 가운데 거하신다.

우리는 사랑에만 반응하는 존재로 창조되었기 때문에 끊임없이 생각을 사로잡아 주님께 복종시키고, 사랑을 선택함으로 우리의 마음을 새롭게 해야 한다. 우리는 우리 안에 거하시는 거룩한 하나님의 실체를 직시할 수 있다. 하나님은 우리가 그분의 사랑을 붙들고 살아가도록 디자인하셨다.

우리가 피조물을 존중하지도, 사랑 가운데 행하지도 않으면, 우리 사신뿐만 아니라 이 세상을 오염시키게 된다. 사랑에만 반응하도록 설계된 창조의 본연을 무시할 경우, 올바른 자아상을 잃어버리고, 어리석은 선택으로 이 세상에 고통과 혼란을 불러들일 것이다. 예를 들어, 인간이 초래한 기후 변화와 그에 따른 악영향이 지구 전체에 끼치는 영향을 생각해 보라.

반대로 우리가 예수 그리스도를 따르기로 선택하면, 하나님과 올바른 관계를 회복하여 자신의 참 모습을 되찾고, 이 세상을 더 나은 곳으로 바꿀 수 있다. 우리는 천국의 문화와 아름다움을 이 땅에 가져와 우리가 거하는 곳을 작은 에덴동산으로 만들 수 있다.

DAY 47

우리가 마게도냐에 이르렀을 때에도 우리 육체가 편하지 못하였고 사방으로 환난을 당하여 밖으로는 다툼이요 안으로는 두려움이었노라 (고후 7:5)

 뇌 건강을 위한 팁 | 우리가 살면서 맞닥뜨리는 일들에 올바르게 반응한다면, 스트레스도 유익하다.

만일 우리가 사랑에 연결되어 있다면, 부정적 감정을 전혀 느끼지 못할까? 또 스트레스를 받지도 않고, 근심과 두려움이 없을까? 온 세상이 우리가 항상 행복하고 사랑할 것이라고 생각할까? 전혀 그렇지 않다! 사도 바울은 때때로 '사방으로 환난을 당한다'라고 말했다. 인생은 '밖으로는 다툼, 안으로는 두려움' 때문에 참으로 많은 도전에 직면하고 스트레스를 받는다.

스트레스가 유익이 되게 만드는 열쇠를 나는 '사랑의 구역(Love Zone, 창조 본연의 본성)으로 가져가기'라고 부른다. 우리가 직면하는 문제들에 어떻게 반응하느냐에 따라 스트레스가 유익이 될 수도 있다. 우리의 건강을 해치는 감정들을 묻어 두기보다는 그것을 해결하는 법을 배울 필요가 있는데, 그것은 바로 우리의 문제들을 하나님의 눈으로 보는 것이다.

만일 우리에게 그리스도의 마음이 있다면, 눈앞의 문제에 압도되지 않을 것이다. 역경은 언제든 우리 삶에 닥치지만, 우리는 당면한 역경과 그 어떤 문제보다 하나님이 더 크시다는 사실을 안다. 삶 가운데 직면하는 어떤 역경도 이겨 낼 만큼 우리의 마음이 강하다는 것을 안다.

DAY 48

> 내가 행하는 것을 내가 알지 못하노니 곧 내가 원하는 것은 행하지 아니하고 도리어 미워하는 것을 행함이라 (롬 7:15)
>
> 뇌 건강을 위한 팁 | 생각하고, 느끼고, 선택하는 방식을 바꾸려면, 많은 시간과 노력이 필요하다.

우리는 살면서 로마서 7장에 기록된 사도 바울의 고백과 같은 순간을 경험한다. 우리는 누구나 올바르게 행하기 원하지만, 번번이 실패하고 좌절한다. 어떻게 해야 변화될 수 있을까? 어떻게 해야 변화의 능력을 얻을 수 있을까? 어떻게 해야 상황이 나아질까?

참된 변화에는 많은 시간과 노력이 요구된다는 사실을 기억하는 것이 중요하다. 뇌 속에 '장기 기억'을 구축하고 신경회로를 새롭게 디자인하는 데 21일이 소요되고, 이렇게 새로 구축된 '생각 네트워크'에 충분한 에너지를 공급하여 행동에 영향을 끼치는 습관이 되게 하려면 42일이 더 걸린다.

대부분의 사람들은 4-5일 만에 포기하는데, 이는 효과적이고 지속적인 변화 이면에 있는 과학을 알지 못하기 때문이다. 그러나 당신은 그래서는 안 된다. 절대 포기하지 말고 적어도 63일은 달리라. 눈에 띄는 변화가 일어나려면 최소 63-84일이 걸린다. 매일의 노력으로 우리의 뇌는 보다 나은 방향으로 변화되고 있다.

DAY 49

> 오직 성령이 너희에게 임하시면 너희가 권능을 받고 예루살렘과 온 유대와 사마리아와 땅 끝까지 이르러 내 증인이 되리라 하시니라 (행 1:8)
>
> 뇌 건강을 위한 팁 | 우리는 성령의 도우심과 인도로, 뇌 속 구조물들을 변화시킬 수 있다.

    그리스도를 따르는 삶의 가장 놀라운 점은, 주님이 우리를 홀로 버려두지 않으신다는 것이다. 주님은 성령님을 보내 주셔서 우리의 마음을 새롭게 하시고, 삶을 변화시켜 주신다. 이에 우리는 그분의 참된 증인이 되어 생각과 말과 행동으로 하나님 나라를 이 땅으로 가져온다.

    성령님은 이 땅에 천국의 숨결을 불어 넣어 주시는데, 나는 이것을 사랑이라고 부른다. 우리는 선택을 통해 하나님의 사랑에 접속할 수 있다. 과거에 어떤 일을 겪었고, 앞으로 어떤 일을 겪게 되든, 우리가 허락해 드리면 성령님은 언제든 우리를 도우실 수 있다. 그분은 우리에게 마음을 새롭게 하고 생각을 사로잡아 뇌의 구조를 변화시킬 수 있는 능력을 주실 수 있다. 또한 과거의 아픔으로부터 회복되어 미래를 소망하며 형통한 삶을 살게 하신다.

DAY 50

> 육신을 따르는 자는 육신의 일을, 영을 따르는 자는 영의 일을 생각하나니 (롬 8:5)
>
> 뇌 건강을 위한 팁 | 가장 많이 하는 생각이 가장 크게 자라난다.

성령님은 우리로 하여금 그분의 말에 귀기울이도록 강요하지 않으신다. 이미 여러 번 반복해서 말했듯이, 우리는 매일의 삶 가운데 성령의 도우심과 인도하심을 구해야 한다. 사랑 가득한 하나님의 눈으로 이 세상을 바라보면서 성령의 음성, 곧 영의 일에 집중하기로 선택해야 한다. 사랑에는 자유가 전제되어야 한다. 선택은 자유지만, 결과가 따르게 되어 있다.

우리가 가장 많이 생각하는 것이 가장 많이 자라고, 그것이 우리의 생각과 말과 행동의 과정, 삶의 과정을 결정한다는 것을 기억하라. 우리가 성령의 음성을 듣고 따르기로 선택하면, 점점 더 그리스도를 닮아가는 법을 배워 하나님의 영광을 나타내는 더 나은 모습으로 변화된다.

사랑할 자유에는 막강한 선택의 책임이 따른다. 이것이 바로 우리가 올바른 선택을 위해 성령의 음성에 귀기울여야 하는 이유다.

DAY 51

그의 영광의 풍성함을 따라 그의 성령으로 말미암아 너희 속사람을 능력으로 강건하게 하시오며 믿음으로 말미암아 그리스도께서 너희 마음에 계시게 하시옵고 너희가 사랑 가운데서 뿌리가 박히고 터가 굳어져서 능히 모든 성도와 함께 지식에 넘치는 그리스도의 사랑을 알고 그 너비와 길이와 높이와 깊이가 어떠함을 깨달아 하나님의 모든 충만하신 것으로 너희에게 충만하게 하시기를 구하노라 (엡 3:16-19)

TIP 뇌 건강을 위한 팁 | 우리는 본질이 사랑이신 성령님과 끊임없이 교제하도록 지음 받았다. 우리의 뇌를 활성화시켜 최고의 기능을 발휘하게 하는 사랑에 사로잡히도록 디자인되었다.

우리는 종종 내면 깊은 곳에서 무언가 잘못되었다는 것을 느낄 때가 있다. 이것은 잠시 스치고 지나가는 생각으로, 심장이 두근거리고 아드레날린이 솟구치거나 잘못된 선택으로 인해 마음에 갈등이 생길 수도 있다. 그것은 누군가가 당신에게 한 말이나 행동 아니면 자신이 과거에 한 행동이나 하려고 생각한 것 때문일 수도 있다. 이때 무엇을 잘못 먹은 것처럼 속이 불편하고 불안하다.

이러한 감정은 성령님이 보내시는 신호로, 우리로 하여금 매일, 상황이 좋든 나쁘든 그분께 아뢰어 지혜를 구하도록 일깨워 준다. 그분은 우리가 생각을 사로잡아 마음을 새롭게 함으로 삶의 모든 영역에서 하나님이 왕이요, 주가 되게 하신다.

DAY 52

그의 영광의 풍성함을 따라 그의 성령으로 말미암아 너희 속사람을 능력으로 강건하게 하시오며 믿음으로 말미암아 그리스도께서 너희 마음에 계시게 하시옵고 너희가 사랑 가운데서 뿌리가 박히고 터가 굳어져서 능히 모든 성도와 함께 지식에 넘치는 그리스도의 사랑을 알고 그 너비와 길이와 높이와 깊이가 어떠함을 깨달아 하나님의 모든 충만하신 것으로 너희에게 충만하게 하시기를 구하노라 (엡 3:16-19)

뇌 건강을 위한 팁 | 우리는 가장 많이 한 생각을 나타낸다. 우리가 성령님과 꾸준히 소통하면, 세상에 하나님의 사랑을 나타내게 될 것이다. **TIP**

    이웃을 사랑하고 존중하고 싶다고 말하기는 쉽지만, 실제로 그것을 행하는 것은 훨씬 어렵다. 종종 사람들은 그다지 사랑스럽지 못하다.

    그러나 감사하게도, 성령님의 도우심으로 타인에 대한 우리의 생각을 바꾸어 그들을 대하는 태도가 바뀔 수 있다. 우리가 성령님의 음성을 듣고, 그분께서 하나님의 거룩한 사랑을 우리 마음 깊은 곳에 심으시고, 그 사랑이 성장하여 우리 마음에 차고 넘칠 수 있도록 허락해 드리면, 그들이 우리를 어떻게 대하든 상관없이 진심으로 이웃을 사랑할 수 있다. 사랑에만 반응하는 창조 본연의 모습에 가까워지는 것이다.

    시간을 내어 자기 자신과 자신의 생각을 살피라. 당신의 태도와 말과 행동은 이 세상에 하나님의 영광을 나타내고 있는가?

DAY 53

한 번 빛을 받고 하늘의 은사를 맛보고 성령에 참여한 바 되고 하나님의 선한 말씀과 내세의 능력을 맛보고도 타락한 자들은 다시 새롭게 하여 회개하게 할 수 없나니 (히 6:4-6)

 뇌 건강을 위한 팁 | 끊임없는 마음의 변화는 최상의 기쁨과 건강을 위한 열쇠이다.

우리는 성령님의 도우심으로 매일 마음을 새롭게 하여 지금 이 땅에서 천국을 경험할 수 있다. 예수님처럼 생각하고 느끼고 선택하는 법을 배움으로 장차 임할 새로운 피조물의 능력을 경험할 수 있으며 생각이 밝아져서 창조주의 시선과 관점으로 세상을 볼 수 있게 된다.

하나님의 디자인대로 살면, 우리는 최상의 기쁨과 건강을 누리게 된다. 이 땅에서 하나님의 영광스러운 형상으로 살아가는 것이다. 이것은 우리가 신중하게 의도적으로 매일 힘써야 하는 변화의 과정이자 쉼 없이 달려야 하는 경주이다.

DAY 54

> 오직 성령의 열매는 사랑과 희락과 화평과 오래 참음과 자비와 양선과 충성과 온유와 절제니 이 같은 것을 금지할 법이 없느니라 (갈 5:22-23)

뇌 건강을 위한 팁 | 우리가 성령의 열매들을 따라 행하면, 사랑에 반응하는 우리의 몸과 마음뿐만 아니라 주변 사람들에게 치유와 기쁨을 준다. 우리는 문자 그대로 다른 사람들의 뇌 속 화학 물질 구성과 유전자 발현 과정에 영향을 끼친다.

변화된 마음은 어떻게 생겼을까? 매일 사랑에만 반응하는 삶은 어떤 모습일까? 우리가 어떤 사건이나 자신이 처한 환경에 대한 반응으로 무언가를 느끼고 선택하면, 양자 신호로 전환되어 뇌의 구조물들을 지나게 되는데, 이것이 뇌의 구조물 속에 저장되어 말과 행동으로 표현된다.

우리가 성령님의 도움을 받아 올바른 양자 신호를 생성해 낸다면, 우리의 뇌에는 오직 사랑에만 반응하는 건강한 생각들이 저장되어 우리의 말과 행동뿐만 아니라 주변 사람들에게 선한 영향을 끼친다.

우리의 생각을 사로잡아 마음을 새롭게 하면, 성령의 열매들을 무의식의 깊은 곳에 심게 된다. 그러면 우리의 상황이 어떠하든지, 사랑과 희락과 화평과 오래 참음과 자비와 양선과 충성과 온유와 절제 가운데 행할 수 있게 된다.

DAY 55

마음을 같이하여 같은 사랑을 가지고 뜻을 합하며 한마음을 품어 아무 일에든지 다툼이나 허영으로 하지 말고 오직 겸손한 마음으로 각각 자기보다 남을 낫게 여기고 각각 자기 일을 돌볼뿐더러 또한 각각 다른 사람들의 일을 돌보아 나의 기쁨을 충만하게 하라 (빌 2:2-4)

 뇌 건강을 위한 팁 | 우리는 가장 많이 집중하는 생각대로 변화된다. 예를 들어, 누군가에게 계속 화를 내면 화를 잘 내는 사람이 된다.

    우리가 마음속의 분노나 쓴 뿌리, 좌절감에 집중하는 대신 하나님의 사랑에 집중하면, 성령님께서 우리의 마음을 새롭게 하시도록 허락해 드림으로 세상에 그분의 사랑을 나타내는 살아 있는 본이 될 수 있다. 우리는 이기적 욕망을 따라 살지 않고, 사랑이신 하나님을 사랑함으로 진심으로 이웃을 사랑하여 서로 섬길 것이다.

    핵심은 집중하는 것이다. 모든 생각을 사로잡아 그리스도께 복종시키고, 마음을 새롭게 하는 데 집중해야 한다. 우리는 가장 많이 집중하는 대로 변화된다. 성령께서 우리가 생각하고 느끼고 결정하는 방식을 변화시켜 주시도록 허락해 드리면, 우리의 속사람은 오직 사랑에만 반응하도록 설계된 창조 본연의 디자인을 따라 진심으로 이웃을 사랑하게 된다. 우리는 두려움이 아닌 하나님의 사랑에 집중한다. 그렇게 우리의 생각과 말과 행동으로 이 땅에 하나님 나라를 가져온다.

DAY 56

> 그러므로 하늘에 계신 너희 아버지의 온전하심과 같이 너희도 온전하라 (마 5:48)

뇌 건강을 위한 팁 | 우리는 원하는 만큼 지적인 사람이 될 수 있으며, 성공할 수 있다.

우리는 완전하신 하나님의 형상대로 지음 받았다. 우리는 완전해지기 위해 힘쓰도록 지음 받았다. 우리의 뇌는 사용할수록 그 기능이 점점 더 좋아진다. 우리는 하나님이 디자인하신 '완전한 나'의 청사진을 활성화함으로 우리의 뇌를 디자인한다.

지식과 성공과 기쁨은 그냥 얻어지는 것이 아니다. 이러한 것들은 새집이나 더 많은 급여, 발리의 5성급 호텔 등과 같이 특정 기준을 넘어서야만 얻을 수 있는 실체가 있는 것들이 아니다.

진정한 행복과 성공은 지금 이 순간 온전함에 이르고자 애쓰고 노력하는 가운데 내가 누구이고, 왜 이 땅에 살고 있는지 깨닫는 과정을 즐기면서 얻게 된다. 행복과 성공 자체가 목적이 아니다.

DAY 57

> 예수께서 대답하시되 첫째는 이것이니 이스라엘아 들으라 주 곧 우리 하나님은 유일한 주시라 네 마음을 다하고 목숨을 다하고 뜻을 다하고 힘을 다하여 주 너의 하나님을 사랑하라 하신 것이요, 둘째는 이것이니 네 이웃을 네 자신과 같이 사랑하라 하신 것이라 이보다 더 큰 계명이 없느니라 (막 12:29-31)
>
> TIP 뇌 건강을 위한 팁 | 우리는 사랑에만 반응하는 존재이다. 우리가 다른 사람을 사랑할 때, 우리의 뇌는 긍정적인 방향으로 변화된다. 뇌는 처음부터 그렇게 설계되었다.

다른 사람을 사랑하는 것은 필수이지, 선택이 아니다. 이것은 몸과 마음의 건강을 위한 핵심 요소이다. 우리가 사랑의 근원이신 하나님을 사랑하고, 그 사랑 때문에 이웃을 사랑할 때, 우리의 뇌 속 구조물들은 사랑에만 반응하도록 설계된 본연의 디자인대로 긍정적인 방향으로 변화된다.

우리가 자신을 사랑하듯 이웃을 사랑할 때, 하나님의 형상대로 살게 된다. 그리스도를 따르고 그분의 말씀에 순종하기로 결단하면, 내면의 평안을 얻는 것은 물론, 타인과도 평화를 누리며 행복한 삶을 살 수 있다.

시기, 질투, 용서하지 않는 마음, 쓴 뿌리, 증오, 통제되지 않는 분노 등은 우리의 뇌를 훼손시키고, 사랑은 뇌의 건강을 촉진한다. 사랑이 우리의 마음과 삶을 다스리게 되면, 무한한 가능성을 실현하며 살게 되고, 자신뿐 아니라 주변 사람들도 그들의 잠재력을 받아들여 생각과 말과 행동을 통해 창조주의 영광을 나타낼 것이다.

DAY 58

> 하나님을 알되 하나님을 영화롭게도 아니하며 감사하지도 아니하고 오히려 그 생각이 허망하여지며 미련한 마음이 어두워졌나니 스스로 지혜 있다 하나 어리석게 되어 썩어지지 아니하는 하나님의 영광을 썩어질 사람과 새와 짐승과 기어다니는 동물 모양의 우상으로 바꾸었느니라 … 또한 그들이 마음에 하나님 두기를 싫어하매 하나님께서 그들을 그 상실한 마음대로 내버려 두사 합당하지 못한 일을 하게 하셨으니 (롬 1:21-23, 28)

뇌 건강을 위한 팁 | 우리의 마음이 가는 곳에 뇌도 따라간다. 우리는 가장 많이 하는 생각대로 변화된다.

우리가 성령님을 외면한 채 다른 것들에 집중하기로 선택하면, 어떤 일이 일어날까? 그리스도를 따르지 않고, 다른 것들을 사랑하면 어떻게 될까?

무언가를 자주 생각할수록, 그것이 우리의 뇌 속에 구조물을 세운다. 그것을 생각하면 할수록, 무의식 깊은 곳에 묻어 두는 만큼, 그것은 더욱 견고해진다. 이제, 그 생각은 그냥 생각이 아니라 사고방식, 즉 세상을 보는 관점(세계관)이 되어 미래의 생각과 말과 행동에 지대한 영향을 끼친다.

우리가 이 두려움, 근심, 중독 등의 부정적인 생각을 하고 그것을 묵상하면, 그것이 우리 삶을 지배하게 된다. 그것은 우상이 되어 하나님의 영광을 나타내지 못하게 된다.

당신의 삶은 당신이 가장 많이 품는 생각처럼 변해 버린다. 이것은 '병든 사랑'이다.[24] 이때 하나님은 당신의 우선순위가 되지 못하시며, 성령님께 귀 기울여야 얻을 수 있는 지혜와 계시를 잃고, 쓸모없는 방법들만 떠올리며 어리석은 결정만 내리게 될 것이다.

DAY 59

> 하나님을 알되 하나님을 영화롭게도 아니하며 감사하지도 아니하고 오히려 그 생각이 허망하여지며 미련한 마음이 어두워졌나니 스스로 지혜 있다 하나 어리석게 되어 썩어지지 아니하는 하나님의 영광을 썩어질 사람과 새와 짐승과 기어다니는 동물 모양의 우상으로 바꾸었느니라 … 또한 그들이 마음에 하나님 두기를 싫어하매 하나님께서 그들을 그 상실한 마음대로 내버려 두사 합당하지 못한 일을 하게 하셨으니 (롬 1:21-23, 28)

 뇌 건강을 위한 팁 | 생각이 습관을 만든다.

    많은 사람들은 하나님께서 무시무시한 심판을 내리시는 것으로 생각한다. 그들은 예수님이 개입하여 구해 주시지 않으면, 하나님이 그리스 신화의 제우스처럼 자기에게 불순종하는 사람들에게 벼락을 던지신다고 생각한다.

    앞에서 언급한 대로, 히브리어로 죄는 '과녁에서 빗나간 상태'를 뜻한다. 우리는 창조주의 형상이기를 거부하고, 하나님 아는 지식을 버리며, 하나님보다는 피조물을 더 사랑한다. 이러한 죄는 우리가 생각하고 말하고 행하는 방식에 영향을 주어 옳지 않게 행하게 된다. 인간다운 모습을 벗어나게 되는 것이다.

    결국 하나님께서는 우리가 원하는 것을 주신다. 그분은 우리에게 자유의지를 주심으로 우리가 무엇을 생각할지 선택하게 하셔서 누구(무엇)를 따를지 선택하게 하셨다. 사실, 죄는 우리가 무엇을 바라느냐에 관한 이야기이다. 우리가 무언가를 생각하고, 그것을 추구하여 삶의 주인으로 삼는다면, 하나님은 그 마음을 상실한 상태로 내버려 두셔서 우리의 건강은 나빠지고, 세상과 소통하는 방식에도 문제가 생길 것이다.

> 너희가 자랑하는 것이 옳지 아니하도다 적은 누룩이 온 덩어리에 퍼지는 것을 알지 못하느냐 (고전 5:6)

뇌 건강을 위한 팁 | 생각은 실체이다. 쉽게 말해 '정신적 부동산'이라고 하는데, 이것은 생각하는 동안 우리의 뇌 속에 구조적 변화가 생긴다는 뜻이다.

DAY 60

우리가 생각하는 것은 뇌 속에 쌓인다. 쉽게 말해, 생각은 '정신적 부동산'이다. 그것은 미래의 생각과 인식에 영향을 주고, 우리의 말과 행동에 영향을 끼친다. 그러므로 우리는 말과 행동의 뿌리인 생각을 신중하게 다뤄야 한다.

특정한 생각이 우리의 뇌에 뿌리내리도록 허락하고, 매일같이 그 생각을 떠올림으로 에너지를 주입하면, 그 생각은 반죽의 누룩처럼 퍼진다. 이 생각은 천천히 그러나 확실하게 우리의 행동에 영향을 주고, 공동체에도 부정적인 영향을 끼치게 된다. 그것은 우리가 인식하기도 전에 바이러스처럼 널리 퍼져서 우리의 삶을 망가뜨릴 수 있다.

그러므로 생각을 사로잡아 그리스도께 복종시키는 것은 선택 사항이 아니라 매일, 매 순간 훈련해야 하는 일이다. 기억하라. 이 세상에 전혀 해가 되지 않는 생각은 없으며, 어떤 태도도 숨길 수 없다.

DAY 61

한 사람이 두 주인을 섬기지 못할 것이니 혹 이를 사랑하고 저를 미워하거나 혹 이를 중히 여기고 저를 경히 여김이라 너희가 하나님과 재물을 겸하여 섬기지 못하느니라 (마 6:24)

 뇌 건강을 위한 팁 | 우리의 뇌는 한 번에 한 가지 일에만 집중하도록 설계되었다.

    우리의 뇌는 한 번에 한 가지 일에만 집중할 수 있다. 흔히들 말하는 '멀티태스킹'(한 개의 컴퓨터에서 동시에 두 개 이상의 프로그램이 행해지는 것으로, 다중작업이라고도 한다 - 역자 주)은 허구 혹은 신화일 뿐이다. 우리는 두 가지 일을 오가며 하거나 동시에 여러 가지 일에 집중할 수 있다고 생각한다. 그러나 이런 식의 사고방식은 이해력을 저하시킬 뿐만 아니라 정신건강에도 해롭다.

    그러므로 우리가 자신의 문제나 욕구에만 집중한다면, 절대 그리스도를 따르는 일에 집중할 시간이 없다. 우리는 하나님의 사랑을 이 땅에 나타내기보다 우리에게 가장 중요한 것에 초점을 맞춤으로 그것에 집중하여 그 생각에 온 힘을 쏟고 강화한다.

> 그러므로 내가 너희에게 이르노니 목숨을 위하여 무엇을 먹을까 무엇을 마실까 몸을 위하여 무엇을 입을까 염려하지 말라 목숨이 음식보다 중하지 아니하며 몸이 의복보다 중하지 아니하냐
> (마 6:25)
>
> 뇌 건강을 위한 팁 | 근심과 두려움은 뇌 속 신경화학물질의 균형을 깨뜨려 몸과 마음에 영향을 끼친다.

우리는 한 번에 한 가지 일에만 집중할 수 있다. 멀티태스킹은 신화이다. 물론 이론상으로는 가능하다. 그러나 동시에 여러 가지 일을 하면, 어느 하나 제대로 해 내지 못한다. 생각도 마찬가지이다. 우리가 두려움과 염려에 집중하기로 선택하면, 그것이 우리 마음을 장악하게 허용하여 미래의 생각과 말과 행동에 영향을 끼치게 된다. 걱정한다고 상황이 바뀌는 일은 거의 없다.

하나님은 우리의 모든 문제보다 더 크신 분이다. 이러한 하나님이 우리의 삶을 책임져 주신다! 우리가 하나님을 신뢰하는 법을 배울 때, 가장 중요한 일, 곧 우리의 삶을 통해 천국을 이 땅으로 가져오는 일에 집중할 수 있게 된다. 생각하고 말하고 행하는 모든 것 가운데 하나님의 영광을 드러낼 수 있고, 상황이나 문제보다는 어떻게 좋은 결과를 낼 수 있는지에 집중할 수 있게 된다. 당면한 문제를 회피하지도 말고, 그것들이 우리를 장악하게 해서도 안 된다.

DAY 63

> 그런즉 내 사랑하는 자들아 우상 숭배하는 일을 피하라 (고전 10:14)

뇌 건강을 위한 팁 | 우리가 가장 사랑하는 것들이 우리의 생각과 말과 행동을 좌우한다.

죄, 즉 해로운 사고방식 혹은 세계관은 생각에서 시작된다. 우리가 무언가를 매일 집중적으로 생각하면, 양자 신호를 전달함으로 그것이 큰 힘을 얻어 뇌 속 구조물들에 견고하게 뿌리내린다. 그것은 결국 우리의 우상이 된다. 우리가 주목하는 것을 숭배하게 되는 것이다.

사도 바울에 의하면 우상숭배에서 죄가 시작된다고 한다.[25] 어느 날 갑자기 나쁜 짓을 하는 사람은 없다. 범죄는 항상 마음에서 시작된다. 우리가 생각하는 것이 말과 행동으로 나타나게 함으로 하나님의 형상을 우상과 맞바꾸는 것이다. 그것은 쓴 뿌리, 질투, 권력, 정욕, 재물 등 사랑이신 하나님 외의 모든 것이다.

우리는 가장 많이 품는 생각대로 변화된다. 그러므로 무슨 생각을 하는지 끊임없이 자신을 살펴야 한다. 만일 당신의 삶 가운데 유해한 생각의 패턴이 나타난다면, 그것을 63일 이상 품어 습관으로 자리잡았다는 뜻이다.

> 이 때부터 예수께서 비로소 전파하여 이르시되 회개하라 천국이 가까이 왔느니라 하시더라 (마 4:17)
>
> **뇌 건강을 위한 팁** | 과거에 어떤 일이 일어났든 상관없이 뇌는 변화될 수 있는데, 이러한 과정을 신경가소성이라고 한다.

DAY 64

    헬라어로 회개는 마음의 변화를 의미한다.[26)] 부정적인 생각은 죄로 이어지는 우상을 만들어 섬기게 하고, 하나님의 형상대로 만들어진 창조 본연의 모습을 상실하게 만든다. 생각에서 죄가 시작된다면, 이 악순환의 고리를 끊어 내는 것 역시 생각에서 시작된다고 할 수 있다. 마음을 새롭게 하는 것은 참된 회개와 변화의 열쇠이다.

    우리는 성령의 도우심으로 모든 생각을 사로잡아 사고방식을 바꾸고, 말하고 행하는 방식도 바꿀 수 있다. 우리는 자신을 하나님의 종으로 드리고, 그분의 영광을 나타내며 이 땅에 천국을 가져올 수 있다. 우리가 생각하는 방식을 바꿀 때, 실제로 하나님 나라가 우리 삶에 임한다!

DAY 65

여호와의 인자와 긍휼이 무궁하시므로 우리가 진멸되지 아니함이니이다 이것들이 아침마다 새로우니 주의 성실하심이 크시도소이다 (애 3:22-23)

TIP 뇌 건강을 위한 팁 | 무언가를 뇌 속으로 들여보냈다면, 내보낼 수도 있다.

살다 보면 스스로 구원받을 자격이 없다고 느낄 때가 있다. 하나님께 용서받을 자격이 없거나 변화와 희망을 기대할 수 없다고 생각한다.

그러나 여기 좋은 소식이 있다. 그것은 과거에 어떤 일이 일어났든, 오늘 우리에게 무슨 일이 일어나고 있든 상관없이 변화될 수 있다는 것이다. 우리는 집중과 노력으로 부정적인 생각을 뇌 밖으로 몰아내고, 그 자리에 하나님의 영광을 세상에 나타내는 사랑에만 반응하는 건강한 생각을 주입할 수 있다.

뇌와 마음은 분리되어 있지만, 마음이 뇌를 통해 일하므로 이 둘은 완전히 연결되어 있다고 할 수 있다. 우리는 마음으로 뇌를 변화시킬 수 있다. 무언가를 뇌 속에 들여보냈다면, 밖으로 내보낼 수도 있다.

DAY 66

> 그러나 이 모든 일에 우리를 사랑하시는 이로 말미암아 우리가 넉넉히 이기느니라 (롬 8:37)

뇌 건강을 위한 팁 | 생각하고, 느끼고, 선택하는 능력은 매우 강력하다!

생각하는 능력은 매우 강력하다. 이 능력은 사랑이 많고 은혜로우신 하나님께서 우리에게 주신 값진 선물이다. 이것은 우리의 말과 행동방식을 결정하며, 주변 세상과 교류하는 방식에도 영향을 끼친다.

우리는 실패를 반복하지만, 여전히 변화될 수 있다. 우리에게 생명이 있는 한 마음은 생각을 통해 뇌를 변화시키고, 호흡을 하는 한 뇌의 구조물은 변화될 수 있다! 우리는 새로운 뇌세포들을 성장시켜 최상의 행복과 긍정적 사고와 건강을 누리며 살 수 있다.

이것이 진정 예수 그리스도의 사랑이다. 주님의 조건 없는 온전한 사랑 안에서 행하기로 선택할 때, 우리는 승리한다.

DAY 67

> 예수께서 그들을 보시며 이르시되 사람으로는 할 수 없으나 하나님으로서는 다 하실 수 있느니라 (마 19:26)

 뇌 건강을 위한 팁 | 생각을 변화시키기에 너무 늦은 때 같은 것은 없다.

　도무지 변화될 수 없다고 생각하는가? 삶이 나아질 것 같지 않는가? 어디로 가야 할지 모르겠고, 아무도 도와주지 않는 것 같은가?

　변화는 언제든 가능하다. 변화는 가능할 뿐만 아니라, 우리가 생각하는 대로 실제로 일어나고 있는 일이다. 그리고 그 변화는 우리가 결정한다. 우리가 어디에 있고, 과거 어디에 있었고, 앞으로 어디에 있게 될지라도 성령께서 도와주신다면, 얼마든지 올바른 방향으로의 변화를 꾀할 수 있다.

　우리는 매일 모든 생각을 사로잡아 마음을 새롭게 하여 변화시킬 수 있다. 마음이 변화되면 삶 또한 변화된다. 세상을 바라보는 눈과 세상과 소통하는 방식이 달라지고, 생각하고 말하고 행하는 것을 통해 천국을 이 땅에 가져올 수 있다. 이러한 변화는 가능할 뿐만 아니라 삶에 필수적이다!

DAY 68

하나님이 세상을 이처럼 사랑하사 독생자를 주셨으니 이는 그를 믿는 자마다 멸망하지 않고 영생을 얻게 하려 하심이라 (요 3:16)

뇌 건강을 위한 팁 | 우리가 생각하는 방식을 바꾸면, 삶의 방식 또한 바뀐다.

하나님은 이 세상을 사랑하신다. 그분은 자신의 독생자를 내주셔서 만물을 새롭게 하셨고, 우리 모두 영생을 얻을 수 있다. 그리고 이 새롭게 하는 과정은 우리의 마음에서 시작된다. 우리가 생각하는 방식을 바꾸면, 삶의 방식도 바뀐다.

모든 생각을 사로잡아 성령께서 우리의 생각과 말과 행동을 다스리시도록 허락해 드리면, 우리는 '지금 여기서' 하나님의 새 생명을 맛볼 수 있다. 현재라는 시간을 충만하게 살 수 있다. 우리는 후회의 순간들을 승리의 순간으로 바꾸고, 장애물이라 여겼던 요인들을 참신한 아이디어로 바꿀 수 있다. 실수를 배움의 기회가 되는 좋은 경험으로 바꿀 수 있다.

DAY 69

> 여호와의 말씀이니라 너희를 향한 나의 생각을 내가 아나니 평안이요, 재앙이 아니니라 너희에게 미래와 희망을 주는 것이니라 (렘 29:11)
>
> **TIP** 뇌 건강을 위한 팁 | 소망은 우리의 몸과 마음의 건강에 매우 중요하다. 양자물리학은 이 세상이 장래에 소망을 주는 다양한 가능성으로 가득 차 있다고 말한다.

우리는 많은 것들이 잘못될 수 있는 세상에 살고 있다. 사고를 당할 수도 있고, 실패하여 좌절하는 것도 매우 흔한 일이다. 삶이 나아지리라 믿기는 매우 어렵다. 우리 모두가 이것을 경험했다.

그러나 우리의 인생을 향한 하나님의 선한 계획을 신뢰하고 믿을 때, 소망으로 가득한 미래를 바라볼 수 있다. 또한 지금 그 소망 가운데 살 수 있다. 감사와 사랑과 소망은 우리의 뇌와 몸을 더 나은 방향으로 변화시킨다. 우리가 사랑에만 반응하도록 창조되었기 때문이다. 우리는 본질이 사랑이신 하나님의 형상대로 지음 받았다.

사실 우리는 모든 소망과 꿈을 이루는 요소들로 가득 찬 세상에서 살아가고 있다. 각자의 인생을 향한 하나님의 온전한 계획을 믿고 소망의 눈으로 미래를 바라볼 때, 더 철저하게 준비되어 삶의 어려움과 도전들에 대응할 수 있게 된다.

> **DAY 70**
>
> 하늘의 하나님께 감사하라 그 인자하심이 영원함이로다 (시 136:26)
>
> 뇌 건강을 위한 팁 | 사랑의 힘은 놀랍도록 강력하다. 그것은 우리의 뇌와 몸을 치유하고, 최상의 컨디션으로 인생을 살게 해 준다.

우리의 삶이 어떠하든 상관없이, 하나님의 사랑에 기댈 수 있다. 하나님의 신실한 사랑을 믿으라. 그분의 사랑에 자신을 맡기면, 그 사랑이 우리의 마음과 뇌와 몸을 더 나은 방향으로 변화시켜 줄 것이다. 우리는 이 땅에서 하나님의 사랑의 본이 될 것이다.

우리는 자신만의 독특하고 놀라운 방식으로 하나님의 영광을 이 땅에 나타낼 수 있다. 사랑 안에서 살기로 선택할 때, 건강한 마음과 뇌가 독특한 방식으로 '사랑으로 충만한' 양자 에너지를 생성하고 방출할 것이기 때문이다. 사람들은 문자 그대로 우리에게서 뿜어져 나오는 사랑을 피부로 느끼게 될 것이다.

DAY 71

내가 확신하노니 사망이나 생명이나 천사들이나 권세자들이나 현재 일이나 장래 일이나 능력이나 높음이나 깊음이나 다른 어떤 피조물이라도 우리를 우리 주 그리스도 예수 안에 있는 하나님의 사랑에서 끊을 수 없으리라 (롬 8:38-39)

 뇌 건강을 위한 팁 | 우리는 사랑에만 반응하도록, 사랑 안에서만 행동하고 반응하도록 지음 받았다.

우리는 사랑 안에서 생각하고, 말하고, 행하는 사람들이다. 우리가 그분의 사랑을 거절하지 않는 한, 이 세상 그 무엇도 우리 존재의 핵심인 하나님의 사랑으로부터 우리를 끊어 낼 수 없다.

우리가 하나님의 사랑을 이해하면, 그 사랑이 삶을 주관함으로 매일 마음을 새롭게 하여 이 땅에 그 아름다운 사랑을 나타낼 수 있다. 천국의 문화를 이 땅에 가져오고, 만물을 회복하시는 주님의 위대한 사역에 동참할 수 있다. 우리의 삶과 공동체와 온 세상을 아름답게 변화시킬 수 있다.

이 모든 것이 이 사랑이 어떤 것인지 깨달으면서 시작된다. 사랑하는 사람들 때문에 어떤 감정을 느끼게 되는지 생각해 보거나, 마음이 따뜻해지는 영화를 보거나, 반려동물과 함께하거나, 가까운 친구와 깊은 대화를 나누거나, 화창한 날 바람에 나부끼는 나뭇잎을 보거나, 도움이 필요한 사람에게 손을 내미는 것도 좋은 방법이다.

우리가 반복되는 일상의 작은 일에 충실하면, 삶의 모든 영역에서 하나님의 사랑을 경험하게 될 것이다. 현재의 삶 속에서 하나님의 영광을 경험하게 될 것이다. 하나님이 결코 우리를 버리지도, 떠나지도 않으신다는 사실을 깨닫게 될 것이다. 하나님의 사랑이 항상 함께하고 무조건적이며 영원하다는 사실을 알게 될 것이다.

DAY 72

> 피차 사랑의 빚 외에는 아무에게든지 아무 빚도 지지 말라 남을 사랑하는 자는 율법을 다 이루었느니라 (롬 13:8)
>
> 뇌 건강을 위한 팁 | 다른 사람을 사랑하고 존중하는 것은 건강에 좋은 영향을 끼친다.

다른 사람을 존중하고 사랑하는 태도는 그 사람뿐만 아니라 우리 자신의 삶에도 큰 영향을 끼친다. 실제로 무조건적인 사랑은 우리의 마음과 뇌와 몸이 기능하는 방식에 영향을 주어 우리를 최상의 상태가 되게 해 주며, 문제에 직면할 때 도움이 된다.

우리가 사랑을 경험하고 줄 때, 우리 자신과 다른 사람에게 인생의 역경과 고난을 돌파할 수 있는 용기를 준다. 사랑으로 인해 우리는 더 강해지고, 회복력도 높아진다. 우리는 여전히 예상치 못한 일들을 경험한다. 그러나 그것이 우리 자신과 이웃을 대하는 데 영향을 주게 해서는 안 된다. 삶 가운데 어떤 일이 일어나든, 우리는 사랑할 수 있다.

DAY 73

내 사랑하는 형제들아 너희가 알지니 사람마다 듣기는 속히 하고 말하기는 더디 하며 성내기도 더디 하라 (약 1:19)

 뇌 건강을 위한 팁 | 쓴 뿌리와 후회, 분노와 같은 부정적 감정은 몸과 마음에 부정적인 영향을 끼친다.

우리가 다른 사람을 존중과 사랑으로 대하지 않으면, 우리의 건강에 부정적인 영향을 끼치게 된다. 분노, 후회, 상처, 쓴 뿌리, 질투는 불쾌한 감정들로, 우리의 뇌와 몸 안에 유해한 화학물질이 분비되게 만들어 삶의 질에 심각한 영향을 끼친다. 그것들은 우리의 뇌와 몸의 신경화학적 균형을 깨뜨린다.

우리는 항상 사랑하고 용서하기 위해 힘써야 하며, 화를 더디 내고 침착하게 반응해야 한다. 우리가 타인에 대한 생각과 말과 행동을 주의할 때, 우리 자신과 공동체의 건강에 선한 영향을 줄 수 있다. 우리는 참으로 세상의 빛이 되어야 한다!

DAY 74

남에게 대접을 받고자 하는 대로 너희도 남을 대접하라 (눅 6:31)

뇌 건강을 위한 팁 | 남을 대하는 태도는 자신을 대하는 태도에 영향을 준다.

누구에게나 기분 나쁜 날이 있기 마련이다. 이런 날에는 주변의 모든 사람과 상황이 우리의 신경을 거스르는 것 같고, 마치 머리 위로 먹구름이 몰려들어 어디를 가든 졸졸 따라오는 느낌이 들며, 사람들은 (우리를 피하기 위해) 홍해처럼 갈라질 것이다.

긍정적인 태도처럼 부정적인 태도 역시 전염성이 강하다. 우리는 모두 양자역학적으로 긴밀하게 연결되어 있는데, 이를 일컬어 '얽힘의 법칙'이라고 한다. 우리는 서로의 삶과 얽혀 있다. 따라서 우리가 다른 사람을 대하는 태도는 자신을 대하는 태도에 직간접적으로 영향을 끼친다. 좋지 않은 것이 들어가면, 좋지 않은 것이 나오게 된다. 우리의 생각과 말과 행동은 외부와 단절된 진공 상태로 존재하는 것이 아니다!

우리는 악한 태도를 숨길 수는 없다. 하지만, 그것을 사로잡아 생각하고 말하고 행하는 방식을 바꾸어 분노나 좌절감이 아닌 하나님의 사랑을 나타낼 수 있다.

DAY 75

구제를 좋아하는 자는 풍족하여질 것이요 남을 윤택하게 하는 자는 자기도 윤택하여지리라 (잠 11:25)

 뇌 건강을 위한 팁 | 이웃 사랑에 대해 더 많이 생각할수록 더 많이 사랑하게 된다.

우리가 어떻게 이웃을 사랑할지에 대해 생각할수록 마음은 더 관대해지고, 사랑으로 말하고 행하게 된다. 우리가 사랑 안에서 더 많이 행하고 반응할수록 이 세상을 더 좋게 변화시킬 수 있다. 우리는 진정으로 사람들을 돌보고 지원해 주는 공동체를 만들 수 있다.

자리에 앉아 주님 오실 날만을 기다리며 세상이 얼마나 악한지 불평하기보다, 나 자신은 물론 이웃을 윤택하게 하고, 우리의 생각과 말과 행동으로 천국을 이 땅으로 가져오는 일에 도움이 되는 사회를 만들어야 한다. 더 나은 세상은 우리에게서 시작된다. 오늘 그 사랑을 전하기 시작하라.

DAY 76

자녀들아 우리가 말과 혀로만 사랑하지 말고 행함과 진실함으로 하자 (요일 3:18)

뇌 건강을 위한 팁 | 좋은 생각을 품으면, 좋은 것을 말하고 행하게 된다.

    시합을 위해 땀 흘리는 운동선수처럼, 우리도 예수님처럼 생각하고 말하고 행하기 위해 단련해야 한다. 우리는 생각의 근육을 단련해야 한다. 그러면 위기 상황에서도 사랑 가운데 말하고 행할 수 있다.

    성품은 하루아침에 단련되지 않는다. 다른 사람을 진심으로 사랑하고 싶다면, 그 사랑이 우리의 마음에 깊이 자리잡아야 한다. 말로만 사랑한다고 하는 것에 그치지 않고 '행함과 진실함'으로 사람들을 돌보아야 한다. 중요한 것은 우리가 말한 대로 행하는 것이다.

    그렇게 하지 않으면, 인지부조화(개인의 태도와 행동이 일관되지 않고 모순되어 양립할 수 없는 상태를 말한다 - 역자 주)가 일어나서 우리의 뇌와 몸이 상하게 된다. 자기 자신과의 싸움은 그리 좋은 것은 아니다.

DAY 77

그런즉 믿음, 소망, 사랑, 이 세 가지는 항상 있을 것인데 그 중의 제일은 사랑이라 (고전 13:13)

TIP 뇌 건강을 위한 팁 | 사랑을 생각하면 사랑 안에서 행하게 된다.

하나님이 사랑이시라면, 우리가 사랑 안에서 생각하고 말하고 행할수록 하나님을 더 많이 경험하고, 그분의 얼굴을 더 자주 보게 된다. 우리가 선택을 통해 우리의 뇌에 사람들을 사랑하는 습관을 키우면, 우리 마음엔 사도 바울이 고린도전서에 언급한 사랑으로 가득한 세계관이 형성된다. 이러한 세계관은 미래의 말과 행동에 영향을 주어 우리는 주변 세상과 교류하며 천국을 이 땅으로 가져올 수 있게 된다.

고린도전서 13장의 지침을 '정신적 자기 관리'(mental self-care)의 훈련 교범으로 삼으라. 인내와 친절로 말하고 행하도록 훈련하라. 질투와 시기심, 자기 방식을 고집하는 태도와 남의 잘못을 기억하는 집요함을 버리라. 불의와 불공정한 일을 보거든 기뻐하지 말고, 외면하지도 말라. 진리가 승리할 때 기뻐하고, 절대 포기하거나 소망을 잃지 말며, 가장 힘든 시간도 견뎌 내라.

> 마음이 청결한 자는 복이 있나니 그들이 하나님을 볼 것임이요 (마 5:8)
>
> **뇌 건강을 위한 팁** | 사랑은 우리 뇌의 화학물질과 양자 에너지와 유전자 발현 양상에 변화를 일으켜, 우리의 영·혼·육을 변화시킨다.

DAY 78

사람들은 항상 자신의 문제에 대해 쉽고 빠른 해결책을 원한다. 어떻게 사고방식을 바꿀 수 있는지 묻는 사람은 많지만, 실제로 변화를 위해 노력하는 사람은 거의 없다.

진정한 사랑은 빠르지도 않고, 간단하거나 쉽지도 않지만, 전부는 아니라도 많은 문제들의 해결책이 된다. 우리가 진심으로 이웃을 사랑하면, 사랑이신 하나님을 경험하게 된다. 그분의 신성이 매일의 삶 가운데 부어져 우리의 삶은 물론, 주변 사람들의 삶과 환경도 변화시킨다. 사랑에는 우리의 마음을 정결하게 하는 능력이 있다.

모든 존재의 근원인 사랑은 온 우주에서 가장 강력한 힘이다. 사랑만이 세상을 변화시킬 수 있다!

DAY 79

사랑에는 거짓이 없나니 악을 미워하고 선에 속하라 (롬 12:9)

TIP 뇌 건강을 위한 팁 | 우리가 마음으로 품은 생각이 우리만의 실재를 만들어 내고, 삶의 방식도 결정해 줄 것이다.

　우리가 계속해서 화를 내거나 상처에만 집중하거나 시기하고 질투하면, 우리의 뇌에 해로운 영향을 끼친다. 우리 몸이 아플 가능성이 높아질 뿐만 아니라, 겉으로는 여전히 친절하고 사람들에게 선행을 하더라도 진정으로 다른 사람을 사랑할 수 없다.

　사랑은 실재여야 한다! 우리가 사람들에 대해 생각하는 방식을 바꾸고, 마음을 새롭게 하여 사랑 가득한 세계관을 계발하지 않으면, 진정으로 다른 사람을 돌볼 수 없으며, '선에 속하는 일'은 점점 어려워질 것이다. 우리가 진정으로 뇌에 사랑의 습관을 세우려고 노력하지 않으면 계속 실패할 것이다.

사랑하지 아니하는 자는 사망에 머물러 있느니라 (요일 3:14)

뇌 건강을 위한 팁 | 남을 미워하는 것은 건강에 부정적인 영향을 끼친다.

하나님은 존재하는 모든 것의 근원이시며 사랑이시기 때문에, 우리가 사랑 안에서 생각하고 말하고 행하지 않으면, 세상에 죽음과 파멸을 가져올 것이다. 주어진 환경에 부정적으로 반응하거나 분노와 증오를 주체하지 못하면, 주변 사람은 물론 우리의 몸과 마음에 부정적인 영향을 끼칠 것이다.

많은 연구들이 증오와 몸과 마음의 질병의 관련성에 주목하는데, 미움과 쓴 뿌리는 실제로 기대수명을 단축시키고, 심장병과 암 같은 질병을 유발하는 것으로 알려졌다. 증오는 우리 삶에 죽음을 가져오기 때문에 누구도 남을 미워해서는 안 된다.

DAY 81

분을 내어도 죄를 짓지 말며 해가 지도록 분을 품지 말고 (엡 4:26)

TIP 뇌 건강을 위한 팁 | 부정적인 생각을 많이 품을수록 그것이 우리의 삶에 영향을 끼치도록 힘을 실어 주게 되고, 우리의 뇌와 몸에도 더 많은 손상을 입히게 된다.

어떤 상황에서는 분노가 가장 적절한 반응일 수 있다. 불공정한 대우를 받거나 위험천만한 상황에서는 그렇다. 예를 들어, 아이가 난로에 손을 대려 하거나 차들이 쌩쌩 달리는 도로를 무단횡단하려 할 때, 사랑하는 사람이 학대를 당할 때 등 인간의 존엄성이 위협받는 상황에서는 화를 내는 것이 마땅하다.

그러면, 언제 분노가 죄가 되는가? 통제되지 않는 분노는 우리의 인성에 어떤 영향을 끼치는가? 우리가 화가 나는 상황을 오랜 시간, 즉 '해가 지기까지' 품고 생각하면, 뇌에 부정적인 사고구조를 구축하여 향후 우리의 생각과 말과 행동이 영향을 받는다. 이것은 화단에 잡초가 자라도록 방치한 것과 같아서 쓴 뿌리들이 퍼져서 우리의 건강을 비롯하여 모든 생활방식에 영향을 끼치게 된다.

그러므로 분노와 쓴 뿌리 같은 부정적인 감정이 곪아 터지도록 방치하지 않는 것이 매우 중요하다. 누군가에게 화가 난다면, 속히 그 상황을 해결하고 정리하라. 분노에 힘이 실려서 삶의 질을 떨어뜨리는 일이 없도록 주의하라.

DAY 82

이제는 너희가 이 모든 것을 벗어 버리라 곧 분함과 노여움과 악의와 비방과 너희 입의 부끄러운 말이라 (골 3:8)

뇌 건강을 위한 팁 | 말은 생각에서 비롯된다.

말은 단지 입 밖으로 나온 단어들이 아니다. 충동적으로 튀어나오는 것처럼 보일 때도 있지만, 그것은 그동안의 선택들을 통해 우리의 머릿속에 확립된 생각들에 기인한다. 따라서 말은 행동과 마찬가지로 생각을 반영한다. 우리의 사고방식이 우리의 말이 된다. 우리가 생각하기로 선택하는 것이 우리 삶에 부어지는 것이다!

그러므로 사람들에게 말할 때, 자신의 입에서 어떤 말이 나가는지 주의 깊게 살펴봐야 한다. 말이 그 사람의 머릿속에서 일어나는 일들을 그대로 보여 주기 때문이다. 만일 자신의 입에서 부정적인 말들이 계속해서 나온다면, 일단 말을 멈춰야 한다. 이 독성이 우리의 몸과 마음에 해를 입히기 전에 마음을 새롭게 해야 한다. 우리의 생각과 말과 행동은 생명을 주는 것이어야 한다.

DAY 83

너희 중에 싸움이 어디로부터 다툼이 어디로부터 나느냐 너희 지체 중에서 싸우는 정욕으로부터 나는 것이 아니냐 (약 4:1)

 뇌 건강을 위한 팁 | 우리의 말과 행동은 원래 생각이었다.

고급 음식을 만들려면 양질의 재료가 필요하다. 냄비에 무엇을 집어넣느냐에 따라 접시에 담기는 것이 달라지기 때문이다. 상한 재료로 요리하는데, 근사한 상차림이 가능할 리 없다.

생각도 마찬가지이다. 더 나은 세상을 바란다면, 생각하는 방식부터 바꿔야 한다. 좋은 것을 넣어야 좋은 것이 나온다! 생각은 말과 행동의 원천이다. 모든 선한 것은 선한 것에서 오고, 모든 악한 것은 악한 것에서 나온다.

마음을 새롭게 하고 생각하는 방식을 바꾸면, 삶은 분명 달라질 것이다! 절대로 생각의 힘을 과소평가해선 안 된다.

> 모든 지킬 만한 것 중에 더욱 네 마음을 지키라 생명의 근원이 이에서 남이니라 (잠 4:23)

뇌 건강을 위한 팁 | 생각에는 우리의 뇌와 몸, 나아가 온 세상에 생명과 죽음을 가져오는 힘이 있다.

생각은 우리의 뇌와 마음과 몸의 기능에 영향을 주는 실체이다. 만일 생각을 사로잡아 뇌로 유입되는 그릇된 정보들을 제대로 걸러내지 않으면, 부정적인 사고가 뿌리내려 마음의 평안을 앗아가고, 유용한 기억을 생성하는 능력이나 학습능력을 떨어뜨려 우리를 병들게 할 것이다. 생각은 안개처럼 혼탁해지고, 지혜는 먼지처럼 사라지며, 기억에도 영향을 끼칠 것이다. 이렇게 해로운 생각은 죽음을 낳는다.

그러나 사랑에 기반을 둔 건강한 생각들이 뿌리내리게 하면, 생명의 샘이 솟아나 몸과 마음 모두 건강해지고, 하나님의 위대한 사랑과 영광을 나타내는 세상의 빛이 될 것이다.

그러므로 너희 마음의 허리를 동이고 근신하여 예수 그리스도께서 나타나실 때에 너희에게 가져다 주실 은혜를 온전히 바랄지어다 (벧전 1:13)

 뇌 건강을 위한 팁 | 생각을 다스리는 것은 임무가 아닌 일상이 되어야 한다.

    생각은 뇌 속에 실재(實在)하는 구조물이다. 우리가 무언가를 생각하는 동안 유전자 발현 과정이 활발해지면서 뇌 속에는 단백질이 생성된다. 특정한 생각을 할수록, 뇌에는 그 생각을 담고 있는 구조물이 크고 견고하게 자라는 것이다. 이것을 일컬어 기억이라고 하는데, 이것은 정교한 양자신경생체 시스템에 의해 형성되고 유지된다.

    우리가 무언가에 집중하기로 선택할 때, 그 생각에 양자 에너지, 곧 힘을 주입하는 것이다. 그것이 긍정적인 생각이라면 몸과 마음 모두 건강해질 것이고, 부정적인 것이라면 정반대의 결과가 나타날 것이다. 특히 그런 생각을 오랜 시간 품게 되면, 결국 그것이 우리의 삶을 지배하게 된다.

    우리는 생각하는 대로 행동하게 된다. 그러므로 자신의 삶을 제어하고 싶다면 매일같이 마음을 다스려야 한다. 정신질환은 유전 요인이 촉발하는 (체내에 프로그램화된) 질병이 아니라, 우리가 악한 생각들이 뇌 속에서 제멋대로 날뛰도록 내버려 둔 결과이다. 우리는 예수님의 본을 따라 날마다 하나님의 사랑과 은혜에만 집중해야 한다. 그분의 영광을 드러내려고 생각할수록, 점점 그렇게 되어 깨어진 세상에 하나님의 사랑을 나타내게 될 것이다.

DAY 86

> 또 이르시되 사람에게서 나오는 그것이 사람을 더럽게 하느니라 속에서 곧 사람의 마음에서 나오는 것은 악한 생각 곧 음란과 도둑질과 살인과 (막 7:20-21)
>
> 뇌 건강을 위한 팁 | 우리의 사고구조는 행동에 그대로 반영된다.

우리의 생각은 말과 행동뿐만 아니라 미래의 생각에도 영향을 끼친다. 우리의 마음속에 있는 생각, 우리가 가장 많이 생각하며 집중하는 것이 밖으로 넘쳐흘러 삶을 채우게 되어 있다.

우리가 특정한 생각에 골몰할 때, 그 생각은 뇌 속에서 물질(단백질)로 변환되어 뇌 구조(뇌는 소규모 양자신경생체 컴퓨터이다)를 변화시킨다. 원래 우리의 뇌는 건강한 생각만 품도록 섬세하게 디자인되었기 때문에, 조금이라도 해로운 생각이 들어오면 심한 손상을 입는다. 우리의 뇌 구조물 속에 어떤 생각이 담겨 있든, 말과 행동을 통해 겉으로 드러나게 되어 있다. 그 생각을 반복해서 떠올리고 품을 경우, 뇌 구조물은 견고해지고, 표출되는 말과 행동 역시 견고해질 것이다.

가장 많이 떠올리고, 가장 오래 품은 생각이 우리의 습관을 형성한다. 그러므로 생각이 해로우면 행동도 악해질 것이다. 해로운 생각은 대인관계를 무너뜨리고, 몸과 마음의 건강도 해친다. 그러므로 끊임없이 자신의 뇌 속을 들여다보아야 한다. 다음의 질문들을 던지며, 마음에 떠오르는 생각들을 점검해 보라. "내면의 나는 누구인가?" "나는 어떤 사람이었는가?" "나는 나 자신을 어떤 사람으로 생각하고 있는가?"

DAY 87

> 무릇 우리는 다 부정한 자 같아서 우리의 의는 다 더러운 옷 같으며 우리는 다 잎사귀 같이 시들므로 우리의 죄악이 바람 같이 우리를 몰아가나이다 (사 64:6)

TIP 뇌 건강을 위한 팁 | 나쁜 생각을 하는 습관은 감출 수 없다.

우리의 생각은 우리가 말하고 행하는 모든 것을 형성할 뿐 아니라, 그것들에 영향을 끼친다. 사람은 항상 환경 및 상황 가운데 살아가기에, 우리가 무엇에 집중하든 그것이 삶 가운데 실재가 된다. 우리에게 질투, 증오, 쓴 뿌리 등과 같이 부정적으로 생각하는 습관이 있다면, 의로운 행위를 하더라도 부정적인 방식으로 말하고 행하게 될 것이다.

겉으로는 좋게 말하고 행동함으로 상대방에 대한 부정적인 생각을 감출 수 있다고 생각할 수도 있다. 하지만, 우리가 하는 말과 행동이 내면의 생각들과 일치하지 않을 때, 몸과 뇌는 혼란을 느끼고, 결국 삶 속에서 기능하고 능력을 발휘하는 데 부정적인 영향을 끼치게 된다.

독성 강한 생각들은 숨기거나 억누를 것이 아니라 해결해야 한다. 결국 언젠가는 폭발하여 우리가 실제로 느끼고 생각하는 것을 말이나 행동으로 드러낼 것이기 때문이다. 우리가 속으로 생각하는 것과 실제 말하는 것 사이의 이러한 불일치를 심리학적 용어로 '인지부조화'라고 하는데, 이러한 상태는 건강에 악영향을 미쳐 수명을 단축시킬 수도 있다. 부정적인 생각은 우리를 '나뭇잎처럼 시들게' 만들 수 있다.

DAY 88

> 다투는 시작은 둑에서 물이 새는 것 같은즉 싸움이 일어나기 전에 시비를 그칠 것이니라 (잠 17:14)
>
> 뇌 건강을 위한 팁 | 우리는 생각을 통제함으로 삶의 다양한 상황에 대한 반응을 제어할 수 있다.

    우리는 자신의 생각을 객관적으로 관찰함으로, 생각들을 사로잡아 마음을 새롭게 할 수 있다. 우리가 자신의 생각을 관찰하기로 결정할 때, 뇌의 전두엽이 활성화된다. 나는 이것을 '다중 관점 유익'(Multiple Perspective Advantage)이라고 부르는데, 이를테면 어떠한 말을 하기 전에 그 말을 해서는 안 되는 상황이라고 파악되면, 스스로 통제하여 그 말을 하지 않게 할 수 있는 능력이다.

    하나님이 우리의 뇌를 탁월하게 디자인하셨기 때문에, 우리는 부정적인 상황이 통제 불능의 상태로 흘러가기 전에 막을 수 있다. 물이 넘쳐흘러 둑이 무너지기 전에 흐르는 물줄기를 막을 수 있는 것과 같이, 부정적인 생각이 삶에 해로운 영향을 끼치기 전에 이를 멈출 수 있다. 그러므로 혼돈의 도가니에서 살 필요가 없는 것이다!

DAY 89

내 속에 근심이 많을 때에 주의 위안이 내 영혼을 즐겁게 하시나이다 (시 94:19)

TIP 뇌 건강을 위한 팁 | 우리는 어려운 시기에 무엇에 집중할지 선택함으로 어려움에 어떻게 반응할지 선택할 수 있다.

살다 보면 수많은 문제들이 폭풍우처럼 몰아칠 때가 있다. 이때 대부분의 사람들은 불안감에 휩싸여 제대로 숨조차 쉬지 못한다. 마치 삶의 문제들에 압도된 것처럼 느낀다.

그러나 이러한 문제들이 우리를 다스리게 두어서는 안 된다. 마음의 염려가 많을지라도 상황과 환경의 피해자가 되어서는 안 된다. 고난의 때, 우리는 하나님의 사랑과 능력에 집중하기로 선택함으로 어떤 어려움도 능히 감당할 내면의 힘을 발견할 수 있다. 이것은 가능한 일일 뿐만 아니라, 우리는 처음부터 이렇게 지음 받았다.

절대로 상황에 동요될 필요가 없다. 우리는 크나큰 슬픔 속에서도 참된 기쁨을 발견할 수 있고, 고통을 느끼는 중에도 승리의 소망이 있음을 안다. 하나님이 존재하는 모든 것의 근원이시므로, 우리는 그분의 은혜와 도우심을 아는 지식 가운데 참된 위로를 얻는다.

DAY 90

두려워하지 말라 내가 너와 함께 함이라 놀라지 말라 나는 네 하나님이 됨이라 내가 너를 굳세게 하리라 참으로 너를 도와주리라 참으로 나의 의로운 오른손으로 너를 붙들리라 (사 41:10)

뇌 건강을 위한 팁 | 마음은 뇌를 통해 일한다. 뇌가 마음을 통제하는 것이 아니라 마음이 뇌를 통제한다. 그러므로 우리는 생태적 상황(유전적 영향)이나 환경의 제약을 뛰어넘을 수 있다.

살다 보면, 포기하고 싶을 때가 많다. 주저앉아 마냥 울고 싶고, 때론 삶을 끝내고 싶다는 생각이 든다. 이처럼 인생은 쉽지 않지만, 모든 고통과 어려움, 상처 속에서도 여전히 아름다울 수 있다.

우리는 상상하지 못할 만큼 끈기가 있고 강하며, 놀라울 정도의 회복력을 자랑하고, 믿지 못할 만큼 큰 능력을 지닌 존재이다. 우리가 이러한 마음의 능력을 깨달아 우리 안에 거하시는 하나님의 은혜와 능력을 신뢰하면, 불가능은 허구일 뿐 인생에서 경험할 실재가 아니라는 것을 알게 된다.

앞으로 일어날 수 있는 일이나 과거에 있었던 일을 두려워할 필요는 없다. 당신은 지극히 높으신 하나님의 형상대로 창조되었다. 그러므로 당신 사신이면 충분하다. 당신의 본질이 순수하고 놀라운 사랑의 힘이라는 사실을 절대 잊지 말라.

DAY 91

내게 능력 주시는 자 안에서 내가 모든 것을 할 수 있느니라 (빌 4:13)

TIP | 뇌 건강을 위한 팁 | 뇌는 마음의 작용을 통해 일하는 회로기판이다. 다시 말해서 뇌는 마음의 작용을 반영한다. 즉, 마음이 뇌를 통제하는 것이지, 뇌가 마음을 통제하는 것이 아니다.

    과거에 어떤 일을 겪었고, 현재 어떤 일을 겪고 있으며, 앞으로 어떤 일을 겪게 되든 상관없이 우리에게는 놀라운 하나님께서 창조하신 경이로운 마음과 뇌가 있다. 삶의 여정 가운데 수많은 장애물이 있어도, 우리의 마음에는 인생의 방향을 바꾸고 놀라운 실체를 창조하는 엄청난 능력이 있다.

    기억하라. 마음이 뇌를 통제한다. 우리의 마음은 삶의 방향을 바꾼다. 우리는 그리스도 예수 안에서 모든 것을 할 수 있다! 온 우주를 붙들고 계시는 하나님의 사랑, 그 능력이 우리 안에 있기 때문이다.

DAY 92

> 이 날은 여호와께서 정하신 것이라 이 날에 우리가 즐거워하고 기뻐하리로다 (시 118:24)
>
> **뇌 건강을 위한 팁** | 주어진 상황과 환경에 어떻게 반응할지는 우리가 결정한다. 우리의 뇌는 우리가 반응하는 방식에 따라 변한다.

우리가 긍정적인 생각에 집중하면, 어떤 상황에서든 다양한 가능성을 볼 수 있게 된다. 이러한 생각은 본질적으로 희망적이기에, 우리가 끊임없이 노력한다면 성공하게 될 것이다. 우리는 그 과정과 결과에 감사한다.

여기, 좋은 소식이 있다! 그것은 우리의 뇌와 몸이 오직 사랑에만 반응하도록 디자인되었다는 것이다. 우리는 그것을 풀어놓기만 하면 된다.

감사의 태도가 우리 몸에 어떤 영향을 끼치는지에 대한 연구 결과에 의하면, 우리가 감사할 때 기대수명이 늘어나고, 상상력과 문제 해결 능력이 향상되며, 전반적으로 건강해진다고 한다. 우리가 원하는 삶을 살기 위해서는 현재의 상황에 감사하는 마음을 가지는 것이 중요하다.

토마스 에디슨을 보라. 그는 전구를 발명하기까지 수천 번의 실패를 맛보아야 했다. 그런데 사람들이 그에게 실패에 관해 묻자, 그는 "저는 수많은 결과를 얻었습니다. 전구에 불이 들어오지 않는 수천 가지 방법을 알게 된 것입니다"[27]라고 답했다고 한다. 에디슨은 성공과 실패에 대한 세상의 기준에 자신의 잠재력을 제한시키지 않았다. 그에게는 목표가 있었고, 그것을 성취할 때까지 포기하지 않고 계속 나아갔다. 그는 도전을 실패가 아니라 결과로 여겼다. 그것은 가치 있는 지식, 배움의 과정이었다.

당신은 삶 가운데 경험하는 것으로부터 어떤 지식을 얻고 있는가?

DAY 93

> 그런즉 너희는 강하게 하라 너희의 손이 약하지 않게 하라 너희 행위에는 상급이 있음이라 (대하 15:7)

 뇌 건강을 위한 팁 | 열심히 노력하면 지성은 높아지고 건강도 좋아진다.

생각의 능력은 참으로 놀랍다. 우리가 생각하는 만큼 뇌가 변화되고(신경가소성), 새로운 뇌세포가 성장한다(신경 발생). 우리는 이 놀라운 생각의 능력을 활용하여 인생의 역경들을 헤쳐 나갈 수 있다. 우리가 꾸준히 긍정적으로 학습하면, 비교적 짧은 시간 안에 지성이 높아진다.

그러니 공부나 일에 압도당하지 말라. 기억하라. 삶 가운데 어떤 일이 닥쳐도, 우리 안에 내재된 능력이 더 크다. 끈질기게 노력하면, 몸과 마음 모두 보상받게 될 것이다. 우리는 원하는 만큼 똑똑해질 수 있다!

> 무슨 일을 하든지 마음을 다하여 주께 하듯 하고 사람에게 하듯 하지 말라 (골 3:23)
>
> 뇌 건강을 위한 팁 | 몸과 마음의 건강을 위해 꾸준한 자기 단련(절제)은 필수이다.

누구에게나 해야 할 일들을 뒤로하고 게으름을 피우고 싶어질 때가 있다. 그 일들의 당위성이 의심되어 '굳이 이렇게까지 해야 하나?' 하는 생각이 든다. 그러나 솔직해 보자. 우리가 항상 최선을 다하는 것은 아니다. 특히 기다리던 드라마의 새 시즌이 시작될 때는 더욱 그럴 것이다.

하지만 우리의 마음과 뇌는 포기하지 않고 최선을 다할 때 최고의 기능을 발휘하도록 디자인되어 있다. 더 열심히 노력하고, 더욱 절제(자기 단련)하면서 맡은 임무를 수행할 때, 우리의 뇌가 긍정적인 방향으로 성장하여 지적 능력도 향상되고, 몸도 건강해진다.

우리는 맞닥뜨리는 과업마다 하나님께서 우리의 성장과 발전을 위해 허락하신 선물로 여겨야 한다. 처음에는 그것들을 제대로 감당하지 못하더라도 괜찮다. 실패는 새로운 성장의 시작점일 뿐 최종 결과물이 아니다. 하지만 게으름과 포기는 우리의 몸과 마음에 부정적인 영향을 끼친다.

DAY 95

모든 수고에는 이익이 있어도 입술의 말은 궁핍을 이룰 뿐이니라 (잠 14:23)

TIP 뇌 건강을 위한 팁 | 말만으로는 성공할 수 없다.

계획을 세우고 참신한 아이디어를 내어 목표를 설정한 후, 그 모든 내용을 문서로 남기는 것은 매우 멋진 일이다. 그러나 말만으로는 부족하다. 꿈은 선하고 정직하고 성실하게 노력해야 이뤄진다.

우리는 생각으로 실체를 만들어 내고, 그것은 우리의 말과 행동에 영향을 끼친다. 그러나 이러한 과정이 제대로 진행되기 위해서는 오랜 시간 노력해야 한다. 실제로 생각하고 행해야 한다. 로마는 하루아침에 완성되지 않았기 때문이다.

너희는 말씀을 행하는 자가 되고 듣기만 하여 자신을 속이는 자가 되지 말라 (약 1:22)

뇌 건강을 위한 팁 | 긍정적인 믿음을 근거로 삼아야 긍정적인 주장을 내세울 수 있다.

우리는 말할 때 정직하고 솔직해야 하는데, 이것을 철학에서는 '인지조화'(cognitive congruence)라고 한다. 긍정적인 말은 우리가 그것을 진심으로 믿을 때 효능을 발휘한다. 뿌리는 반드시 열매와 일치되어야 한다. 만약 자신에게 거짓말을 하면 인지부조화를 경험하게 되는데, 그렇게 되면 몸과 마음의 건강이 악화된다. 왜냐하면 실제로 믿는 것과 믿고 싶은 것 사이에 갈등이 심해지기 때문이다.

우리는 자신이 바라는 것과 관련된 성경 구절들을 암송할 수는 있다. 그러나 정작 그 말씀을 믿지 않으면, 그 말씀이 마음 깊은 곳에 심기지 않기에 생각과 말과 행동으로 그리스도를 따를 수 없다.

DAY 97

의인의 입은 지혜로우며 그의 혀는 정의를 말하며 그의 마음에는 하나님의 법이 있으니 그의 걸음은 실족함이 없으리로다 (시 37:30-31)

 뇌 건강을 위한 팁 | 연단된 인생에는 지혜라는 열매가 맺힌다. 우리가 의도적으로 훈련된 사고를 하며 살기로 선택하면, 우리의 뇌는 잘 정돈되어 건강해질 것이다.

　선한 말, 지혜로운 말, 의로운 말은 마음에 심어 놓은 것들의 열매이다. 우리가 의도적으로 훈련된 사고를 하며 살기로 선택하면, 우리의 뇌는 잘 정돈되고 건강해져서 지혜로운 결정을 내릴 수 있다.

　우리가 끊임없이 기억을 쌓아 올리고, 새로운 정보들로 무의식을 업데이트하면, 지혜는 풍성해지고 전문성은 높아진다. 우리가 생명과 소망을 추구하는 방향으로 생각의 습관을 형성하고 올바르게 선택하기 시작하면 그렇다. 그러나 올바르지 않은 것을 선택할 경우, 새로 쌓아 올린 기억과 지식은 해로워서 뇌를 망가뜨린다. 이러한 해로운 기억의 네트워크는 우리의 말과 행동, 그리고 우리의 전 존재와 대인관계 등에 영향을 끼친다.

　지혜로움과 어리석음은 모두 우리의 내면에서 나온다. 그것은 우리의 뇌 속에 무엇을 들여보내고, 어떻게 살아갈지 스스로 선택하기에 달렸다.

DAY 98

> 온순한 혀는 곧 생명나무이지만 패역한 혀는 마음을 상하게 하느니라 (잠 15:4)

뇌 건강을 위한 팁 | 말은 매우 중요하다. 말에는 우리가 생각하고 느끼고 선택하는 것이 나타난다.

말은 오랜 시간에 걸쳐 생각하고 느끼고 선택하면서 뇌 속에 세워진 생각에서 온 전자기적·양자적 생명력이다. 이러한 말에는 힘이 있으며, 이것이 우리의 사고체계에 영향을 주어 주변 세상과 환경에 매우 큰 영향을 끼친다.

그러므로 우리의 말은 매우 유용하다. 그것은 무엇이 우리를 퇴보하도록 만들고 영혼을 망가뜨리는지, 아니면 우리로 하여금 앞으로 나아갈 수 있도록 밀어주고 있는지에 대한 통찰력을 제공한다. 우리의 혀는 '생명나무'가 되어야 한다!

누구든지 스스로 경건하다 생각하며 자기 혀를 재갈 물리지 아니하고 자기 마음을 속이면 이 사람의 경건은 헛것이라 (약 1:26)

 뇌 건강을 위한 팁 | **우리는 생각하는 것을 말한다.**

우리가 하는 말은 우리 마음속에 구축된 물리적 생각(생각은 단백질로 구성된 물질이다)으로 전환되어 기억을 견고히 해준다. 우리가 부정적인 말을 하여 자기 혀에 재갈을 물리지 않으면, 우리 몸에서는 유해한 화학물질이 분비된다. 그 결과 부정적인 기억은 우리가 그것을 생각하고 말할수록 더욱 강화되어 우리의 태도와 삶을 통제하는 견고한 진이 된다. 이렇게 말은 우리의 마음을 속일 수 있다.

내 형제들아 너희가 여러 가지 시험을 당하거든 온전히 기쁘게 여기라 (약 1:2)

뇌 건강을 위한 팁 | 우리의 인지(지각)는 사물을 어떻게 바라보기로 선택하느냐에 근거한다.

우리는 모두 자신의 문제를 직면해야 한다. 누구도 문제로부터 자유롭지 못하다. 우리 모두에겐 직면해야 할 시련과 고난들이 있다. 그러나 그 문제들을 인생의 실패 원인으로 삼을 수는 없다. 피해의식은 아무런 도움이 되지 않는다.

가능성을 바라보고, 기쁨을 경험하며, 어려운 가운데 소망하는 것은 판을 뒤집는 능력이다. 이 능력이 우리의 생각을 바꾸어 인생의 여정을 완주하게 한다. 이것이 끝이 보이지 않는 상황에도 성공할 수 있는 열쇠이며, 산을 옮기고 기적을 창조하게 하는 능력이다!

DAY 101

> 다만 이뿐 아니라 우리가 환난 중에도 즐거워하나니 이는 환난은 인내를, 인내는 연단을, 연단은 소망을 이루는 줄 앎이로다 (롬 5:3-4)
>
> **TIP** 뇌 건강을 위한 팁 | 역경은 우리의 마음을 강하게 한다. 마음은 뇌를 통해 일하기 때문에 강건해진 마음은 곧 건강한 뇌를 뜻한다.

역경은 우리에게서 최선을 이끌어 내며 우리의 뇌를 치유한다. 그것은 우리가 어떻게 반응하느냐에 따라 달라진다. 역경으로 인한 유익을 취하기로 선택하면 성취로 인한 행복감을 얻고, 추가로 얻어지는 새로운 능력으로 다음 도전을 받아들일 준비가 된다. 역경을 통해 성품이 강화되고, 이것은 뇌의 회로기판에 영향을 주어 장차 우리의 삶을 든든하게 지탱해 준다.

우리는 역경을 극복하고, 능력이 계발되는 과정을 즐기며, 행복해지기로 선택해야 한다. 실패하면, 기분이 썩 좋지 않더라도 다시 일어서면 된다. 이때 우리의 뇌 안에서는 놀라운 일들이 일어난다. 어떤 감정을 느끼는지와 상관없이, 행복하기로 선택하면 끝까지 완주할 힘을 얻게 될 것이다.

> 소망 중에 즐거워하며 환난 중에 참으며 기도에 항상 힘쓰며 (롬 12:12)
>
> 뇌 건강을 위한 팁 | 행복은 마음의 상태이다.

우리는 그냥 행복하거나 불행한 것이 아니다. 우리의 행복은 환경과 상황에 의해 결정되지 않는다. 하버드 대학의 숀 어쿼 교수는 말했다. "우리 스스로 행복해질 수 없다는 말은 미신이다."[28]

사랑에 근거한 긍정적인 사고방식과 고통스러운 상황을 유익으로 바꾸는 능력은 전적으로 우리의 통제 아래 있다. 우리는 자신이 원하거나 계획한 대로 일이 풀리지 않을 때, '사랑의 구역'(Love Zone, 창조 본연의 인성)에서 기뻐하기로 선택할 수 있다. 가끔 불안해지거나 화가 날 수도 있지만, 기도 가운데 우리의 감정을 하나님께 올려 드리고, 하나님의 능력과 어려움을 극복하는 데 필요한 모든 자원이 우리 안에 있음을 기억해야 한다.

DAY 103

사랑하는 자들아 영을 다 믿지 말고 오직 영들이 하나님께 속하였나 분별하라 많은 거짓 선지자가 세상에 나왔음이라 (요일 4:1)

TIP 뇌 건강을 위한 팁 | 기대는 현실이 된다.

때때로 머릿속에서 누군가 아주 작은 목소리로 이렇게 말하는 것 같을 때가 있다. "너는 실패할 거야." "너는 그 일에 적합하지 않아." "과거에 실패를 많이 했기 때문에 절대로 이 일을 잘 해낼 리 없어." 이런 소리에 귀기울이지 말라! 이러한 말들이 미래에 대한 기대감을 형성하게 두지 말라.

기대가 우리의 뇌 구조를 바꿔 놓는다는 사실을 이해하는 것은 매우 중요하다. '학습된 연상'이 우리 몸(생태)과 뇌(인식)에 실질적 변화를 일으킨다는 연구 결과가 있다(두 가지 별개의 사건이나 현상을 인과적으로 연결 지으려는 뇌의 반응 패턴으로, 부정적 예는 미신이 있고, 긍정적 예로는 '플라시보 효과'가 있다- 역자 주).

긍정적 방향의 학습된 연상은 좋은 결과로 이어지는데, 이것을 플라시보 효과라고 한다. 좋은 것을 기대하면 실제로 좋은 일이 일어나서 보다 활기가 넘치고, 면역력이 좋아지며, 몸과 마음이 더 건강해진다. 하지만 그 반대도 마찬가지이다. 안 좋은 일이 일어날 것이라고 생각하면 실제로 안 좋은 일이 일어나는데, 이런 현상을 일컬어 '노시보 효과'라고 한다.

두려움은 매우 실제적이어서 우리의 뇌 안에 부정적인 '학습된 연상' 패턴을 심어 놓고, 미래의 생각과 말과 행동에 영향을 끼친다. 부정적인 기대는 부정적인 실체를 만들어 낸다. 그러니 과거에 품었거나 현재 품고 있는 두려움이 당신의 미래를 결정하게 두지 말라. 거룩한 상상력을 동원하여 미래를 바라보는 방식을 바꾸라.

이것은 세상 사람들이 말하는 '끌어당김의 법칙'이나 '긍정의 힘'과는 다르다. 우리의 기대가 신념과 목표, 하나님의 사랑과 일치할 때, 불가능한 일을 행하며 세상을 더 나은 곳으로 변화시킬 수 있다.

Memo

DAY 104

> 감사함으로 그의 문에 들어가며 찬송함으로 그의 궁정에 들어가서 그에게 감사하며 그의 이름을 송축할지어다 (시 100:4)

 뇌 건강을 위한 팁 | 감사할 때, 우리의 몸과 마음이 건강해진다.

우리가 감사하기로 선택한 순간, 창조 본연의 설계대로 살게 된다. 감사가 우리 몸에 끼치는 영향에 대한 연구는, 우리가 감사하는 만큼 우리의 기대수명과 사고력 및 문제 해결 능력을 비롯하여 전반적으로 건강을 향상시킨다는 사실을 보여 준다.

잠시 시간을 내어 자신이 받은 복을 세어 보면, 그 일이 점점 더 쉬워질 것이다. 우리의 마음이 긍정적이고 감사하는 사고구조를 세우는 데 익숙해져서 이것을 일상적인 '정신적 자기 관리'로 삼을 것이기 때문이다. "물이 아직 반 컵이나 남았네!"라고 말하는 것을 훈련하면, 잔은 곧 넘쳐날 것이다.

DAY 105

여호와는 나의 힘과 나의 방패이시니 내 마음이 그를 의지하여 도움을 얻었도다 그러므로 내 마음이 크게 기뻐하며 내 노래로 그를 찬송하리로다 (시 28:7)

뇌 건강을 위한 팁 | 우리는 원하는 만큼 행복해질 수 있다. 행복은 선택이다. 우리가 행복해질수록 뇌도 더 건강해진다. `TIP`

    인생은 어렵기도 하지만, 아름다울 수도 있다! 행복과 만족, 성공은 고정되어 있지 않다. 우리의 인생은 일차원적이지 않다. 주어진 환경이나 상황과는 무관하게 우리가 그것들을 생각하는 만큼 행복과 만족과 성공은 역동적으로 기능한다. 한꺼번에 몰리는 업무와 불확실한 내일을 염려하며 이 세상의 가장 더러운 곳에 거하더라도, 우리는 여전히 웃을 수 있으며 현재를 즐길 수 있다.

    하나님이 우리 곁에 계시고, 그분이 우리의 힘과 방패시라는 것을 아는 만큼 우리는 매일, 매 순간 웃을 수 있는 용기와 소망을 얻는다. 우리는 언제, 어디서나 하나님의 사랑과 돌보심을 받을 수 있다. 하나님은 신실하시며, 이 세상 그 무엇도 우리를 하나님의 사랑에서 떼어놓지 못한다. 하나님은 우리가 모든 잠재력을 발휘하는 삶을 살기 원하신다.

DAY 106

평안을 너희에게 끼치노니 곧 나의 평안을 너희에게 주노라 내가 너희에게 주는 것은 세상이 주는 것과 같지 아니하니라 너희는 마음에 근심하지도 말고 두려워하지도 말라 (요 14:27)

 뇌 건강을 위한 팁 | 스트레스를 긍정적으로 처리하면, 몸과 마음에 긍정적인 영향을 준다.

인생의 모든 일이 그렇듯, 스트레스를 어떻게 바라보느냐에 따라 삶의 역경을 대처하는 방식도 달라진다. 연구 결과에 따르면, 실제로 우리가 스트레스를 대하는 방식에 따라 몸이 우리에게 유익하게 반응할 수도, 해롭게 반응할 수도 있다고 한다. 관점에 따라 삶의 역경이 우리에게 유익이 될 수도, 해가 될 수도 있다는 것이다. 우리는 무력한 존재가 아니다. 우리에겐 상황을 바꿀 능력이 있다!

시련의 때에 '물이 절반밖에 남지 않았다'가 아닌 '절반이나 있다'는 태도를 취하면, 심장 주변의 혈관이 확장되면서 혈류량이 늘어난다. 그러면 뇌에 유입되는 산소량이 많아져서 생각이 명료해지고, 인지력도 높아진다. 즉, 문제 상황을 직면할 용기는 물론, 이길 힘까지 얻게 된다.

혈류량 증가의 유익은 여기서 멈추지 않는다. 혈류량이 증가하면, 교감신경과 부교감신경의 균형을 잡기가 쉬워져서 지적 성장을 돕게 된다. 게다가 뇌의 해마상 융기 속 유전자 발현 스위치가 켜져 몸은 더 건강해지고, 어려움을 대처하는 능력 역시 개선된다. 이처럼 긍정적인 태도를 유지하면 체내 혈류량이 증가하고, 최소 1,400개 이상의 신경물리학적 반응이 활성화되어 역경 가운데 힘을 낼 수 있게 된다.

DAY 107

너희의 인내로 너희 영혼을 얻으리라 (눅 21:19)

뇌 건강을 위한 팁 | 스트레스는 우리에게 유익을 줄 수도, 해악을 끼칠 수도 있다.

스트레스를 제대로 관리하지 못하면 건강이 나빠진다는 이야기에 신경을 쓰면, 오히려 스트레스를 받는 문제 때문에 스트레스가 될 수 있다. 부정적인 과정들이 우리에게 부정적인 영향을 끼치게 되는 것이다. 이것은 수면장애가 우리의 건강을 위협한다는 것을 알게 되어 그것에 대해 걱정하다가 잠을 이루지 못하는 것과 같다. 누구나 이런 경험이 있을 것이다. 이처럼 우리는 해가 되는 것들이나 잘못될 가능성에 과도하게 마음을 빼앗겨 유익한 것들에 집중하지 못하는 경우가 많다.

주어진 상황에서 인내하고, 어려움 가운데 힘을 내며, 예수 그리스도 안에 있는 장래의 소망을 의지하여 인식만으로도 우리의 몸이 스스로에게 유익하게도, 해롭게도 작용하게 만들 수 있다는 사실을 인식하면, 역경 중에도 생명을 유지할 수 있다.

우리는 스트레스에 압도되어 건강과 삶이 무너지게 두어서는 안 된다. 중요한 것은 스트레스에 대한 우리의 인식이며, 그것은 우리의 선택이다. 인생을 살아가는 동안 어떤 일이 닥치든, 우리는 그 모든 것에 담대하게 맞서 해결할 수 있다. 모든 것이 인식 혹은 관점의 문제이다!

DAY 108

수고하고 무거운 짐 진 자들아 다 내게로 오라 내가 너희를 쉬게 하리라 (마 11:28)

TIP | 뇌 건강을 위한 팁 | 우리 몸의 게놈(genome) 안에는 유전자 스위치가 들어 있어서 긍정적인 시각으로 스트레스를 대하면, 그 스위치가 작동하여 역경을 견디는 능력(회복력)을 높여 준다.

    성경은 우리가 절대 고난을 당하지 않을 것이라고 약속하지 않는다. 대신 끊임없이 하나님이 우리와 함께하신다는 사실을 상기시킨다. 하나님은 우리를 떠나지 않으시며, 우리의 피난처와 안식처가 되어 주신다.

    우리는 하나님이 우리의 마음과 뇌를 놀랍게 창조하셨다는 사실을 확신할 수 있다. 예를 들어 우리 몸의 게놈 안에는 유전자 스위치가 들어 있어서 긍정적인 시각으로 스트레스를 대하면, 그 스위치가 작동하여 역경을 견디는 능력(회복능력)을 높여 준다. 하나님은 얼마나 놀라우신 분인가!

    살다 보면, 주어진 삶과 상황을 감당할 힘이 없는 것처럼 느껴질 때가 있다. 하지만 그러한 순간에도 우리는 힘을 낼 수 있다! 우리가 가진 생각하고 느끼고 선택하는 능력은 그 자체로 강력하며, 그 안에는 엄청난 회복력이 담겨 있다. 전 세계 사람들이 사용하는 스마트폰을 다 합쳐도, 한 사람의 생각에 담긴 잠재력을 능가하지 못한다. 우리는 앞으로 닥칠 모든 문제를 능히 극복할 수 있다.

> 주께서 내 내장을 지으시며 나의 모태에서 나를 만드셨나이다 (시 139:13)
>
> **뇌 건강을 위한 팁** | 뇌는 다양성의 법칙을 따른다. 당신 안에 굳게 자리잡은 생각은 온전히 당신만이 할 수 있는 것이다. 당신처럼 생각하고, 말하고, 행하는 사람은 아무도 없다.

 우리가 스트레스를 긍정적인 방식으로 해결하지 못하는 이유는 대부분 낮은 자존감과 자신감 결여 때문이다. 자신이 얼마나 놀라운 존재인지를 아는 것은 참으로 중요하다. 우리는 누구도 할 수 없는 일을 할 수 있고, 누구도 품을 수 없는 생각을 품으며, 누구도 떠올릴 수 없는 아이디어를 떠올릴 수 있다. 이를 가리켜 '뇌의 다양성 법칙'이라 부른다.

 위대하신 하나님께서 우리를 놀랍고도 대단한 일을 할 수 있는 존재로 디자인하시고 창조하셨다. 우리는 세상에 줄 놀라운 것을 가지고 있다. 더 많은 것을 가지고 있는데, 왜 스스로를 깎아내리는가?

 잠시 시간을 내어 자신이 얼마나 놀라운 존재인지 묵상하라. 우리가 하나님이 주신 능력을 신뢰하지 못하면, 아무리 재능이 많고 훌륭한 기술이 있어도 일과 건강 문제에 있어서 좋은 결과를 얻지 못할 것이다.

DAY 110

주의 손이 나를 만들고 세우셨사오니 (시 119:73)

TIP 뇌 건강을 위한 팁 | **생각이 중요하다.**

당신이 하는 모든 생각이 중요하다. 그 모든 생각이 당신의 뇌를 변화시키기 때문이다. 당신은 자신만의 독특한 생각으로 자신의 뇌를 독특하게 변화시키고, 자신만의 독특한 실체를 만들어 낸다. 하나님은 당신을 독특하고 아름다운 사고방식을 지닌 존재로 디자인하셨다. 당신처럼 생각하는 사람은 없으며, 이것은 앞으로도 마찬가지이다. 당신이 할 수 있는 일 중에는 이 세상 그 누구도 할 수 없는 것들이 많다.

자신의 생각과 감정과 선택 방식이 얼마나 독특한지 알면, 당신은 자신의 정체와 삶의 목적, 지극히 높으신 하나님의 자녀로서 자신이 담당할 역할이 얼마나 위대한지 알게 될 것이다. 자신의 속사람을 알아가는 만큼 하나님이 지으신 본연의 모습을 더 사랑하게 될 것이다.

> 내가 너를 모태에 짓기 전에 너를 알았고 (렘 1:5)
>
> 뇌 건강을 위한 팁 | 당신의 마음은 이 세상에 둘도 없는 방식으로 자신의 뇌를 활성화시킨다. 그러므로 이 세상엔 당신만이 할 수 있는 일이 있다.

DAY 111

　실수가 없으신 하나님이 특별한 의도와 목적을 가지고 당신을 창조하셨다. 만일 지금 좋지 않은 상황 가운데 있다면, 그것이 당신의 창조 본연의 모습이 아니라 이루어 가는 중이라는 사실을 기억하라. 당신은 변화되어 당신 자신을, 그 본연의 모습을 회복할 수 있다.

　당신은 그렇게 생각하지 않을지도 모르지만, 분명 자신이 누구인지 알고 있다. 당신의 생각과 말과 행동에서 당신이 누구인지 드러난다. 당신의 진정한 정체성이 얼마나 놀랍고 대단한지 깨달을수록, 이것을 받아들여 당신만의 독특한 방식으로 천국을 이 땅에 가져올 수 있다.

　기억하라. 당신은 하나님의 형상의 독특한 부분을 나타내도록 디자인되었다. 당신의 가치와 존엄은 하나님의 아름다움과 밀접하게 연결되어 있다. 우리가 하나님이 창조하신 본연의 모습을 되찾을 때, 그분을 더 많이 알게 된다.

DAY 112

우리는 진흙이요 주는 토기장이시니 우리는 다 주의 손으로 지으신 것이니이다 (사 64:8)

TIP 뇌 건강을 위한 팁 | 누구나 자신만의 고유한 생각 패턴이 있다.

'완전한 나'(Perfect You)는 하나님께서 우리를 창조하실 때 사용하신 독특한 방식으로, 필터나 스크린과 같다. 이 필터가 낮은 자존감이나 해로운 생각으로 막혀 있으면, 우리는 온전히 우리 자신이 되지 못한다.

누구나 살면서 형성된 자신의 모습과 마음 깊은 곳에 있는 진정한 자아가 서로 싸우는 듯한 느낌이 들 때가 있다. 우리가 '완전한 나'에서 이탈하면, 그때부터 내적 갈등이 시작된다. 그러면 쉽게 좌절감에 빠지고, 불행하다고 느끼며, 일시적으로 지적 능력이 저하되어 몸과 마음의 건강까지 악화된다.

우리의 마음이 가는 곳에 뇌와 몸도 따라간다. 그러므로 사랑이신 하나님과 그분이 우리에게 하신 말씀에 집중하면, 자기만의 독특한 정체성을 받아들이게 되어 그분 안에서 참된 '나'를 발견하는 법을 배울 수 있다.

DAY 113

> 하나님이 지으신 그 모든 것을 보시니 보시기에 심히 좋았더라 (창 1:31)

뇌 건강을 위한 팁 | TIP 과학은 우리가 실수로 존재하는 것이 아님을 확증한다. 구조적인 차원에서 양자적 차원으로 검증해 봐도, 이 세상에 똑같은 뇌는 없기 때문이다. 표준은 없다. 오직 '독특함'만 있을 뿐이다.

우리가 자신만의 방식으로 생각하고 느끼고 선택할 때, 즉 '완전한 나' 안에서 행할 때, 자신의 진정한 자아를 기뻐하는 것이다. 세상은 우리를 향해 가치 있는 존재가 아니라고, 특정 기준에 미치지 못한다고, 즉 평범하지 않다고 말하는 경우가 많다. 우리는 이 말에 기뻐해야 한다.

사실 우리가 거울 속에 비친 자신의 모습을 미워한다면, 하나님을 위해 살 수도, 세상을 변화시킬 수도 없다. 우리의 '완전한 나'는 진정한 자아 속에 깊이 내재되어 있다. 이 사실을 인식하면, 자신의 진정한 자아를 깨닫고, 창조 본연의 모습을 회복하고 싶어진다. 자신이 근본적으로 선하다는 것과 이 세상의 발전에 이바지할 것을 많이 갖고 있다는 것을 깨닫게 된다.

DAY 114

우리에게 주신 은혜대로 받은 은사가 각각 다르니 (롬 12:6)

그러므로 우리에게 주어진 은혜를 따라 다른 은사들을 가졌으므로 (롬 12:6, 원뉴맨성경)

 뇌 건강을 위한 팁 | 우리 모두는 서로 다른 방식으로 생각하고, 느끼고, 선택한다.

이 세상에 당신 같은 사람은 없다! 이것은 아무도 할 수 없고, 오직 당신만이 해낼 수 있는 일이 있다는 뜻이다. 당신이 생각하고 느끼고 선택하는 방식이 매우 독특하기 때문에, 당신의 경험은 나의 경험을 풍성하게 해 준다.

우리는 서로 다른 모습으로 창조되었고, 서로 동역하며 살도록 지음 받았다. 그러므로 당신이나 내가 본연의 모습대로 살지 않으면, 하나님을 온전히 알 수 없게 될 것이다. 우리 각 사람이 저마다 독특하고 아름다운 방식으로 그분의 형상을 나타내기 때문이다.

DAY 115

> 오직 성령의 열매는 사랑과 희락과 화평과 오래 참음과 자비와 양선과 충성과 온유와 절제니 이 같은 것을 금지할 법이 없느니라 (갈 5:22-23)

뇌 건강을 위한 팁 | 자신을 있는 그대로 인정하고 받아들이는 법을 배우면, 긍정적인 방식으로 살 수 있다. TIP

    우리가 자신의 '완전한 나'를 이해하면, 주어진 환경과 상관없이 소망을 품고 자유롭고 기쁘게 살 수 있다. '완전한 나'가 온전히 우리 자신이 되게 하고, 우리가 사랑하는 일을 할 수 있도록 해 주기 때문이다.

    '완전한 나'를 따라 사는 삶은 우리에게 만족을 가져다주고, 사랑과 기쁨(희락), 평안(화평), 오래 참음, 친절(자비), 아량(양선), 충성, 온유, 절제 등과 같은 내면의 자질들을 드러낸다. 우리가 하나님의 형상대로 창조되었기 때문이다. 우리는 모든 사람 안에 있는 하나님을 인식하기 때문에 우리 자신과 다른 사람들을 사랑할 수 있다. 환경이나 상황과 무관하게 기쁨과 평안을 누리고, 하나님이 우리에게 주신 자비와 양선을 베풀 수 있다. 그리고 우리가 생각하고 말하고 행하는 것에 영향을 받는다는 것을 알 수 있다.

DAY 116

썩어지지 아니하는 하나님의 영광을 썩어질 사람과 새와 짐승과 기어다니는 동물 모양의 우상으로 바꾸었느니라 (롬 1:23)

 뇌 건강을 위한 팁 | 우리가 창조의 본연대로 살지 않으면, 만족과 기쁨을 누릴 수 없다.

오늘날과 같은 시대에 자신의 정체성을 찾기란 결코 쉬운 일이 아니다. 그래서 우리가 하나님의 형상대로 창조되었다는 말이 무슨 의미인지 이해해야 한다. 우리 안에 있는 하나님의 독특한 형상을 찾아내야 한다. 그렇게 하지 않으면, 세상이 우리를 규정할 것이다.

기억하라. 우리는 가장 많이 품고 집중하는 생각대로 된다. 과거 이스라엘 사람들은 하나님의 영광(하나님의 형상을 담고 있는 그들의 '완전한 나')을 더러운 금송아지 형상과 맞바꾸었다. 마찬가지로 우리가 창조의 본연을 따르지 않는다면, 진정한 자아를 잃어버릴 것이다.

우리는 자신이 사랑하는 존재와 같아진다. 그러므로 우리 안에 있는 놀랍고도 영원한 하나님의 조각을 찾아내어 그분을 사랑하는 법을 배워야 한다. 우리가 하나님께 집중하면, '완전한 나'는 점점 더 분명하게 드러나게 되어 있다.

> 좋은 나무가 나쁜 열매를 맺을 수 없고 못된 나무가 아름다운 열매를 맺을 수 없느니라 (마 7:18)
>
> **뇌 건강을 위한 팁** | 사랑과 믿음은 우리의 본질이다. 이에 반하는 행동을 할 경우, 우리의 몸과 마음의 건강은 나빠진다.

DAY 117

일관된 삶의 패턴을 유지하려면, 우리의 영과 생각과 감정과 선택과 말과 행동을 일치시켜야 한다. 우리의 뇌가 믿지 않는 것을 말하고 행동으로 옮기게 되면, 그것을 지속할 수도 없고, 그것이 우리에게 독이 될 수도 있다. 이러한 문제를 '인지부조화'라고 하는데, 이처럼 유해한 생각들은 우리의 몸과 마음의 건강은 물론, 대인관계와 전반적인 삶의 질을 악화시킨다. 또한 이로 인해 잠재력을 온전히 발휘하지 못하게 된다.

인지부조화를 숨길 수는 없다. 거짓을 말하고 행하며 살아가는 것은 성공과 행복으로 나아가는 데 방해가 될 뿐만 아니라 우리가 잠재력을 온전히 발휘하지 못하도록 가로막는다.

DAY 118

하나님께서 지으신 모든 것이 선하매 감사함으로 받으면 버릴 것이 없나니 (딤전 4:4)

TIP 뇌 건강을 위한 팁 | 당신은 당신 자신이어야 한다. 당신은 당신 자신이 되도록 창조되었다.

종종 하나님이 디자인해 놓으신 본연의 모습을 버리고 다른 누군가가 되려고 부단히 노력하는 이들이 있다. 어쩌면 당신이 그러한 사람일 수도 있다. 하지만 기억하라. 본연의 모습을 버리고 다른 존재가 되려는 노력은 몸과 마음 가운데 갈등만 일으킬 뿐이다.

당신의 속사람은 항상 창조 본연의 모습, 즉 '완전한 나'로 돌아가려 한다. 그런데 자꾸 다른 사람과 비교하며 불가능한 기준을 설정하고, 그 기준에 이르고자 애쓸 때(혹은 남들이 원하는 기준에 맞춰 말하고 행동하려 할 때), 몸과 마음의 건강 상태는 나빠진다. 하나님께서 당신을 위해 디자인해 두신 '좋은 본질'에서 이탈했기 때문이다. 그 결과 진정한 자아상을 상실하고, 마음의 평안도 잃어버려 기쁨을 느끼지 못할 것이다.

DAY 119

우리는 그가 만드신 바라 그리스도 예수 안에서 선한 일을 위하여 지으심을 받은 자니 이 일은 하나님이 전에 예비하사 우리로 그 가운데서 행하게 하려 하심이니라 (엡 2:10)

뇌 건강을 위한 팁 | 당신은 다른 사람처럼 성공할 수 없다. 각 사람의 성공은 각자의 독특함으로 정의되기 때문이다.

    기억하라. 샬롬(평안)과 전인적인 의미의 성공과 번영은 자산이나 능력, 현금 보유량으로 규정되는 것이 아니다. 만일 그렇다면 최상위 과세계층은 아무 걱정이 없을 것이다.

    성경이 말하는 성공과 번영은 우리의 삶을 향한 하나님의 목적을 이루며 살아가는 것이다. 하나님이 우리에게 주신 '완전한 나'의 모습으로 공동체를 변화시키고, 또 천국을 이 땅으로 가져오는 것이다.

    우리 각 사람은 다른 누구도 할 수 없는 일을 할 수 있다. 우리가 걸어가야 할 길은 저마다 다르기에 각 사람은 저마다의 방식으로 성공할 것이다.

DAY 120

> 몸은 하나인데 많은 지체가 있고 몸의 지체가 많으나 한 몸임과 같이 그리스도도 그러하니라
> (고전 12:12)

 뇌 건강을 위한 팁 | 우리는 공동체에 속해야 한다.

만일 모든 사람이 똑같다면, 관계라는 것 자체가 성립할 수 없다. 우리의 '다름'이 관계를 형성하고 증진시킨다.

주변 사람들에 대한 우리의 생각이 어떤 영향을 끼칠지 우리는 알 수 없다. 우리가 모든 것을 다 알 수는 없기 때문이다. 하지만 사랑하는 사람이 슬퍼할 때, 또는 고통 가운데 신음하는 사람들을 바라볼 때, 우리가 서로 연결되어 있음을 느낄 수 있다.

우리 각 사람은 위대한 창조 세계의 일부분을 담당한다. 예수님은 그 모든 것의 전부이시고, 우리는 그분 안에 거하는 지체이다. 인간의 몸을 구성하는 세포처럼 각 사람은 하나의 근원으로부터 기인했으나, 큰 공동체 안에서 각자 맡은 역할에 따라 서로 다른 기능을 한다.

DAY 121

그에게서 온 몸이 각 마디를 통하여 도움을 받음으로 연결되고 결합되어 각 지체의 분량대로 역사하여 그 몸을 자라게 하며 사랑 안에서 스스로 세우느니라 (엡 4:16)

그분으로부터 메시아의 온몸이 각 마디를 통해 연결되고 결합되어 각 지체가 분량대로 기능함에 따라 그분께서 그 몸을 자라게 하시고, 사랑 안에서 스스로 세워져 갑니다. (엡 4:16, 원뉴맨성경)

뇌 건강을 위한 팁 | 우리는 서로 섬기고 사랑하도록 창조되었다.

우리 각 사람은 저마다 특별한 것을 세상에 줄 수 있다. 이 세상은 우리 각자를 필요로 한다! 우리가 공동체 안에서 적극적으로 활동하면, 우리의 뇌와 몸은 긍정적으로 반응한다. 예를 들어, 누군가에게 선물을 주면, 뇌의 중변연계 도파민 시스템(중독에 관여하는 시스템)이 활성화되어 큰 기쁨을 느끼게 된다. 주는 것이 받는 것보다 복되기 때문이다(행 20:35).

우리는 다른 사람을 섬기도록 디자인된 존재들이다. 섬김은 오직 사랑에만 반응하는 창조의 본연과 일치한다!

DAY 122

이 모든 것 위에 사랑을 더하라 이는 온전하게 매는 띠니라 (골 3:14)

TIP 뇌 건강을 위한 팁 | 과학은 사랑에 치유의 능력이 있음을 보여 준다.

우리가 서로 사랑으로 행할 때, 부정적이고 해로운 생각들이 대대적으로 제거된다. 우리는 두려움을 버릴 수 있다. 두려움은 우리의 '완전한 나'(창조 본연)에 속한 것이 아니다.

최근의 신경과학 연구에 의하면, 우리가 '완전한 나'의 모습으로 행하기 시작할 때, 뇌에서 옥시토신이 분비된다는 사실이 밝혀졌다. 옥시토신은 뇌 속의 부정적이고 해로운 생각 덩어리를 문자 그대로 녹여 버린다. 그리하여 건강한 신경회로가 구축될 수 있는 환경이 마련된다.

우리가 서로 신뢰하고 연합하며 다른 이들에게 손을 내밀 때, 옥시토신의 분비량이 많아진다. 그러므로 사랑에만 반응하도록 디자인된 창조 본연의 '초기화 모드'를 선택하면, 두려움을 제거할 수 있다. 온전한 사랑은 두려움을 내쫓는다(요일 4:18).

보라 형제가 연합하여 동거함이 어찌 그리 선하고 아름다운고 (시 133:1)

뇌 건강을 위한 팁 | 사람들과 긍정적인 관계를 형성하고 유지할 때, 우리의 마음과 뇌와 몸이 건강해진다.

인간은 사회적인 존재이다. 아무리 홀로 있는 시간을 좋아하는 사람이라도 공동체가 필요하다. 공동체 안에서 사람들과 긍정적인 관계를 맺으면, 몸과 마음에 유익이 된다.

공동체 활동에 참여하면, 정신건강과 인지 회복력이 증진된다. 또 만성적인 통증은 줄어들고, 고혈압 수치는 낮아지며, 심혈관계의 건강 상태가 좋아진다! 우리는 공동체 안에서 복을 누리도록 창조되었다.

DAY 124

주여 나는 외롭고 괴로우니 내게 돌이키사 나에게 은혜를 베푸소서 내 마음의 근심이 많사오니 나를 고난에서 끌어내소서 (시 25:16-17)

 뇌 건강을 위한 팁 | 외로움은 우리의 몸과 마음에 해롭다.

고립은 우리의 삶을 망가뜨린다. 외로움은 조기 사망 위험성을 높인다. 오늘날 외로움은 공공보건에 큰 위협이 되고 있다. 과거에 사회적 고립을 형벌이나 고문의 수단으로 사용했던 것은 그리 놀랄 일이 아니다.

이제는 진지하게 고립이 초래하는 사회적 손실과 위험에 대해 고민해야 한다. 우리가 살아가는 공동체를 사랑이 넘치고, 평안과 회복이 있는 곳으로 만들기 위해 모두가 힘을 합해야 한다.

무리에게서 스스로 갈라지는 자는 자기 소욕을 따르는 자라 온갖 참 지혜를 배척하느니라 (잠 18:1)

DAY 125

뇌 건강을 위한 팁 | 공상이 실재보다 더 중요해져서는 안 된다.

    인간관계를 멀리할수록 공상의 세계에 빠져들 가능성이 더 높아진다. 그러면 성공적이고 만족을 주는 삶을 창조해 내는 도구인 상상력이 현실의 자리를 대신하게 된다.

    우리는 모두 어느 정도 상황이 어떻게 될지에 대해 상상을 한다. 이러한 상상은 우리가 꿈을 추구하고 이루도록 힘을 주기도 한다. 그러나 공상이 실제 삶과 분리되어서는 안 된다. 그렇지 않으면, 공상이 실재보다 더 중요해질 수 있다. 이렇게 되면, 사회적 고립 상태가 길어질 수 있는데, 이러한 사회적 고립은 우리의 건강을 해치며, 기대수명까지 단축시킬 수 있다.

DAY 126

> 서로 돌아보아 사랑과 선행을 격려하며 (히 10:24)
>
> 또 우리는 서로를 살펴 사랑과 선행에 힘쓰도록 격려하고 (히 10:24, 원뉴맨성경)

 뇌 건강을 위한 팁 | 사랑 안에서 서로를 격려할수록 우리의 뇌와 몸은 더욱 긍정적으로 반응한다.

본질상 외로움은 홀로 해결할 수 있는 문제가 아니다. 우리는 사회적 고립과 싸워 이기고 몸과 마음의 건강을 위해 모든 세대와 사회 계층에 속한 사람들에게 손을 내밀어야 한다.

삶의 모든 영역에서 사람들과 교제하며 사회적 유대감을 견고하게 유지하는 것은 참으로 중요하다. 삶 가운데 성공하고, 또한 다른 사람이 성공하도록 돕고 싶다면, 우리는 어디에서나 항상 사랑으로 생각하고 말하고 행하면서 끊임없이 새로운 방법을 찾아내야 한다.

DAY 127

너희가 다 마음을 같이하여 동정하며 형제를 사랑하며 불쌍히 여기며 겸손하며 (벧전 3:8)

뇌 건강을 위한 팁 | 힘들 때, 다른 사람을 돕기 위해 나서면 치유되는 속도가 빨라진다.

어려움에 처한 사람을 돕거나 보호시설, 무료급식소에서 하루를 보내 본 적이 있는가? 그 무엇도 사랑으로 다가갈 때의 기쁨과 감정을 대신할 수 없다. 천국이 이 땅에 임하는 것 같은 순간은 너무나도 소중하다.

연구에 의하면, 우리가 선을 행하고 사랑의 손길을 내밀 때, 우리 몸에서 엔도르핀과 세로토닌이 분비되어 기분이 좋아진다고 한다. 이들 화학물질은 우리의 뇌를 해독할 뿐만 아니라 우리를 치유하며, 열정과 지혜를 더해 주어 인생을 더욱 성공적으로 살 수 있도록 돕는다.

사랑 안에서 행하는 것은 행복한 삶의 필수 요소이다.

DAY 128

> 두세 사람이 내 이름으로 모인 곳에는 나도 그들 중에 있느니라 (마 18:20)

TIP 뇌 건강을 위한 팁 | 연구 결과에 따르면, 다른 사람과 교류하면서 받는 사랑에는 치유의 능력이 있다고 한다. 하지만 정반대의 상황도 발생할 수 있다. 사람들은 외로움 때문에 죽을 수도 있다.

    마태복음 18장 20절 말씀은 대단히 강력하다. 하나님은 결코 우리를 떠나거나 버려두지 않으신다. 우리는 이 사실을 잘 알고 있다. 우리가 공동체 안에서 서로 존중과 친절과 긍휼로 대하는 것은 마치 그리스도께서 우리 곁에 함께 서 계시는 것과 같아서 그분의 은혜와 치유의 능력이 그 공간을 가득 채운다. 이처럼 서로를 향한 진정한 사랑에는 놀라운 힘이 있다.

    이러한 환경에서 우리의 뇌와 몸은 최고의 기능을 발휘한다. 아픔이 치유되고, 회복된 기분도 느끼게 된다. 조건 없는 사랑에는 모든 것을 새롭게 할 만한 힘이 있다.

DAY 129

주라 그리하면 너희에게 줄 것이니 곧 후히 되어 누르고 흔들어 넘치도록 하여 너희에게 안겨 주리라 너희가 헤아리는 그 헤아림으로 너희도 헤아림을 도로 받을 것이니라 (눅 6:38)

뇌 건강을 위한 팁 | 어려운 시간을 보내고 있다면, 오히려 다른 사람들을 돕는 것이 도움이 된다. 그러면 스트레스로부터 회복하는 능력이 증진되고, 건강이 좋아지며, 수명도 길어질 수 있다.

　대다수의 사람들이 힘겨운 시간을 보내는 동안 혼자 있는 시간이 필요하다며 스스로 고립시키곤 한다. 물론 홀로 시간을 보내며 생각을 정리하는 것도 건강에 도움이 되지만, 현실 도피는 절대로 해결책이 될 수 없다.

　어려움에 처한 사람들을 돕는 것이 우리 몸의 회복력을 높이고, 사망 위험률을 낮춘다는 연구 보고가 있다. 어려운 시기를 보내는 동안 우리가 할 수 있는 최선의 것 중 하나는 사랑으로 다른 사람에게 다가가고, 공동체를 섬기는 것이다. 우리의 도움을 필요로 하는 사람들은 어디에나 항상 있다!

DAY 130

또 말하되 자, 성읍과 탑을 건설하여 그 탑 꼭대기를 하늘에 닿게 하여 우리 이름을 내고 온 지면에 흩어짐을 면하자 하였더니 (창 11:4)

 뇌 건강을 위한 팁 | 공동체가 지닌 강한 힘은 선하게도, 악하게도 사용될 수 있다.

우리가 사랑으로 함께 나아갈 때, 세상을 변화시킬 수 있다. 그러나 인류 역사가 보여 주듯, 공동체에는 어두운 면도 있다. 사람들이 무리를 지어 자신들과 다르다고 여기는 이들을 배척하며 공격하는 경우도 있다. 독일의 나치처럼 그들은 함께 모여 이 땅 위에 천국이 아니라 지옥을 가져오는 어둠의 제국을 건설하기도 한다.

우리는 공동체의 힘이 얼마나 강한지 알아야 한다. 그것은 선하거나 악하게 사용되어 배척할 수도, 사랑할 수도 있다. 우리의 생각과 말과 행동이 예수 그리스도께서 보여 주신 사랑의 본에 얼마나 부합하는지, 끊임없이 점검해야 한다.

DAY 131

> 또 말하되 자, 성읍과 탑을 건설하여 그 탑 꼭대기를 하늘에 닿게 하여 우리 이름을 내고 온 지면에 흩어짐을 면하자 하였더니 (창 11:4)
>
> 뇌 건강을 위한 팁 | 우리는 마음으로 물질을 만들어 낸다.

우리는 생각과 감정과 선택으로 물질을 만들어 낸다. 물리적으로 우리의 기억은 유전자 발현 과정을 통해 뇌 속에 단백질을 생성한다. 그런데 이 유전자 발현 과정을 시작하고 멈추는 것이 바로 우리의 생각이다. 기억은 말과 행동이라는 열매를 맺는다. 그리고 이러한 말과 행동이 우리의 마음을 세우고 건설한다.

당신은 어떤 물질을 만들어 내고 있는가? 당신의 생각으로 바벨탑을 쌓고 있거나 창조주보다 피조물을 더 사랑하고 경배하지는 않는가? 아니면 천국의 사랑과 이 땅의 아름다움이 한데 어우러진 하나님 나라를 만들어 내고 있는가? 당신은 자신의 이름을 높이기 위해 살아가는가? 아니면 사랑하며 살고 있는가?

우리의 마음은 놀라울 정도로 강력하다. 그러므로 마음을 신중하게 사용해야 한다.

DAY 132

그리스도께서 우리를 자유롭게 하려고 자유를 주셨으니 그러므로 굳건하게 서서 다시는 종의 멍에를 메지 말라 (갈 5:1)

 뇌 건강을 위한 팁 | 우리는 사랑을 선택하고 실재를 창조하도록 지어진 존재이다. 양자물리학의 법칙들이 이 사실을 증명해 준다.

하나님은 '확률론적으로 열려 있는'(probabilistic open-ended) 우주를 창조하셨다. 쉽게 말하면, 이 세상에 무한한 가능성이 있다는 뜻이다. 또한 하나님께서는 인간에게 '무한한 지각(인식)'을 주셨다. 복잡하게 들리겠지만, 이것은 우리의 '자유의지'와 '선택의 힘'이 가진 능력을 설명하는 또 다른 방식일 뿐이다. 우리는 생명과 죽음, 복과 저주 사이에서 자유롭게 선택할 수 있다.

양자물리학은 우리의 열린 마음, 즉 마음껏 선택할 수 있는 능력을 수학적으로 설명해 준다. 하나님은 과학을 통해 그분의 위엄과 우리에게 주신 자유의지를 드러내셨다. 이러한 자유의지를 가지고 넘어질지, 일어설지는 우리의 선택에 달려 있다.

우리는 자유롭게 선택할 수 있다. 그러므로 긍정적인 가능성이 긍정적인 실재가 되도록 최선을 다해 지혜롭게 선택하고, '종의 멍에'는 버려야 한다.

너희는 마음에 근심하지도 말고 두려워하지도 말라 (요 14:27)

뇌 건강을 위한 팁 | 두려움은 뇌와 몸의 건강을 해친다.

DAY 133

우리가 끊임없이 근심하고 두려워하는 가운데 부정적인 가능성이 우리의 마음을 장악하게 내버려 두면, 유해한 화학적·신경학적 반응이 반복되는 늪에 빠지게 될 것이다. 그러면 우리의 태도, 곧 반응도 그 영향을 받게 된다.

우리가 의식적으로 이러한 반응을 거부하고 무시하지 않으면, 상황과 우리 몸의 반응과 과거의 좋지 않은 기억에 휘둘리게 된다. 이처럼 두려움이 삶을 지배하도록 놔두면, 마음속에 혼돈과 무질서가 일어나면서 모든 부정적 결과들이 따르게 될 것이다.

하지만 우리는 계속해서 이 길을 갈 필요가 없다. 우리는 변할 수 있다! 우리의 마음을 통해 뇌를 변화시키기로 선택하면 된다. 주도권을 되찾아 사랑에만 반응하도록 지음 받은 본성대로 생각을 새롭게 디자인하라.

DAY 134

강하고 담대하라 두려워하지 말며 놀라지 말라 네가 어디로 가든지 네 하나님 여호와가 너와 함께 하느니라 하시니라 (수 1:9)

TIP 뇌 건강을 위한 팁 | 두려움을 버리고 사랑을 선택하면, 우리의 뇌와 몸이 치유된다. 그러면 우리는 이전보다 수월하게 인생의 문제들을 다룰 수 있다. 우리의 유전자와 염색체는 우리의 생각과 말에 반응한다.

    스트레스에 압도당하는 느낌은 정상적인 것이 아니다. 우리가 해로운 것에 노출되거나 그것에 대해 생각하면, 몸에서 해로운 감정과 연관된 화학물질을 폭포수처럼 쏟아내어 우리의 마음과 몸을 극도의 스트레스 상태로 몰아넣고, 유전자와 염색체에도 영향을 끼친다. 그러므로 우리의 생각을 사로잡아 마음을 새롭게 함으로 스스로 통제하는 법을 배워야 한다.

    해로운 생각과 부정적인 감정을 억누르지 말라. 그것은 언젠가 폭발하게 되어 있다. 아무 힘도 남아 있지 않는 것처럼 느껴질 때, 하나님의 능력을 믿기로 선택하라. 하나님의 사랑이 당신을 도와줄 것이다. 그분의 사랑을 의지하면, 아무리 어려운 상황이라도 넉넉히 이겨 낼 수 있다.

> 근심이 사람의 마음에 있으면 그것으로 번뇌하게 되나 (잠 12:25)
>
> 뇌 건강을 위한 팁 | 특정 상황을 예상하고, 그 상황에 대해 근심하며 두려워할수록 그 일이 일어날 가능성이 커진다.

DAY 135

모든 생각은 뇌 속 화학물질의 환경을 변화시킨다. 그리고 뇌의 화학적 변화는 양자의 속도로 전달되어, 75-100조 개에 달하는 체세포들에 영향을 끼친다. 말 그대로 시공을 초월하여 모든 세포에 즉각적으로 영향을 끼친다. 해로운 스트레스와 두려움을 끊임없이 되새기며 해결하지 않으면, 정신건강이 나빠질 수도 있다. 기억하라. 그것이 무엇이든, 우리가 가장 많이 하는 생각이 가장 크게 자라난다.

모든 생각에는 감정이 결합되어 있다. 그러므로 자신의 감정을 부정적으로 여기지 않는 것이 중요하다. 그러한 감정을 표출할 안전하고 절제된 방법을 찾으라. 그것들을 안전한 곳에서 표현해 보라. 그런 다음 정리된 마음으로 새롭게 개념화하라.

DAY 136

> 너희 염려를 다 주께 맡기라 이는 그가 너희를 돌보심이라 (벧전 5:7)

TIP 뇌 건강을 위한 팁 | 정신건강이 약해지는 것은 생각에서 시작된다.

정신건강이 약해지는 것(mental ill health)은 질병이 아니다. 트라우마(심한 정신적 충격을 받은 것이 현재까지 영향을 끼치는 것)나 습관화된 '올바르지 않은 생각 반응'이다. 이런 식의 사고방식은 신경학적 혼란을 야기하여 정신 차란으로 나타날 수 있다. 정신건강이 약해지는 것은 우리가 삶에 반응하고 대처하는 태도로 나타나며, 살아가는 방식에도 영향을 줄 수 있다. 살아가는 동안 우리는 모두 어려운 일을 겪는다. 그러므로 정신건강이 약해지는 것은 모든 사람에게 일어날 수 있는 현상이다.

정신력과 회복력을 키우고자 한다면, 생각을 통제하는 방법을 배워야 한다. 모든 생각을 사로잡아 모든 염려를 주님께 맡겨 드리는 것을 훈련하면, 어떤 시련이 와도 담대히 맞설 것이다.

이것은 시간이 오래 걸리는 훈련이다. 적어도 63일에서 84일 동안 지속적으로 해로운 생각습관을 다루어야 하지만, 불가능한 일은 아니다!

> 그러므로 내일 일을 위하여 염려하지 말라 내일 일은 내일이 염려할 것이요 한 날의 괴로움은 그 날로 족하니라 (마 6:34)
>
> 뇌 건강을 위한 팁 | 염려는 뇌와 몸을 망가뜨린다.

DAY 137

생각은 단백질로 구성되어 있는 물질로, 뇌 속의 여러 구조물을 점유하고 있다. 우리가 앞으로 일어날 일을 염려하거나 과거에 발생한 일에 대해 매일같이 근심하면, 유전자 발현 신호가 반복적으로 생성되어 그러한 생각을 키우고 강화하여 장기 기억으로 전환시키게 된다. 문제는 부정적인 장기 기억이 불편한 감정을 불러일으키고, 불편한 감정은 해로운 스트레스로 이어진다는 것이다. 스트레스는 우리의 몸과 마음의 건강 및 대인관계에 악영향을 끼친다.

일어날지도 모를 일은 단순한 가능성일 뿐이다. 그러므로 단순 가능성에 마음을 빼앗기지 않도록, 또 그러한 가능성으로 미래를 속단하지 않도록 마음을 단련하라. 일어나지 않은 일에 집중하지 않고 에너지를 부여하지 않는 한, 실제로 그 일이 일어날 확률은 0%이다.

염려가 불안증세로, 불안증세가 트라우마로 이어지지 않게 하라. 이러한 감정(두려움)이 강해질수록, 이를 제거하는 데 더 큰 노력이 소요되기 때문이다. 부정적인 감정의 씨를 근절하라. 그러한 감정이 뇌 속에서 잡초처럼 자라지 않게 하라.

DAY 138

> 아무 것도 염려하지 말고 다만 모든 일에 기도와 간구로, 너희 구할 것을 감사함으로 하나님께 아뢰라 (빌 4:6)

TIP 뇌 건강을 위한 팁 | 통제하지 못한 부정적인 생각습관은 우리의 뇌와 건강에 매우 해롭다.

유해하고 부정적인 생각에 에너지를 쓸수록 그 생각은 점점 더 커진다. 그리하여 우리는 점점 그 생각에 사로잡히고 갇혀 버린다. 해로운 생각은 해로운 스트레스 반응을 불러일으킨다. 심지어 유전자 단계로까지 악한 영향을 끼치며 해로운 열매를 맺는다. 그 결과 우리는 잠재력을 온전히 발휘하지 못한다. 자기만의 독특한 생각과 감정과 선택으로 이 땅에 천국을 가져오지 못하게 된다. 마치 깨어진 거울처럼 하나님의 사랑과 은혜를 제대로 비추는 것이 아니라 고통과 두려움에 사로잡히게 된다.

우리가 하나님의 사랑에 집중할수록, 그분의 완전한 사랑에 더 깊이 잠길수록 고통과 두려움을 수월하게 해결할 수 있다. 현재 겪고 있는 어려움을 성령님께 맡겨 드리고, 창조의 능력으로 변화되고 성장하도록 도우시는 하나님께 감사드릴수록 과거에 대한 부정적인 생각을 바꿀 수 있다. 이 새로운 사고방식은 우리가 잠재력을 온전히 발휘할 수 있도록 돕는다.

DAY 139

누가 누구에게 불만이 있거든 서로 용납하여 피차 용서하되 주께서 너희를 용서하신 것 같이 너희도 그리하고 (골 3:13)

뇌 건강을 위한 팁 | 용서하지 않는 마음과 쓴 뿌리는 뇌의 건강을 악화시킨다.

나는 당신이 지금까지 어떻게 살아왔는지, 또 다른 사람들이 당신에게 어떤 고통을 안겼는지 모른다. 마찬가지로 당신도 내가 삶 가운데 무슨 일을 겪었는지 알지 못한다.

그러나 개인적으로나 전문가로서의 경험에 근거하여 사람들이 어떤 식으로 상처를 주고, 또 그들을 어떻게 용서해야 하는지 안다. 우리가 자신의 고통에만 집중하면 그것이 쓴 뿌리와 해로운 사고구조로 발전하여 생각하고, 말하고, 행하는 방식에 부정적인 영향을 끼칠 수 있다.

DAY 140

너희는 모든 악독과 노함과 분냄과 떠드는 것과 비방하는 것을 모든 악의와 함께 버리고 서로 친절하게 하며 불쌍히 여기며 서로 용서하기를 하나님이 그리스도 안에서 너희를 용서하심과 같이 하라 (엡 4:31-32)

 뇌 건강을 위한 팁 | 용서는 우리의 몸과 마음의 건강에 긍정적인 영향을 준다.

용서는 자유의지로 하는 선택이다. 용서에는 엄청난 유익이 따른다. 우리가 용서를 선택할 때, 분노와 후회, 쓴 뿌리, 수치, 슬픔, 죄책감, 증오와 같은 해로운 생각을 떠나보낼 수 있다. 우리를 문제의 근원으로부터 해방시켜 생각이 내뿜는 부정적인 에너지도 제거한다.

용서의 능력을 키운 사람은 스스로 감정을 통제하여 화를 내거나 언짢거나 상처받는 일이 거의 없어 훨씬 더 건강해진다!

우리가 우리에게 죄 지은 자를 사하여 준 것 같이 우리 죄를 사하여 주시옵고 (마 6:12)

뇌 건강을 위한 팁 | **우리가 용서하기로 선택하면, 뇌 구조는 긍정적으로 변화된다.**

    용서는 다른 사람의 잘못된 행동을 눈감아주는 것이 아니다. 용서의 본질은 잘못이라는 것을 알지만, 은혜와 사랑을 베풀기로 선택하는 것이다. 용서는 상대방의 잘못을 잊어버리거나 너그러이 눈감아 주는 것이 아니다.

    용서란, (상대방의 잘못 때문에) 고통받은 사실을 인정하고, 그것을 새롭게 해석하고 설명함으로 쓴 뿌리와 원망의 무거운 짐을 벗어던지는 것이다.

DAY 142

> 비판하지 말라 그리하면 너희가 비판을 받지 않을 것이요 정죄하지 말라 그리하면 너희가 정죄를 받지 않을 것이요 용서하라 그리하면 너희가 용서를 받을 것이요 (눅 6:37)

 뇌 건강을 위한 팁 | 용서를 선택하라. 이 선택은 건강을 위해 매우 중요하다.

용서는 자신을 위한, 그리고 주변 사람을 위한 행위이다. 고통스러운 상황을 많이 겪어 본 사람으로서 은혜와 사랑을 베푸는 것이 쉽지 않은 일임을 잘 안다. 그러나 나 자신과 주변 사람들을 위해 용서를 선택하기만 하면, 방법은 중요하지 않다. 친구나 상담자 혹은 멘토와의 대화가 도움이 될 수도 있다. 그들과의 대화를 통해 자신의 감정을 쉽게 인식할 수 있고, 또 감정을 처리하는 데에도 도움을 받을 수 있기 때문이다.

기억하라. 우리는 환경과 상황 속에서 살아간다. 따라서 용서를 선택하지 않으면 해로운 환경이 조성될 것이다. 우리가 해로운 환경 가운데 오래 머물수록 염려하던 상황이 실제로 발생할 수 있다.

> 울 때가 있고 웃을 때가 있으며 슬퍼할 때가 있고 춤출 때가 있으며 (전 3:4)
>
> 뇌 건강을 위한 팁 | 감정을 억누르면 건강은 나빠진다.

DAY 143

우리가 누군가에게 상처받았다는 사실을 인정하고, 그 사람을 용서하기로 선택하는 등 감정을 건강한 방식으로 표출할 때, 몸속에 신경 펩티드와 에너지가 흐르면서 온몸이 건강해지게 된다.

그러나 그것이 어떤 감정이든 억누르고 부인하면, 양자·화학적 회로가 막혀 신체의 기능을 돕는 화학물질의 흐름이 멈춘다. 사랑에만 반응하도록 창조된 우리의 본연을 거스르게 되는 것이다. 이렇게 감정을 억누르는 행동이 수년간 지속되면, 자신의 감정이 어떠한지 정확히 깨닫지 못하는 상태가 되어 버릴 것이다. 그러면 우리의 몸과 마음도 부정적인 영향을 받을 수 있다.

살다 보면 울어야 할 때가 있고, 기뻐 춤출 때가 있다. 이러한 감정들을 인식하고 수용하면서 건강하게 표출하는 것은 인생을 잘 사는 방법 중 하나이다.

DAY 144

노하기를 더디하는 자는 용사보다 낫고 자기의 마음을 다스리는 자는 성을 빼앗는 자보다 나으니라 (잠 16:32)

TIP 뇌 건강을 위한 팁 | 감정은 숨길 수 없지만, 통제할 수는 있다.

    손님이 도착하기 직전, 집안 곳곳에 어지러이 흩어진 물건들을 장롱 안에 던져 넣었는데, 손님이 보는 앞에서 갑자기 장롱 문이 열리면서 그 모든 것이 쏟아진 적이 있는가? 우리의 감정에도 이와 같은 일이 벌어질 수 있다. 해로운 감정을 감추고 억눌러 놓으면, 결국은 그렇게 묻어 둔 감정들이 갑자기 쏟아져 나오게 된다. 뿐만 아니라 가장 부적절한 타이밍에 이런 일이 일어나기도 하는데, 그렇게 묻어 둔 깊은 감정은 제어되지 않기 때문이다.

    억눌렀던 감정들은 활화산과 같아서 한없이 억누를 수 없다. 조만간 분출하게 되어 있다. 그러므로 자신이 직면하고 있는 상황에 대한 사고를 제어함으로 건강하게 감정을 표출하는 법을 배워야 한다.

> 자기의 마음을 제어하지 아니하는 자는 성읍이 무너지고 성벽이 없는 것과 같으니라 (잠 25:28)
>
> 뇌 건강을 위한 팁 | 제어되지 않는 감정은 뇌와 몸의 건강을 악화시킨다.

DAY 145

각각의 생각에는 저마다 독특한 화학물질이 달라붙어 있다. 그러므로 생각은 말 그대로 뇌와 몸에 화학 반응을 일으키는 감정으로 변화된다. 그런데 우리가 사랑에만 반응하도록 설계된 창조의 본연으로부터 이탈할 경우, 생각과 감정은 균형을 잃고 독성을 띠게 된다. 독성을 띤 감정이 지배적일 때, 신경화학물질이 급하게 분비되어 그것을 두려움으로 바꿔 버리는 감정의 왜곡 현상이 일어날 수 있다. 그로 인해 스트레스를 받아 뇌와 몸이 손상을 입게 된다.

우리는 억제하기 힘든 감정들 때문에 지혜와 통찰력을 가지고 상황을 깊이 생각해 볼 수 없게 된다. 감정에 복종하게 되면, 우리의 뇌에 화학적 혼란이 일어나 머릿속이 안개 낀 것처럼 뿌옇게 된다. 집중력을 잃고, 누군가가 무슨 말을 해도 알아듣기 힘들다. 강력한 마음의 힘을 사용하여 이러한 생각을 사로잡아 새롭게 해석하고 인식하지 않으면, 금방 블랙홀 안으로 빨려 들어갈 것이다.

예수께서 눈물을 흘리시더라 (요 11:35)

뇌 건강을 위한 팁 | 우리는 다양한 감정을 느끼고 표현하도록 창조되었다.

많은 이들이 능숙하게 자신의 감정을 감춘다. 이렇게 억눌린 감정은 갈등, 짜증, 분노, 과민반응, 근심, 좌절, 두려움, 충동, 다른 사람을 조종하려는 욕구, 완벽주의, 자신감 상실 등으로 나타난다.

우리가 감정을 표출하고 있다는 사실을 인정하는 것은 마음과 뇌를 해독하는 가장 중요한 방법이다. 계속해서 감정을 숨기려고만 한다면, 절대 성공하는 인생을 살 수 없다. 예수님도 슬픔을 표현하셨다!

실제로 감정을 표출하지 못하는 것은 수많은 정신건강 문제의 원인이 되고 있다. 그래서 옳지 않은 방식으로 감정을 표출하거나 향정신성 약물로 감각을 없애 버린다. 그러나 이렇게 한다고 감정이 사라지는 것은 아니다. 무의식에 자리한 생각들을 반드시 의식의 영역으로 가져와서 새롭게 해석해야 한다. 옳지 않은 생각습관은 몸과 마음에서 제거해야 한다.

우리는 행복할 때는 물론, 힘들 때도 예수님처럼 하나님을 신뢰하고 찬양하는 법을 배워야 한다. 그러면 우리의 몸과 마음이 더 구비되어 예기치 못한 상황들에 잘 대처할 수 있다.

DAY 147

> 보라 내가 새 일을 행하리니 이제 나타낼 것이라 너희가 그것을 알지 못하겠느냐 반드시 내가 광야에 길을 사막에 강을 내리니 (사 43:19)
>
> **뇌 건강을 위한 팁** | 우리가 소망의 미래로 과거의 일들을 재해석할 때, 과거(과거에 대한 인식)를 변화시킬 수 있다. 양자물리학에서는 이를 일컬어 '소급적 인과관계'라고 한다. 이 개념은 완전한 사랑과 기도가 시공을 초월한다는 사실을 잘 보여 준다.

    소망은 항상 존재한다. 과거에 어떤 아픔이 있었든지, 그 일들에 어떻게 대응했는지 상관없이, 우리는 해로운 생각들을 재구성할 수 있다. 심지어 오랜 시간 품어, 마치 내 삶의 일부분인 것 같은 부정적인 감정들까지 재구성할 수 있다. 뇌가 지닌 신경가소성 덕분에 우리는 생각과 감정을 분석한 후, 다시 구성할 수 있다. 우리의 사고방식을 바꿀 수도 있고, 인생의 사건들에 대한 반응 방식을 바꿀 수도 있다. 우리는 성령의 도움을 받아 광야에 길이 열리고, 사막에 강이 흐르게 할 수 있다!

    그러므로 우리는 미래뿐만 아니라 과거를 위해서도 기도한다. 우리의 과거를 바꿔 달라고, 예수님의 사랑의 관점으로 이야기를 다시 써 달라고 기도하는 것이다. 소망으로 가득한 하나님의 미래를 당신의 과거로 보내라. 소망의 미래가 과거에 닿을 때, 당신의 과거가 변화될 것이다.

    양자물리학에서는 이를 가리켜 '소급적 인과관계'라고 하는데, 이것은 완전한 사랑과 기도가 시공을 초월한다는 사실을 잘 보여 준다. 우리는 자신이나 다른 사람이 한 말과 행동의 피해자로 살아갈 이유가 없다.

    기억하라. 하나님께 불가능한 일은 없다. 하나님이 우리에게 주신 마음은 매우 놀라운 능력을 지니고 있다.

DAY 148

그의 신기한 능력으로 생명과 경건에 속한 모든 것을 우리에게 주셨으니 이는 자기의 영광과 덕으로써 우리를 부르신 이를 앎으로 말미암음이라 (벧후 1:3)

TIP 뇌 건강을 위한 팁 | 우리는 생각하고 느끼고 선택하는 방식을 통제할 수 있다. 성경과 과학 모두 이 사실을 입증한다. 우리는 이 원리를 자신의 삶에 적용해야 한다.

모든 생각을 사로잡고 감정을 통제한다는 것은 무척 벅찬 일일 수 있다. 올바르게(과학적으로 질서정연하게)29) 선택하고 자신의 본연(완전한 나)을 찾기 시작할 때,30) 자신에게 변화하고 승리하는 능력이 있다는 사실을 깨닫게 될 것이다.

우리는 상황과 상관없이 하나님께서 창조하신 '완전한 나'를 따라 살아갈 수 있다. 사랑 안에서 생각하고 성령의 음성을 들으라. 성령께서 당신의 마음을 변화시키도록 허락해 드리면, 하나님이 주시는 놀라운 변화의 능력을 얻게 된다. 불가능한 것은 아무것도 없다!

DAY 149

육신의 생각은 사망이요 영의 생각은 생명과 평안이니라 (롬 8:6)

뇌 건강을 위한 팁 | **무엇을 생각하는지가 중요하다!**

우리의 생각은 뇌와 몸의 활동에 큰 영향을 줄 수 있다. 하나님께서 이미 우리에게 그런 능력을 주셨기 때문이다. 게다가 우리가 중요하게 여기는 감정마다 자유의지가 깊이 뿌리내리고 있다. 그러므로 우리가 무엇을 생각하고 느끼고 선택하는지에 따라 상황이 바뀐다. 무엇을 생각할 것인지, 우리는 그 선택에 대해 전적으로 책임을 져야 한다.

우리의 관심이 어디로 향하는지에 따라 삶의 실상이 달라진다. 우리가 그리스도 안에서 사랑의 본을 따르기로 선택할 때, 이 세상에 생명과 평강을 가져올 수 있다. 그러나 음란과 먹는 것과 돈과 권력 등 이 세상의 쾌락을 탐하고 숭배하면, 고통과 죽음과 파멸을 가져오게 된다. 선택은 우리의 몫이니, 생명을 선택하라.

DAY 150

> 너희 모든 일을 사랑으로 행하라 (고전 16:14)
>
> 뇌 건강을 위한 팁 | 사랑은 우리의 뇌와 몸이 기능하는 방식을 변화시킨다. 다른 사람을 사랑하고 또 사랑을 받을 때, 우리의 뇌와 몸속 75-100조 개의 세포 안에서 혈액 화학 수치가 바뀐다.

우리가 사랑하고 사랑받을 때, 뇌는 창조 본연의 설계대로 반응하기 시작한다. 실제로 사랑은 우리의 몸속 75-100조 개의 세포 안에서 혈액의 화학 수치를 변화시킨다. 뇌 과학 연구자들이 제공하는 정보에 의하면, (그것이 제한적이라는 사실을 인정해야 하지만) 우리가 사랑할 때 뇌의 줄무늬체가 다른 부위보다 더욱 활성화되어 다양한 신경전달물질과 펩티드와 호르몬을 분비한다고 한다. 이에 우리는 어떤 상황에서든 행복할 수 있으며, 즐거워할 수 있다.

이처럼 사랑은 매우 강력하다. 우리가 조건 없이 사랑 안에서 행하기로 선택할 때, 우리의 영과 혼과 육이 변화될 뿐만 아니라 우리와 관계를 맺는 모든 사람들과 이 땅까지 변화될 것이다.

DAY 151

사람마다 듣기는 속히 하고 말하기는 더디 하며 성내기도 더디 하라 (약 1:19)

뇌 건강을 위한 팁 | 우리는 프로그램화된 생체 로봇이 아니다. 우리는 스스로 태도를 통제할 수 있다.

우리가 생각할 때마다, 그에 반응하여 양자 에너지와 화학물질들이 분비된다. 이들은 감정 및 신체 반응을 일으키기도 한다. 단백질 내 전자기적·양자적 에너지 덩어리는 화학전달물질이 붙어 있는 생각을 만들어 낸다. 생각은 우리의 뇌에 기억회로를 구축하고, 이것들이 태도(행동, 마음가짐)를 형성한다.

우리의 태도는 사랑 또는 유해한 두려움에 근거한다. 우리는 '완전한 나'를 통해 생각하고 느끼고 선택하면서 태도를 드러낸다. 그러므로 우리의 생각을 통제하면, 태도를 제어할 수 있다.

우리는 감정의 노예가 아니다! 우리는 프로그램화된 생체 로봇이 아니기에 자신의 태도에 대해 유전자나 뇌, 부모를 탓할 수 없다! 자신의 생각에 대해서는 스스로 책임져야 한다. 우리는 사랑 안에서 듣고, 말하고, 반응할 수 있다!

DAY 152

사랑하지 아니하는 자는 사망에 머물러 있느니라 (요일 3:14)

Tip 뇌 건강을 위한 팁 | 해로운 생각은 인식의 유연성을 방해하고, 지적인 사고를 가로막는다.

우리의 뇌가 정보를 처리하는 동안 부정적인 생각을 품게 되면, 뇌는 그 정보들을 해로운 생각(태도)의 형태로 저장한다. 해로운 생각과 겉으로 드러나는 나쁜 태도는 우리의 진정한 자아인 '완전한 나'를 방해한다. 그러면 '안전한 나', 곧 사랑에만 반응하는 창조의 본연에서 이탈하여 지혜롭게 생각하거나 행할 수 없게 되어 몸과 마음의 건강도 나빠진다. 사랑하지 않으면 사망과 부패가 우리의 삶에 들어온다.

DAY 153

> 지으신 것이 하나도 그 앞에 나타나지 않음이 없고 우리의 결산을 받으실 이의 눈 앞에 만물이 벌거벗은 것 같이 드러나느니라 (히 4:13)
>
> 뇌 건강을 위한 팁 | 우리의 마음을 사로잡고 있는 생각은 드러나게 되어 있다.

우리가 어떻게 생각하고 느끼는지, 또 어떤 선택을 하며 시간을 보내는지는 우리의 태도에 다 드러난다. 우리가 얼마나 영적으로 성장했는지, 평소에 우리의 능력과 사랑과 건강한 마음으로 무엇을 하는지도 그대로 드러난다. 우리가 가장 많이 생각하는 것들이 태도에 드러난다.

우리가 가장 많이 생각하는 것, 우리가 가장 많이 사랑하고 추앙하는 것들은 절대 감출 수 없다. 하나님은 우리 마음에 무엇이 있는지 지켜보신다. 우리 마음에 있는 것이 생각과 말과 행동, 곧 삶의 열매에 영향을 준다.

DAY 154

> **그 중의 제일은 사랑이라** (고전 13:13)
>
> **TIP 뇌 건강을 위한 팁** | 우리는 사랑에만 반응하도록 창조되었다. 그러므로 두려움은 학습되는 것이다. 부정적인 두려움은 우리의 초기 설정에는 없는 것이다. 우리의 초기 설정에는 사랑밖에 없다.

우리가 생각하고 느끼고 선택하는 가운데 두려움에 힘을 더하면, 그것이 더 강력해질 것이다. 하지만 사랑이 훨씬 강력하며, 우리의 뇌가 오직 사랑 안에서만 기능하도록 창조되었다는 사실을 기억하라. 하나님은 사랑이시다. 그러므로 완전한 사랑은 두려움을 몰아낸다.

사랑은 모든 존재의 근원이다. 그러므로 사랑의 결핍은 존재 자체가 없는 것과 마찬가지이다. 파괴적이고 무질서한 공허로 삶을 피폐하게 만드는 사랑의 결핍은 우리가 지배권을 넘겨주지 않는 한, 아무런 영향을 주지 못한다.

악에서 떠나 선을 행하고 화평을 구하며 그것을 따르라 (벧전 3:11)

뇌 건강을 위한 팁 | 우리는 어떤 상황에서도 평강을 선택할 수 있다.

평강 가운데 있을 때, 우리는 전기화학적 균형점에 이른다. 주어진 상황과 환경(삶과 사람들)은 통제할 수 없지만, 그것에 대한 우리의 반응과 태도는 통제할 수 있다. 이 사실을 기억하면서 끊임없이 평안을 추구하라.

우리가 평안을 추구하고, 그것이 우리의 생각을 이끌어 가도록 허락하면, 쓴 뿌리와 증오, 용서하지 않는 태도와 같은 악을 멀리하게 될 뿐만 아니라, 지혜로운 결정과 반응으로 삶 가운데 하나님의 선하심을 더 많이 드러내게 될 것이다.

하나님이 세상을 이처럼 사랑하사 독생자를 주셨으니 이는 그를 믿는 자마다 멸망하지 않고 영생을 얻게 하려 하심이라 (요 3:16)

 뇌 건강을 위한 팁 | 양자물리학 연구를 통해 사랑이 인간 의식의 근본적인 실체이며, 선택의 자유를 전제로 한다는 사실이 밝혀졌다.

우리가 두려움과 염려에만 집중하면, 우리의 '완전한 나'가 가로막혀 참된 자아를 깨닫지 못하게 될 것이다. 우리의 뇌와 몸은 부정적인 선택에 반응하여 사랑의 회로를 두려움의 회로로 변질시킨다.

그러나 두려움의 힘이 아무리 강해도 사랑 안에서 행하는 것이 훨씬 더 강하다. 사랑에는 세상을 회복시키고 새롭게 할 힘이 있다.

당신은 환경이나 유전의 피해자가 아니다. 상황이 어떠하든 하나님의 사랑 안에서 행할지, 아니면 근심과 염려, 두려움에 사로잡혀 살아갈지는 당신의 선택이다.

DAY 157

> 너희 안에 이 마음을 품으라 곧 그리스도 예수의 마음이니 (빌 2:5)
>
> 그러므로 여러분은 메시아 예슈아 안에 있는 본래의 모습대로 살아가야 합니다. (빌 2:5, 원뉴맨성경)

뇌 건강을 위한 팁 | 사랑은 우리 각 사람의 사고방식을 하나로 연결해 준다. 이로써 더 큰 그림의 사고가 완성되는 것이다. 그 큰 그림을 들여다보면, 인류를 향한 하나님의 사랑을 깨닫게 된다.

우리의 선택이 얼마나 강력한지, 또 그리스도께 속한 우리의 마음이 얼마나 강력한지 깨달을 때, 우리 자신과 세상을 위해 그 능력을 사용할 수 있게 된다. 예수님이 보이신 사랑의 본을 따를 때, 우리에게 사랑에만 반응하도록 창조된 본연 안에서 행해야 할 책임이 있다는 것을 깨닫게 된다.

우리 각 사람에게는 아무도 대신할 수 없는 독특한 역할과 임무가 있다. 그러므로 우리가 사랑의 본연에서 이탈하게 되면, 온 세상이 영향을 받게 된다. 우리 모두가 생명이라는 커다란 퍼즐의 한 조각을 이루고 있기 때문이다.

우리는 사도 바울이 끊임없이 명령한 대로 그리스도께서 보이신 사랑의 본을 따라야 한다. 지금은 이 세상에서 우리의 역할을 깨닫고 행동에 나서야 할 때이다. 온통 자신에게만 집중하지 말고, 세상을 위해 할 일에 신경 쓰라.

사도 바울의 삶을 생각해 보라. 그는 사랑 안에서 생각하고 말하고 행했다. 그는 놀라운 마음의 능력으로 세상을 변화시켰다.

당신의 삶 가운데 사랑은 어떤 모습으로 나타나고 있는가? 사랑에만 반응하는 창조 본연의 모습을 어떻게 회복할 수 있을까?

DAY 158

새 사람을 입었으니 이는 자기를 창조하신 이의 형상을 따라 지식에까지 새롭게 하심을 입은 자니라 (골 3:10)

 뇌 건강을 위한 팁 | 양자물리학에서는 변화를 가져오는 선택의 주체인 인간을 매우 중요하게 다룬다.

    우리의 마음에는 강력한 능력이 있기 때문에 이것을 잘 사용해야 한다. 우리는 끊임없이 자기의 생각을 살피고, 새로운 자아를 입으며, 긍정적인 방식으로 우리 안에 있는 완전한 사랑을 사용해야 한다. 성령님의 지혜, 곧 우리의 마음을 새롭게 하여 삶의 방식을 변화시킬 새로운 지식을 구하라.

    우리는 사랑하는 하나님의 형상을 나타내야 할 존재들이다. 깨어진 세상의 질서를 비추어서는 안 된다. 우리의 마음이 어떻게 생각하고 느끼고 선택하는지에 따라 이 땅에 천국을 가져올 수도 있고, 지옥을 가져올 수도 있다. 중요한 것은 지금 누구의 형상을 드러내고 있느냐는 것이다.

DAY 159

우리가 다 하나님의 심판대 앞에 서리라 (롬 14:10)

뇌 건강을 위한 팁 | **선택은 우리의 책임이다.**

    하나님의 형상을 닮은 우리에게는 피조물을 다스릴 책임이 있다. 그러므로 우리가 하는 행동을 단지 뇌 속 뉴런의 작동(firing of neuron, 뉴런이 전기적 신호를 발사함, 혹은 불타는 뉴런 – 역자 주)으로만 규정지을 수는 없다. 피조계는 영과 혼과 육으로 구성된 인간과 땅과 식물과 동물을 다 아우른다. 청지기인 우리는 피조계의 모든 구성원을 돌봄으로 하나님께 영광을 돌려야 한다.

    우리의 선택은 뇌의 활동에 영향을 준다. 즉, 우리의 뇌는 마음이 내린 결정에 반응한다. 선택은 뇌의 활동이 아니다. 옥스퍼드 대학의 교수이자 철학자인 리처드 스윈번은 "우리의 정신세계는 물리학의 용어로 설명되지 않는다"[31]라고 말했다. 물론 신경과학이 우리의 정신세계에 대한 몇 가지 정보를 주기는 한다. 이를 테면, 음식이 부족할 때 식욕이 불붙는 것처럼 말이다. 그러나 신경과학은, 인간이 자기 욕망에 따라 선과 악을 선택한다는 사실을 입증한 적도 없고, 입증하지도 못할 것이다.

    그러나 성경은 창세기부터 계시록까지 선택의 힘이 매우 강력하여 우리의 인생을 생명이나 죽음으로 인도할 수 있다는 사실을 끊임없이 강조한다. 우리는 이러한 책임을 받아들여 모든 생각을 사로잡아 사랑하는 하나님의 형상을 세상에 나타내야 한다. 우리의 선택이 가져온 결과들에 대해 결국 책임을 지게 될 것이기 때문이다.

    우리는 선택의 자유를 원하고 사랑한다. 하지만, 그 결과도 사랑하겠는가?

DAY 160

> 네 마음을 다하고 목숨을 다하고 뜻을 다하여 주 너의 하나님을 사랑하라 (마 22:37)
>
> **TIP** 뇌 건강을 위한 팁 | 우리가 하나님의 완전한 사랑 안에서 행할 때, 우리의 마음은 뇌를 올바른 방향으로 변화시킨다.

우리는 마음으로 생각하고 느끼고 선택한다. 그러나 신경과학과 고전물리학은 마음의 활동에 대한 뇌의 물리적 반응, 곧 마음이 원인이라는 것을 설명해 줄 뿐이다. 마음의 활동은 뇌라는 회로기판을 통해 나타난다. 뇌의 반응이 마음의 활동에 따라 달라진다는 것이다. 뇌가 마음을 통제하는 것이 아니라, 마음이 뇌를 통제한다. 우리는 생명 활동의 피해자가 아니다. 생각을 통해 얼마든지 우리의 생명 활동을 변화시킬 수 있다!

마음은 물론 우리의 모든 것으로 하나님을 사랑할 때, 비로소 마음의 능력을 선하게 사용할 수 있다. 하나님의 형상을 이 땅에 비추면서, 천국을 이 땅에 가져오는 실재를 창조할 수 있다.

DAY 161

그러나 너희는 택하신 족속이요 왕 같은 제사장들이요 거룩한 나라요 그의 소유가 된 백성이니 이는 너희를 어두운 데서 불러내어 그의 기이한 빛에 들어가게 하신 이의 아름다운 덕을 선포하게 하려 하심이라 (벧전 2:9)

뇌 건강을 위한 팁 | 과학은 당신과 똑같은 인지능력과 하나님이 주신 독특한 에너지를 지닌 존재, 동일하게 의식 세계를 표현하는 존재는 없다는 사실을 확증해 준다.

"당신은 특별하다"라는 말이 시시하고 진부하게 들릴 수도 있지만, 그럼에도 이 말은 진리이다. 당신은 특별하다. 당신이 생각하고 느끼고 선택하는 방식은 매우 독특하다. 당신은 바로 이것을 통해 실재를 경험하는데, 바로 의식의 흐름이다. 이것은 당신의 마음에 독특한 세계관을 구축하여 미래의 생각과 감정과 언어와 행동을 형성한다.

당신은 하나님의 형상의 독특한 한 부분을 비추고 있다. 그러므로 당신의 독특함을 잃어버리면 이 세상은 '하나님의 형상' 중 특별한 한 부분을 경험하지 못하게 된다.

당신은 "선택받은 족속이고 왕 같은 제사장"으로, 우리를 "어두운 데서 불러내어 그의(하나님의) 기이한 빛에 들어가게 하신 이(예수)의 아름다운 덕을 선포하는" 사람이다. 하나님께서 부르신 대로 당신 안에 두신 독특한 빛을 받아들이고 비추기로 선택하기만 하면 된다.

DAY 162

각각 자기의 일을 살피라 그리하면 자랑할 것이 자기에게는 있어도 남에게는 있지 아니하리니 각각 자기의 짐을 질 것이라 (갈 6:4-5)

 뇌 건강을 위한 팁 | 다른 사람을 부러워하고 모방하면 뇌가 손상되고, 건강에도 부정적인 영향을 끼치게 된다.

당신은 놀라운 사람이다. 그런데 왜 어설프게 다른 사람이 되려고 하는가? 다른 사람을 부러워한 나머지 자기만의 색깔을 버리고, 다른 사람처럼 행하거나 살아가려 하면, 당신의 세계관과 생각하고 느끼고 선택하는 능력이 크게 뒤틀릴 것이다. 그러면 당신의 몸과 마음의 건강이 나빠질 뿐만 아니라, 잠재력도 온전히 발휘하지 못하게 된다. 게다가 세상도 고통 받게 된다. 당신에게는 해야 할 특별한 일이 있다. 이 세상에 주어야 할 독특하고 놀라운 것이 있다.

"각각 자기의 일을 살피라!" 그리고 자신의 '완전한 나'를 자랑스럽게 여기라. 자신을 과소평가하지 말라. 이 세상은 당신만이 줄 수 있는 '그 무언가'를 기대하고 있다.

DAY 163

인자가 온 것은 섬김을 받으려 함이 아니라 도리어 섬기려 하고 자기 목숨을 많은 사람의 대속물로 주려 함이니라 (마 20:28)

뇌 건강을 위한 팁 | 우리는 다른 사람을 섬기도록 창조되었다. 남을 섬길 때, 우리 뇌와 몸은 DNA와 양자 에너지 차원에서 기능할 수 있게 변화된다.

멋진 인생을 살기 원한다면, 그리스도께서 보이신 '섬김의 리더십'을 배우라. 이것은 단순히 근사한 말이나 리더십 강의의 주제가 아니라 올바르게 사는 인생, 가장 의미 있는 삶을 살아가기 위한 필수 요소이다.

만일 당신이 자신만의 공간에서 살아간다면, 당신의 재능이나 독특함, 곧 '완전한 나'는 아무 의미도 없고, 그러한 삶은 실제로 당신의 뇌와 몸에 무척 해롭다. 자신을 고립시킬 경우, 당신의 '완전한 나'는 갇혀 버리지만, 그리스도의 몸의 지체로 기능하면 빛을 발하게 된다. 이처럼 다른 사람의 삶에 연결될 때, 삶의 질이 높아진다.

오늘날 세상은 오직 나 중심으로 돌아간다. 교회도 마찬가지이다. 이기주의와 자기중심성이 우리가 바라고 숭배하는 대상이다. 하나님이 자판기라도 되는 것처럼 기도 혹은 선행이라는 동전을 집어넣고, 원하는 것이 주어지지 않으면 불평한다. 하지만 우리는 하나님께 무엇을 구해야 할지가 아니라 우리가 하나님을 위해, 이웃을 위해 무엇을 할 수 있을까를 고민해야 된다.

섬김의 리더십으로 생각하라. 그러면 당신의 창조 본연인 사랑이 활성화되고, 행복과 평안이 당신의 삶으로 흘러들어 갈 것이다.

좋은 명철과 지식을 내게 가르치소서 (시 119:66)

TIP 뇌 건강을 위한 팁 | 양자물리학은 우리가 지혜를 얻는 곳이 '최상위의 근원'(supreme source, 하나님)임을 알려준다.

우리의 선택으로 유전자 발현이 시작되면 기억이 생성된다. 우리가 선택할 때, 물리적 생각이 실체(단백질)가 된다. 생각으로 물질을 만들어 내는 것이다.

뇌는 외부에서 정보가 유입될 때마다 반응한다. 그러므로 우리는 그 정보가 유익한지, 해로운지를 분별해야 한다. 그렇게 하지 않으면, 우리의 마음이 뇌에 해로운 지식을 구축할 것이다. 그렇게 쌓인 지식은 미래의 생각과 말과 행동에 영향을 끼칠 수 있다.

그래서 끊임없이 성령님과 교통하며 하나님의 지혜를 구하는 것이 중요하다. 하나님은 모든 존재의 근원이시자 모든 지식의 근본이시다. 그러므로 그분의 지혜와 판단은 항상 옳다.

너희 하나님 여호와께로 돌아올지어다 그는 은혜로우시며 자비로우시며 노하기를 더디하시며
인애가 크시사 뜻을 돌이켜 재앙을 내리지 아니하시나니 (욜 2:13)

DAY 165

뇌 건강을 위한 팁 | 사고방식을 바꾸기에 '너무 늦은 시간' 같은 것은 없다.

틀에 박힌 삶을 살아가는 것 같은가? 변화를 원하지만 불가능해 보이는가? 우리는 생각이나 유전, 생명 활동의 피해자가 아니다. 오히려 그것을 이긴 승리자이다. 그러므로 우리는 생각을 바꿀 수 있다. 어쩌면 부정적인 사고방식을 너무나도 오랫동안 품어 왔기에, 그것이 익숙하고 정상이라 생각하고 있을지도 모른다. 우리는 이러한 착각에 빠져 있는 경우가 많다.

하지만 하나님이 보시기에 우리가 '완전한 나'의 상태일 때만 정상이다. 하나님이 보실 때 그렇다. 그 외의 생각들은 새롭게 디자인해야 하는데, 이것을 과학적 용어로 재개념화라고 한다.

뇌가 지닌 신경가소성 덕분에 당신은 생각을 분석하고 새롭게 디자인하여 다시 연결할 수 있다. 사랑에만 반응하도록 창조된 본연의 모습을 받아들이라. 사고방식을 바꾸기에 '너무 늦은 시간'은 없다.

DAY 166

> 그러므로 우리는 긍휼하심을 받고 때를 따라 돕는 은혜를 얻기 위하여 은혜의 보좌 앞에 담대히 나아갈 것이니라 (히 4:16)
>
> TIP 뇌 건강을 위한 팁 | 우리는 자신의 사고를 관찰하여 바꿀 수 있다. 객관적인 위치에서 자신을 들여다보는 능력을 '다중 관점 유익'(Multiple Perspective Advantage, MPA)이라 하는데, 이것은 뇌의 전두엽의 활동을 촉진한다.

뇌가 지닌 신경가소성 덕분에 우리는 자신의 생각을 분석하고, 어떻게 생각하고 느끼고 선택할지 스스로 통제할 수 있다. 또한 생각을 새롭게 조직하여 새로운 신경 네트워크를 구축함으로 말과 행동을 변화시킬 수 있다. 이것이 바로 하나님의 은혜와 과학의 만남이다.

연구 결과에 의하면, 이러한 의식적 자각을 통해 우리의 생각을 쉽게 변화시킬 수 있는데, 단백질 덩어리인 생각이 물리적으로 연약해지기 때문이다. 이것을 일컬어 '다중 관점 유익'(MPA)이라 부른다. 부정적인 생각이 연약해졌을 때, 그것을 새롭게 정의하면 다시금 우리의 뇌와 몸이 활기를 되찾을 수 있다.

우리는 마음의 힘으로 해로운 생각들을 의식으로 보내어 분석함으로 변화시킬 수 있다.

DAY 167

> 진실로 너희에게 이르노니 만일 너희에게 믿음이 겨자씨 한 알 만큼만 있어도 이 산을 명하여 여기서 저기로 옮겨지라 하면 옮겨질 것이요 또 너희가 못할 것이 없으리라 (마 17:20)
>
> **뇌 건강을 위한 팁 |** 의식이 생각을 물질로 바꾸고 행동의 변화를 가져올 수 있다는 사실을 깨달으면, 겨자씨만 한 믿음에 대해 이해하게 될 것이다. 우리는 얼마든지 생각하는 법과 살아가는 방식을 바꿀 수 있다!

　자신의 모든 태도를 주시하고 끊임없이 생각을 관찰한다는 것이 쉽지 않게 느껴질 수도 있다. 그러나 성경과 과학 모두 이렇게 하는 것이 뇌와 마음의 창조 본연의 모습이라고 말한다.

　장차 어떤 사람이 될지를 과학적으로 선택할 수 있다는 사실을 이해할수록 창조주께서 디자인하신 대로 회복될 기회의 문은 더욱 넓어진다. 창조 본연의 모습으로 변화된 당신이 이 산을 향해 들려서 옮겨지라 말하면, 그대로 이루어질 것이다!

　하나님께 불가능한 일은 없다. 하나님은 우리의 생각보다 훨씬 크시다. 그분을 당신의 의식 속, 작은 상자 안에 가두지 말라.

DAY 168

성품이 냉철한 자는 명철하니라 (잠 17:27)

TIP 뇌 건강을 위한 팁 | 사고방식을 바꾸려면, 자신의 마음속에서 무슨 일이 벌어지고 있는지 알아야 한다.

자신의 마음속에서 무슨 일이 벌어지고 있는지 의식적으로 들여다보라. 즉, 당신의 속사람과 마음과 몸이 경험하는 것에 집중하라. 그러면 아무 생각 없이 해로운 대응 방식을 바꾸려 하는 것보다 스트레스를 훨씬 효율적으로 해결할 수 있다.

자신의 생각을 살피면, 힘겨운 상황 가운데 평온함과 침착함을 유지하며 어려운 문제들을 해결할 지혜를 발휘할 수 있다.

DAY 169

> 육신을 따르는 자는 육신의 일을, 영을 따르는 자는 영의 일을 생각하나니 육신의 생각은 사망이요 영의 생각은 생명과 평안이니라 (롬 8:5-6)
>
> 육신이 된 사람들은 육신의 일들을 생각하고 있으나, 그 영(성령)을 따르는 사람들은 그 영(성령)의 일을 생각하기 때문입니다. 생각과 목적 등 육신의 사고방식은 사망이지만, 그 영(성령)의 사고방식은 생명과 샬롬입니다. (롬 8:5-6, 원뉴맨성경)

뇌 건강을 위한 팁 | 우리는 영적인 세계에 속한 마음을 지닌 영적인 존재이자, 몸과 뇌는 물질세계에 속한 육적인 존재이다. 그러므로 우리는 강력한 직관력으로 영계와 물질계를 연결할 수 있다. 훈련을 통해 이 능력을 더욱 발전시킬 수 있다.

　　무언가를 결정할 때마다 우리는 '선택의 순간'을 맞이하는데, 양자물리학에서는 이러한 상태를 '중첩'(저자는 우리가 선택의 갈림길에 설 때, 양자 컴퓨터와 같은 뇌가 서로 다른 계산을 수행한다고 말한다. 중첩 이론에 의하면, 우리의 마음은 상반된 관점으로 다양한 옵션을 두루 고찰할 수 있다. 그러므로 선택은 중첩 상태에서 동시에 여러 옵션을 검토한 후, 나쁜 모든 옵션을 버리고 딘 히나의 실체를 고르는 행위이다 - 역자 주)이라 부른다.

　　이러한 중첩 상태에서 성령님께 도움을 구하게 되면, 우리는 그분의 지혜와 인도하심이 꼭 필요하다는 사실을 인지하면서 마음을 가라앉히고 멈춰서서 한 걸음 물러서게 된다. 그러면 객관적인 위치에서 자신을 바라보게 되어 직관력은 높아지고, 머릿속의 복잡한 생각이 잠잠해진다. 그러므로 중첩 상태에서 우리는 현명한 결정을 내림으로 이 세상에 생명과 평강을 가져올 수 있다. 그렇게 영계와 물질계를 연결하여 천국의 아름다움을 이 땅으로 가져올 수 있다.

DAY 170

오직 성령이 너희에게 임하시면 너희가 권능을 받고 예루살렘과 온 유대와 사마리아와 땅 끝까지 이르러 내 증인이 되리라 하시니라 (행 1:8)

TIP 뇌 건강을 위한 팁 | 하나님은 우리가 잘 선택하는 데 필요한 모든 것을 주셨다.

우리가 선택할 때, 뇌에 있는 감정과 지각의 도서관이라고 하는 '뇌 편도체'(amygdala)에서 항상 올바른 정보를 제공하는 것은 아니다. 이것이 그동안 우리가 내린 결정과 반응을 통해 마음에 구축된 '지각'(인식)을 기반으로 작동하기 때문이다. 하지만 사람의 지각(인식)이 잘못된 경우도 있다. 그러므로 뇌 편도체에 저장되어 있는 감정들이 우리의 삶을 지배하도록 허락하는 것은 상당히 위험할 수도 있다.

올바르게 선택하려면 어떻게 해야 할까? 일단, 하나님께서 우리에게 필요한 모든 것을 주셨다는 사실을 인식하고, 의도적으로 되새겨야 한다. 하나님은 우리에게 모든 상황을 해결할 수 있는 길을 주셨다. 그러므로 그분 없이 결정을 내려서는 안 된다. 중첩의 순간(무언가를 결정하기 전의 중간지대를 뜻하는 양자물리학의 용어), 우리는 의식적으로 하나님의 지혜를 구하며 성령의 열매들에 집중해야 한다. 생각하고 느끼고 선택하는 동안 하나님의 놀라운 사랑과 능력을 경험하게 될 것이다.

DAY 171

보혜사 곧 아버지께서 내 이름으로 보내실 성령 그가 너희에게 모든 것을 가르치고 내가 너희에게 말한 모든 것을 생각나게 하리라 (요 14:26)

뇌 건강을 위한 팁 | 우리는 자신의 생각을 관찰하고 평가할 수 있도록 창조되었다.

중첩의 순간 성령님께 지혜를 구하면, 하나님께서 우리의 뇌에 장착해 두신 회로가 작동하기 시작한다. 이 회로는 뇌의 편도체와 눈썹 바로 뒤쪽에 있는 전두엽 피질을 연결하여 저울처럼 이성과 감정의 균형을 잡아 준다.

전두엽 피질이 자리한 뇌의 앞부분(전뇌)은 나머지 모든 부위와 직접 연결되어 있어서 자아를 성찰하거나 깊이 사색할 때 활성화된다. 또한 이것은 뇌 전체에 형성되어 있는 '정보 처리 회로'를 작동시키는 '기저 전뇌'(대뇌와 간뇌로 이뤄져, 뇌의 가장 많은 부분을 차지한다 - 역자 주)를 지휘하여 우리의 마음이 생각하고 느끼고 선택하며 활동할 때, 뇌의 다른 모든 부분을 통합하고 조정한다.

전두엽 피질은 스스로에 대해 성찰할 때 활성화된다. 객관적인 위치에서 스스로를 점검하며 성령님께 자신의 생각을 이끌어 주시기를 구하는 것처럼, 우리가 처해 있는 상황을 분석할 때 그렇게 된다. 이 과정이야말로 생각을 사로잡아 그리스도께 복종시키는 일이다!

DAY 172

> 그가 내 안에, 내가 그 안에 거하면 사람이 열매를 많이 맺나니 나를 떠나서는 너희가 아무 것도 할 수 없음이라 (요 15:5)

 뇌 건강을 위한 팁 | 우리의 생각은 양자 에너지와 화학물질의 흐름을 통해 즉시, 온몸에 영향을 끼친다.

　　우리의 생각과 감정과 기억, 몸의 반응을 아는 것은 무엇보다도 중요하다. 감정이 세포 사이를 오가며 기억의 정보를 뇌세포 속에 저장하는 혈류 속의 역동적 화학물질이기 때문이다. 우리의 뇌는 양자 컴퓨터처럼 기능한다. 그러므로 이 과정도 양자의 활동으로 일어난다.

　　우리가 감정을 억누르면, 언젠가는 폭발하게 되어 있다. 이때 시상하부 뇌하수체 부신축(HPA axis)이 무너지며 비정상적으로 기능하게 된다. 시상하부 뇌하수체 부신16축(HPA16 axis)은 뇌의 시상하부와 뇌하수체 분비선, 그리고 신장 바로 위쪽에 있는 부신을 하나의 회로처럼 연결한다. 우리가 하루 종일 삶에 반응하는 동안, 이 회로는 긴장과 이완을 반복하며 활성화된다. 생각은 즉시, 온몸에 영향을 끼칠 수 있다!

　　하지만 성령님께 도움을 요청하면 된다는 사실을 기억하라. 우리는 그리스도의 도우심으로 삶의 모든 문제를 해결할 수 있다. 그러나 홀로 문제들을 해결하려다가 상황이 더 나빠질 수도 있다. 그분이 계시지 않으면, 우리는 어떤 일도 제대로 해낼 수 없다.

DAY 173

운동장에서 달음질하는 자들이 다 달릴지라도 오직 상을 받는 사람은 한 사람인 줄을 너희가 알지 못하느냐 너희도 상을 받도록 이와 같이 달음질하라 (고전 9:24)

뇌 건강을 위한 팁 | 하나님은 우리가 삶의 모든 문제를 극복할 수 있게 양자·유전적으로 디자인하셨을 뿐 아니라, 몸 안에 '자연 치료제'(natural pharmacopeia)도 두셨다.

우리가 고통과 해로운 생각, 그릇된 감정과 반응을 통제하는 것이지, 그것들이 우리를 통제하는 것이 아니라는 사실을 깨달으면, 자유로이 하나님의 경주를 하며 그분의 영광을 이 땅에 드러내게 된다.

우리는 환경과 상관없이 하나님이 디자인하신 '완전한 나' 안에서 살아가기로 선택할 수 있다. 과거의 고통과 현재의 비극에 갇혀 지낼 필요가 없다. 우리는 완전한 사랑 안에서 감정을 해소하며 앞으로 나아갈 수 있다!

DAY 174

내가 주의 법도들을 택하였사오니 주의 손이 항상 나의 도움이 되게 하소서 (시 119:173)

Tip | 뇌 건강을 위한 팁 | 전통적 시공간 개념을 초월한 과학 실험 결과를 근간으로 하는 양자물리학은 온 우주의 배후에 의식을 가진 지적 설계자가 있다는 '믿음'을 인정한다.

하나님은 사랑으로 세상을 창조하셨다. 그러므로 우리가 사랑의 길을 따를 때, 세상이 창조되는 순간에 머문다는 것이 어떤 의미인지 깨닫게 될 것이다. 우리가 생각할 때마다 '완전한 나' 안에서 뇌와 몸이 더 좋아지기도 하고, '완전한 나'를 이탈하여 나빠지는 경우도 있다.

우리가 부정적인 선택을 하면, 감정이 결합된 해로운 생각들이 우리를 '완전한 나'에서 이탈하게 만들면서 생각과 말과 행동에 악영향을 끼친다. 하지만 우리가 사랑을 선택하여 '완전한 나'를 따르면, 하나님의 형상을 드러내며 창조의 본연대로 살아가게 된다. 그러므로 그리스도께서 보여 주신 사랑의 본을 따르는 것은 하나님이 우리를 도와주시고 지혜를 주실 수 있도록 허락해 드리는 것이다. 그러므로 우리 안에 있는 창세의 능력(Genesis power)을 생명을 부여하는 긍정적인 방식으로 사용해야 한다.

오늘과 내일, 그리고 인생의 남은 날 동안, 당신의 삶 가운데 무엇이 활성화되기를 원하는가? 무엇을 창조하고 싶은가?

DAY 175

> 무릇 징계가 당시에는 즐거워 보이지 않고 슬퍼 보이나 후에 그로 말미암아 연단 받은 자들은 의와 평강의 열매를 맺느니라 (히 12:11)
>
> **뇌 건강을 위한 팁 | TIP** 생각을 사로잡는 훈련을 할수록 그것이 더 쉬워진다. 이를 위해 21일 동안 매일 의지를 갖고, 규칙적으로 반복하여 훈련해야 한다. 32)

자신이 무슨 생각을 하는지 의식하는 훈련을 하라. 모든 생각을 사로잡아 통제하는 훈련을 하라. 어떠한 생각도 검토하지 않은 채 흘려보내는 일은 없어야 한다. 임의로 생각하지 말고, 무엇을 생각할지 의도적으로 선택하기 바란다. 21일 주기로 매일 이렇게 훈련하라《뇌의 스위치를 켜라》2부 '21일 두뇌 해독 플랜' 참고).

생각에 압도당하기 전에 자신의 생각을 관찰하는 시간을 가지라. 이렇게 하다 보면 힘겹고 슬퍼질 수도 있지만, 결국은 견고한 진을 파하여 참된 기쁨을 맛보게 될 것이다. 창조 본연의 모습대로 변화되는 기쁨을 누리게 될 것이다.

DAY 176

무리를 보내신 후에 기도하러 따로 산에 올라가시니라 저물매 거기 혼자 계시더니 (마 14:23)

TIP 뇌 건강을 위한 팁 | 혼자만의 시간은 자신의 생각을 들여다보는 데 도움이 된다.

우리의 뇌가 사색하는 시간을 갖는 것은 대단히 중요하다. 혼자만의 시간을 마련하라. 전화기, 아이패드, 컴퓨터, 주변 사람은 물론, 집중을 방해하는 모든 것을 버리고, 가만히 앉아서 자신의 생각과 마주해야 한다. 처음엔 쉽지 않을 수도 있지만, 매일 꾸준히 하라.

조용히 깊은 생각에 잠기면 평소에 자신이 어떻게 생각하는지 깨닫게 되는데, 자아 성찰 곧 자신의 감정과 생각과 직관에 대해 인식하고 이해하게 된다. 자신의 생각을 들여다보며 성령의 인도하심을 구하는 시간을 가지라. 이처럼 깊이 있게 지적으로 사고할 때, 우리의 뇌는 새로워지고 건강해지며, 마음도 정리될 것이다.

DAY 177

보라 아버지께서 어떠한 사랑을 우리에게 베푸사 하나님의 자녀라 일컬음을 받게 하셨는가, 우리가 그러하도다 (요일 3:1)

뇌 건강을 위한 팁 | 우리의 뇌는 의미 있고 중요한 생각을 발전시키도록 디자인되었다. 그렇지 않은 생각들은 독이 된다.

우리의 모든 삶에는 가치가 있다. 자신이 누구인지, 본래의 정체성을 확인하게 되면, 삶의 의미를 발견하게 된다. 의미는 우리의 뇌 안에서 만들어지는 가치가 아니다. 그것은 '완전한 나'를 통해 계발되는 것으로, 우리 삶에 일어나는 모든 일을 해석하는 틀을 제공해 준다. 우리가 생각하고 느끼고 선택하고 말하고 경험하는 모든 것에 의미가 담겨 있다. 그래서 각 사람이 생각하고 느끼고 선택하는 특별한 방식을 통해 아름답게 나타나고 표현된다.

하나님의 자녀로 살아간다는 것은 참으로 영광스러운 일이다. 당신은 참으로 중요한 존재이다. 그리므로 당신이 무엇을 생각하는지가 중요하다. 누구도 당신에 대해 다른 말을 하지 못하게 하라.

DAY 178

> 참새 다섯 마리가 두 앗사리온에 팔리는 것이 아니냐 그러나 하나님 앞에는 그 하나도 잊어버리시는 바 되지 아니하는도다 너희에게는 심지어 머리털까지도 다 세신 바 되었나니 두려워하지 말라 너희는 많은 참새보다 더 귀하니라 (눅 12:6-7)

 뇌 건강을 위한 팁 | 각 사람이 자신의 독특한 재능을 발현하는 것은 그들의 자존감에 달려 있다. 이 세상을 변화시키는 핵심 열쇠는 자존감이다.

    당신은 모든 피조물의 대제사장이다. 이것은 당신이 매우 중요한 존재라는 뜻이다! 마음의 문제의 근본 원인은 보통 '낮은 자존감'이다. 하지만 우리는 그럴 필요가 없다. 하나님이 당신을 사랑하신다. 당신은 하나님의 이름을 영광스럽게 하도록 창조되었다. 주변 사람들을 사랑하고, 그들과 교제하도록 지음 받았다. 당신의 모든 생각이 진정한 세계이며, 그것은 이 세상에 강력한 영향을 끼친다.

    하지만 의심이나 불안을 품고 살아간다면, 자신감을 가지고 자신을 온전히 표현할 수 없다. 세상을 더 나은 곳으로 변화시키고 싶다면, 자신의 가치를 인정하라. 당신을 지으신 하나님을 신뢰하고, 하나님 안에 거하는 자신을 사랑하라.

DAY 179

사람이 등불을 켜서 말 아래에 두지 아니하고 등경 위에 두나니 이러므로 집 안 모든 사람에게 비치느니라 이같이 너희 빛이 사람 앞에 비치게 하여 그들로 너희 착한 행실을 보고 하늘에 계신 너희 아버지께 영광을 돌리게 하라 (마 5:15-16)

뇌 건강을 위한 팁 | 우리는 자신만의 독특함과 아름다움을 세상에 나타낼 수 있다.

이 세상은 가능성으로 충만하다. 우리가 '완전한 나' 안에서 살아가면, 남들이 보지 못하는 것을 보게 되면서 자신의 잠재력을 현실화하여 의미 있게 만들 수 있다. 이것은 당신만의 경험이다. 그리하여 당신의 '완전한 나'를 통해 자신만의 독특한 실재를 창조해 내기에, 세상에 대한 새로운 지식을 쌓아 가면서 오직 당신만이 줄 수 있는 가치를 세상에 더한다.

당신은 다른 누구의 경험과도 충돌하지 않으며, 당신만의 독특함 안에서 다른 모든 사람과 나란히 걷도록 지음 받았다. '완전한 나'를 통해 표현되는 당신의 독특함 속에는 하나님의 영광이 담겨 있어서, 천국을 이 땅으로 가져와 세상을 더욱 아름답게 만든다.

당신은 빛이다. 그러므로 그 빛을 말 아래에 감추지 말라.

우리가 그리스도의 마음을 가졌느니라 (고전 2:16)

TIP 뇌 건강을 위한 팁 | 우리는 추론과 평가를 바탕으로 효율적인 결정을 내릴 수 있다.

하나님은 온 우주와 우주의 법칙들을 창조하시고, 그분의 형상대로 지으신 사람에게 자기 능력의 일부를 주셨다. 우리는 하나님이 주신 능력으로 선택을 통해 다양한 실재를 창조해 낼 수 있다. 우리의 뇌 안에서 그리고 세상 가운데 변화를 일으킬 수 있다!

우리에게는 최상의 지적 수준과 정신건강과 평안과 행복을 결정하고 성취하고 유지할 뿐만 아니라 몸과 마음의 질병을 예방할 수 있는 놀라운 능력이 있다. 또한 생명을 주고 기적을 일으키는 그리스도의 마음이 있다. 의식적인 노력과 지적 사유를 통해 생각과 감정을 제어함으로 뇌 속 화학물질의 구성 및 뇌의 작동 방식을 바꿀 수 있다. 이것은 불가능해 보이지만, 도전해 볼 만한 가치가 있는 일이다. 도전할 준비가 됐는가?

DAY 181

> 그런즉 너희가 어떻게 행할지를 자세히 주의하여 지혜 없는 자 같이 하지 말고 오직 지혜 있는 자 같이 하여 (엡 5:15)

뇌 건강을 위한 팁 | 지혜는 생각을 더욱 명료하게, 시선을 더욱 분명하게, 지식을 더욱 세련되게 해준다. 균형 잡힌 감정 및 건강한 신체 역시 지혜의 산물이다.

획기적인 신경과학계의 연구를 통해 그동안 우리가 직관적으로 알던 것들이 사실로 밝혀졌다. 우리가 품은 생각은 매일, 매 순간 뇌와 몸 안에서 실체가 된다. 이러한 변화는 몸과 마음의 건강에 지대한 영향을 끼친다.

우리는 지혜로운 사고를 통해 생각, 감정, 선택과 결부된 모든 요인과 다양한 관점을 검토할 수 있다. 자신의 정신과 인격, 반응과 행동의 독특함을 이해하는 것 역시 지혜로만 가능하다. 지혜가 우리의 의식을 활성화하여 하나님이 부여하신 인생의 목적을 깨닫게 된다. 꿈을 이루도록 용기를 북돋우는 것 역시 지혜이다.

DAY 182

> 네가 나의 명령에 주의하였더라면 네 평강이 강과 같았겠고 네 공의가 바다 물결 같았을 것이며
> (사 48:18)

 뇌 건강을 위한 팁 | 자아를 성찰하면, 우리의 뇌를 활성화시켜 보다 높은 지적 수준으로 기능하게 된다.

'마음의 상태'를 물리적으로 설명하자면, '뇌 속에서 일어나는 실제적·물리적·전자기적·양자적 화학물질들의 흐름'이다. 뇌 속의 화학적 흐름은 우리의 선택과 그에 따르는 반응을 기반으로 일단의 유전자들을 긍정적 혹은 부정적 방향으로 활성화하거나 잠재운다. 과학계에선 이 과정을 일컬어 '후성 유전'이라 하는데, 영적인 차원에서 볼 때는 자유의지(선택)에 의한 결과이다.

우리의 뇌는 마음에 반응하여 신경신호들을 온몸에 전달한다. 즉, 우리의 생각과 감정이 생리적이고 정신적인 영향력으로 변화된다는 말이다. 그리고 이러한 경험은 다시 우리의 정신과 감정 상태로 변화된다.

마음이 일하고 작용하는 방식은 하나님이 주신 놀라운 선물이다. 이것이 얼마나 놀랍고 대단한 선물인지 이해하고 인식하기 시작하면, 우리가 하나님의 사랑을 따를 때 얼마나 놀라운 번영이 임하는지 깨닫게 될 것이다. 나는 오랜 임상 실험을 통해 인식 또는 자각이 환자들로 하여금 자기의 삶을 제어하게 하는 핵심 열쇠라는 것을 깨달았다.

믿음과 같은 비물질적 개념(혹은 마음의 활동)이 인간의 체세포 안에 긍정적 혹은 부정적 실체를 만들어 낸다는 사실은 참으로 놀랍다.

DAY 183

숨은 것이 장차 드러나지 아니할 것이 없고 감추인 것이 장차 알려지고 나타나지 않을 것이 없느니라 (눅 8:17)

뇌 건강을 위한 팁 | 생각은 뇌의 구조를 변화시켜 결국 눈에 보이는 말과 행동으로 나타나게 된다.

우리의 뇌는 온몸에 신경신호를 보내며 마음에 반응한다. 생각과 감정이 우리 몸과 마음에 영향을 주는 것이다. 결과적으로 우리 몸이 경험하는 것은 정신과 감정 상태에 영향을 준다. 마음은 참으로 모든 것과 연결되어 있다!

당신의 말과 행동을 책임질 사람은 바로 당신이다. 사람들과 상황이 분명 당신의 결정에 영향을 주겠지만, 하나님께서는 궁극적으로 당신의 마음을 스스로 책임지게 하셨다. 그래서 성령님의 도움을 받으라고 가르쳐 주시는 것이다.

DAY 184

그를 하나님보다 조금 못하게 하시고 영화와 존귀로 관을 씌우셨나이다 (시 8:5)

TIP | 뇌 건강을 위한 팁 | 신경학적으로 볼 때, 하나님께 받는 완전한 사랑은 우리 뇌의 보상사고/학습 회로를 활성화시킨다.

이 책의 목적은 당신이 어떤 존재이고, 무엇을 할 수 있는지를 깨닫도록 돕는 것이다. 하나님의 놀라운 피조물로서 자신이 누구인지 그 깊이를 헤아리고, 또 하나님께서 부여하신 가치를 알게 되기를 바란다.

우리는 마음을 사용하여 생각하고 선택한다. 삶을 변화시키려 할 때, 마음을 새롭게 함으로 변화되는 것이 가장 어렵지만, 가장 중요한 첫 단추이기도 하다. 사실, 이 단계 없이는 아무리 노력해도 큰 변화가 없을 것이다.

그러나 생각을 의식적으로 관리하면, 유해한 생각 습관을 버리고, 그 자리를 '생명 가득한' 긍정적 생각으로 채울 수 있다. 새롭게 구축된 생각 네트워크 덕에 뇌는 창조주의 영광으로 가득해질 것이다. 지적 능력은 향상되고, 뇌와 몸과 마음은 치유될 것이다.

모든 것이 생각하고 선택하는 능력을 지닌 마음에서 시작된다. 이 세상에서 하나님 다음으로 강력한 것이 바로 하나님을 닮은 우리의 마음이다. 우리의 마음은 그리스도의 마음을 닮았다. 우리는 그리스도의 마음을 가졌다!(고전 2:16)

DAY 185

> 도둑이 오는 것은 도둑질하고 죽이고 멸망시키려는 것뿐이요 내가 온 것은 양으로 생명을 얻게 하고 더 풍성히 얻게 하려는 것이라 (요 10:10)
>
> 뇌 건강을 위한 팁 | 우리가 힘을 부여하지 않는 한 거짓은 어떠한 힘도 발휘하지 못한다.

사탄의 거짓말을 믿을지, 거절할지는 우리가 마음먹기에 달렸다. 거짓말은 실재가 아니라 일어날 가능성일 뿐이다. 이 가능성을 단백질로 구성된 생각의 신경 네트워크인 물리적 실체로 바꿔 놓는 것은 바로 우리의 마음이다. 이러한 신경 네트워크는 우리의 말과 행동, 그리고 세상을 인식하는 방식에 영향을 준다.

사탄의 거짓말을 믿기로 선택한 순간, 우리는 그 거짓말에 단백질과 에너지를 부여하게 된다. 말 그대로 아무것도 아닌 거짓말을 실체화함으로 머릿속에 죄를 만들어 내는 것이다. 이것은 참으로 끔찍하지만 엄연한 사실이다.

우리는 종종 세상에 왜 이런 악한 일들이 일어나는지 의아해하다. 예수님께서 죄와 사망과 악을 무찌르셨기에 악은 아무 힘이 없다. 그런데 왜 여전히 악이 만연한 것일까? 하나님의 형상대로 지음 받은 사람이 그 능력을 오용하여 창조주의 영광을 나타내는 사랑에 근거한 실체 대신 악의 실체를 머릿속에서 선택하여 만들어 내고 있기 때문이다.

DAY 186

사망아 너의 승리가 어디 있느냐 사망아 네가 쏘는 것이 어디 있느냐 (고전 15:55)

TIP 뇌 건강을 위한 팁 | 사고방식을 바꾸기에 '너무 늦은 때'란 없다.

뇌는 신경 가소체이다. 신경가소성은 매일, 매 순간 우리의 뇌가 유연하게 적응하고 변화한다는 말이다. 우리가 마음을 새롭게 할 때, 하나님께서 창조하신 우리의 뇌가 변화된다는 것은 참으로 놀라운 사실이다.

오늘날 과학자들은 우리의 뇌가 재생될 수 있다는 사실을 인식하기 시작했다. 더 이상 뇌를 어린 시절에 이미 결정되고 굳어져서 새롭게 할 수 없으며, 나이가 들면서 기능이 떨어지는 기계로 여기지 않는다.

우리의 뇌가 마음의 선택과 결정으로 변화된다는 놀라운 실험 결과들이 나오면서 최첨단 뇌 영상 기술과 행위 변화의 증거들을 검토한 과학자들이 "인간의 뇌는 얼마든지 변할 수 있다"고 말하기 시작했다.

그러므로 인생의 어느 단계에 있든 희망을 버리지 말라. 경주를 멈추지 말라. 당신은 승리할 수 있다. 과거는 과거일 뿐 현재의 당신이 아니다. 당신이 선택하는 모습, 가장 많이 집중하는 그 모습이 바로 당신이다. 당신이 힘을 부여하지 않는 한, 사망과 두려움은 당신을 지배하지 못한다.

DAY 187

여호와께서 그의 앞으로 지나시며 선포하시되 여호와라 여호와라 자비롭고 은혜롭고 노하기를 더디하고 인자와 진실이 많은 하나님이라 인자를 천대까지 베풀며 악과 과실과 죄를 용서하리라 그러나 벌을 면제하지는 아니하고 아버지의 악행을 자손 삼사 대까지 보응하리라 (출 34:6-7)

뇌 건강을 위한 팁 | 우리의 생각은 후손에게 영향을 끼치는데, 이것을 '후성유전학'이라고 한다.

우리의 사고방식은 우리의 영과 혼과 육뿐만 아니라 주변 사람들에게도 영향을 끼친다. 성경과 과학(후성유전학)은 우리가 내린 결정과 선택의 결과가 정자와 난자를 통해 적어도 4대에 이르는데, 그들의 생활방식과 선택에 영향을 끼친다는 것을 보여 준다.

당신의 자녀와 후손들에게 어떤 생각을 유산으로 물려줄 것인가?

DAY 188

사람의 눈도 만족함이 없느니라 (잠 27:20)

TIP 뇌 건강을 위한 팁 | 우리는 원하는 만큼 만족할 수 있다.

우리의 뇌가 변화될 수 있고(신경가소성) 새로운 신경세포들을 생성해 낸다(신경 발생)는 것은 매우 흥미롭고 희망적인 사실이다. 이것은 행복이 우리 안에서 나오며, 성공은 뒤따르게 되어 있다는 말이다. 성공해서 행복한 것이 아니라, 행복해서 성공하는 것이다.

최신식 아이폰이나 벤츠 승용차, 성능 좋은 TV가 있어야 행복한 것이 아니다. 인스타그램에서 얼마나 '좋아요'를 많이 받느냐에 연연하지 말라. 억대 연봉을 받아야만 행복한 것이 아니다. 당신은 원하는 만큼 바로 지금 그 자리에서 행복할 수 있고, 만족할 수 있다.

결국 가치를 잃어버릴 소유물이나 덧없는 사람들의 관심에 연연하지 말라. 그런 것들은 결코 만족을 주지 못한다.

> 명철한 자의 마음은 지식을 얻고 지혜로운 자의 귀는 지식을 구하느니라 (잠 18:15)
>
> 뇌 건강을 위한 팁 | 우리는 원하는 만큼 지혜로울 수 있다.

DAY 189

우리의 뇌는 마치 양자 컴퓨터처럼 기능한다. 우리는 매일 깊이 생각하고 지적인 활동을 하여 부정적 사고를 해독(解毒)하고, 뇌를 튼튼하게 재정비해야 한다. 그렇다면 이것을 어떻게 해야 할까? 자신의 생각을 살피고 새롭게 해야 한다. 그리고 매일 새로운 것을 배워야 한다.

나는 매일 두 시간 정도를 연구 분야의 새로운 정보와 지식을 습득하는 데 할애한다. 이런 정보들을 좋아해서가 아니라, 그것이 뇌와 몸의 건강에 좋기 때문이다.[33] 우리는 학습을 통해 지적 능력을 향상시킬 수 있다. 학습장애가 있다고 해도 얼마든지 극복할 수 있으며, 마음속의 혼란을 제어할 수 있다. 올바르게 생각하는 법을 배우면 된다!

DAY 190

시험 당할 즈음에 또한 피할 길을 내사 너희로 능히 감당하게 하시느니라 (고전 10:13)

TIP 뇌 건강을 위한 팁 | 마음을 어떻게 이해하고 사용하는지가 성공을 좌우한다.

우리의 성공은 우리가 디자인한다. 이 책의 목적은 당신이 삶의 모든 영역에서 성공하도록 돕는 것이다. 잘 사는 삶, 하나님의 영광을 온 세상에 드러내는 의미 있는 성공으로 충만한 삶을 살도록 '성공 스위치'를 찾아줄 것이다. 이 책은 '정신적 자기 관리'를 위한 것이다. 생각만 하는 것이 아니라 유기적이며 오랫동안 지속되는 의식의 변화를 거쳐 삶의 방식을 변화시키는 것이다. 이것은 하나님이 디자인하신 '완전한 나'에 잘 어울리는 변화이다.

정신적 자기 관리는 의미 있는 삶과 한데 어우러져 자연스럽게 학교와 직장과 삶의 모든 영역에서 성공으로 이어진다. 이것은 자신의 사명과 목적을 발견하는 열쇠이다. 우리가 매일 아침 눈을 뜨는 이유 말이다.

그러므로 우리가 필요로 하는 것을 하나님께서 주신다는 것을 인식하는 것이 중요하다. 우리는 하나님께서 주신 것을 활용하는 방법을 배우면 된다.

DAY 191

> 모든 수고에는 이익이 있어도 입술의 말은 궁핍을 이룰 뿐이니라 (잠 14:23)
>
> 뇌 건강을 위한 팁 | 뇌를 변화시키는 것은 쉬운 일이 아니지만, 그럴 만한 가치가 있는 일이다. 정신적 자기 관리에 필수이다.

    뇌가 우리를 거스르는 것이 아니라 그것이 우리를 위해 일하게 해야 한다. 우리는 마음이 제대로 기능하게 해야 한다. 정신적 자기 관리에는 마음의 힘을 인식하고 사용하여 이해력을 가진 유익한 기억을 구축하는 것이 포함된다. 이것은 기계적 반복 학습이나 기억 왜곡, 트위터 방식의 즉흥적인 사고가 아니다. 건강하고 생산적인 학습방식, 즉 타고난 능력을 활용한 옛날 방식의 수고로운 사고 학습이 좋다!

    성공하려면 생각하고 배우는 것에 대해 스스로 책임을 져야 한다. 누구도 이 일을 대신해 주지 않는다. 하룻밤 사이에 더 스마트해진다는 광고 문구에 현혹되지 말라. 그 어떤 것도 근면하고 계획적이며 의식적인 훈련과 노력을 대체할 수 없다. 오직 마음만이 뇌를 변화시켜 말과 행동의 변화를 가능하게 한다. 훈련해야 이런 변화가 가능하다.

    오늘 우리가 사는 세상은 우리를 조급하고 하찮은 존재로 만들어 버린다. 그래서 희생하거나 열심히 노력하지 못하게 만든다. 시간과 노력은 결코 배신하지 않는다. 이것은 오랜 세월 동안 증명된 성공법이다.

DAY 192

육신을 따르는 자는 육신의 일을 영을 따르는 자는 영의 일을 생각하나니 육신의 생각은 사망이요 영의 생각은 생명과 평안이니라 (롬 8:5-6)

육신이 된 사람들은 육신의 일들을 생각하고 있으나, 그 영(성령)을 따르는 사람들은 그 영(성령)의 일을 생각하기 때문입니다. 생각과 목적 등 육신의 사고방식은 사망이지만, 그 영(성령)의 사고방식은 생명과 샬롬입니다. (롬 8:5-6, 원뉴맨성경)

TIP 뇌 건강을 위한 팁 | 생각은 삶에 의미를 부여하기도 하고, 앗아가기도 한다.

과학자들은 날마다 인간 의식의 변화가 어떤 경로를 통해 뇌와 몸의 변화로 이어지는지 연구한다. 의식, 곧 하나님이 우리에게 주신 사고능력은 유전자를 활성화하여 뇌를 변화시킨다. 과학은 감정이 섞인 생각이 일련의 유전자들을 복잡하게 얽힌 관계 가운데 켜기도 하고, 끄기도 한다는 것을 보여 준다.

우리는 살면서 사실과 경험과 사건들을 받아들이게 된다. 그리고 그것에 대해 생각하며 다양한 의미를 부여하게 된다. 염색체 안에 정해진 유전자가 들어 있더라도, 어떤 유전자를 얼마만큼 활성화할지는 어떤 생각을 하고, 경험을 어떻게 처리하느냐와 밀접한 관련이 있다. 우리의 생각은 말과 행동(습관)으로 나타나고, 그것들은 결국 그러한 생각과 선택을 끊임없이 반복하게 만들면서 견고하게 자리잡게 된다.

당신이 끊임없이 생각하는 것은 무엇인가? 당신의 마음은 어디에 집중되어 있는가? 당신은 자신의 삶에 어떤 의미를 부여하고 있는가? 삶의 의미를 잃었다면, 어떻게 그렇게 되었는지 생각해 보라.

DAY 193

내가 주의 법도들을 작은 소리로 읊조리며 주의 길들에 주의하며 (시 119:15)

뇌 건강을 위한 팁 | 생각은 유전자 발현의 질을 결정함으로 삶의 질을 결정한다.

어떤 생각을 품느냐에 따라 뇌의 건강이 좋아질 수도 있고, 나빠질 수도 있다. 생각이 유전자의 기능에 지대한 영향을 끼치기 때문이다. 정보에 감정적으로 반응하고 싶더라도, 우리는 긍정적인 것에 초점을 맞추도록 창조되었다.

그러나 선택의 자유로 인해, 우리는 좋은 가능성과 나쁜 가능성을 모두 생각해 볼 수 있게 되었다. 게으름을 피우며 자신의 생각을 훈련하지 않으면, 오히려 부정적으로 반응함으로 뇌의 보상체계를 왜곡하여(부정적인 생각을 품고 악한 말과 행동을 할 때, 모종의 '쾌감'을 얻는다는 뜻이다 - 역자 주) 유전자의 기능에 악영향을 끼친다.

이를 테면 다른 사람을 험담할 때처럼 말이다. 그러면 우리의 뇌 안에서 도파민이 과하게 분출되면서 일시적으로 기분이 좋아진다. 만일 이런 일이 빈번하게 반복되면, 우리의 뇌는 동일 수준 혹은 그 이상의 쾌감을 갈망하게 된다. 그 후에 몸과 마음이 안 좋아지더라도 말이다. 그러나 우리는 외부의 영향력에 좌우되는 존재가 아니다.

마음의 힘을 사용하여 당신의 생각을 하나님의 길에 고정하라. 이기적인 욕심이 아니라 하나님의 교훈을 묵상하라.

DAY 194

그러므로 너희 마음의 허리를 동이고 근신하여 예수 그리스도께서 나타나실 때에 너희에게 가져다주실 은혜를 온전히 바랄지어다 (벧전 1:13)

 뇌 건강을 위한 팁 | 당신에겐 마음을 단련할 능력이 있다. 그러니 마땅히 소망해야 할 것을 소망하고, 건강한 유전자 발현을 꾀하라.

성경과 과학은 모두 우리가 '소망'과 '긍정성'에만 반응하도록 창조되었다는 사실을 보여 준다. 부정적으로 생각하고 부정적인 선택을 하면, 생각의 질이 낮아져서 결국 뇌 속 구조물들의 질도 낮아진다.

잘못된 일이나 근심에 집중하다 보면, 우리의 몸이 두려움에 반응한다. 그러나 힘들어도 하나님의 생명과 능력에 집중할 때, 우리의 몸은 소망과 믿음에 반응한다. 선택은 우리 몫이다.

> 또 이르시되 사람에게서 나오는 그것이 사람을 더럽게 하느니라 (막 7:20)
>
> 뇌 건강을 위한 팁 | 생각은 우리의 DNA를 좋아지게도, 나빠지게도 할 수 있다.

DAY 195

우리가 어떤 생각을 품느냐에 따라 DNA가 바뀐다. 미래에 대해 부정적으로 생각하면, 해로운 생각이 뇌의 회로를 안 좋은 방향으로 바꾸어 놓고 몸과 마음을 해로운 스트레스 상태에 빠뜨린다. 그러면 우리가 지닌 자연 치유 능력이 약화된다. 해로운 생각은 말 그대로 우리의 뇌를 약화시킨다.

DAY 196

오직 여호와를 앙망하는 자는 새 힘을 얻으리니 독수리가 날개치며 올라감 같을 것이요 달음박질하여도 곤비하지 아니하겠고 걸어가도 피곤하지 아니하리로다 (사 40:31)

 뇌 건강을 위한 팁 | 긍정적 가능성을 보는 사고방식은 우리의 뇌와 몸을 건강하게 변화시킨다.

    기업가의 눈을 가진 사람은 모든 상황 속에서 다양한 가능성을 찾아낸다. 이것은 모든 확률과 잠재성을 고려하는 사고방식으로, 그 자체가 긍정적이어서 성공할 때까지 끊임없이 노력한다. 목표를 이루는 것뿐만 아니라 그것을 이뤄 가는 여정 자체를 가치 있게 여긴다.

    이러한 사고구조는 사랑에만 반응하도록 창조된 우리의 본연과 닮아 있다. 우리는 그것을 풀어 놓기만 하면 된다. 내가 환자들과 많은 시간을 보내며 하는 일이 바로 이것인데, 치료 과정에서 놀라운 변화가 나타났다.

    긍정적 가능성을 인식하는 사고방식을 발전시키게 되면, 사랑에만 반응하도록 창조된 뇌의 본연이 활성화되어 우리의 노력과 시도는 실패가 아닌 성공 가능성으로 변화된다. 바로 이것이 성공을 가져오는 선택이다.

DAY 197

네 말로 의롭다 함을 받고 네 말로 정죄함을 받으리라 (마 12:37)

뇌 건강을 위한 팁 | 마음에 무엇을 심을지 주의하라. 우리의 생각은 말로 나타나기 때문이다.

　이미 우리 마음에 자리잡은 생각은 말과 행동으로 나타난다. 우리는 외부에서 유입된 정보를 평가한 후, 이를 바탕으로 선택하고 새로운 사고를 구축하는데, 이것이 말과 행동으로 표출되는 것이다.

　우리는 의식의 테두리 밖 외부요인에 의해 좌우되지 않는다. 그러므로 각자가 생각과 선택에 대해 책임져야 한다. 우리는 고도의 지능과 자유의지를 겸비한 지적인 존재로, 자신의 선택에 대해 책임질 줄 알아야 한다.

　스스로 어떤 말을 하는지 관찰해 보면, 어떤 생각을 하는지 알 수 있다.

DAY 198

나의 하나님이 그리스도 예수 안에서 영광 가운데 그 풍성한 대로 너희 모든 쓸 것을 채우시리라 (빌 4:19)

 뇌 건강을 위한 팁 | 신경과학은 우리가 어떻게 자신을 객관적으로 관찰할 수 있는지 보여 준다.

    신경과학 연구의 가장 흥미로운 측면 중 하나는 우리가 자신의 생각을 객관적으로 볼 때, 뇌의 전두엽이 어떻게 반응하는지 살펴보는 것이다. 우리는 자신의 생각과 행동, 그리고 그에 대한 반응을 관찰할 수 있다.

    우리가 이러한 것들을 할 수 있게 해주신 하나님을 의식하면 "모든 생각을 사로잡아", "마음을 새롭게 하여"와 같은 성경 말씀이 더는 어렵게 느껴지지 않는다. 이것은 하나님께서 우리 안에 디자인해 주신 영광의 풍성함이다.

나는 참포도나무요 내 아버지는 농부라 (요 15:1)

뇌 건강을 위한 팁 | 우리는 다양한 관점으로 상황을 관찰할 수 있다.

우리에겐 '다중 관점 유익'(Multiple Perspective Advantage)이 있는데, 앞에서도 몇 차례 언급했다. 이것은 지혜를 키우는 데 도움이 되기 때문에 매우 중요한 개념이다. 하나님의 형상대로 창조된 우리의 독특하고 다각적인 성향은 사물을 다양한 각도와 관점으로 볼 수 있게 해 준다. 우리는 자기만의 방식으로 자신의 생각과 그로 인한 영향을 살피고, 참 포도나무이신 그리스도께 연결되기로 선택한다. 뇌를 치유하기 위해 도움을 구하여 긍정적인 성장을 도모하고, 부정적인 생각을 가지치기할 수 있다.

항상 다양한 관점으로 자신이 처한 상황을 살피는 시간을 가지라. 한 가지 관점으로만 상황을 진단하는 것은 결국 '제 무덤 파기'와 같다. 이러한 편견은 뇌의 선상을 해쳐 타인을 증오히는 말과 행동을 낳기도 한다.

 자녀들아 너희는 하나님께 속하였고 또 그들을 이기었나니 이는 너희 안에 계신 이가 세상에 있는 자보다 크심이라 (요일 4:4)

TIP 뇌 건강을 위한 팁 | 뇌는 마음의 지침과 선택을 따르며, 이로 인해 뇌의 구조(물)도 바뀐다.

어떤 생각을 품을지는 전적으로 우리의 선택에 달렸다. 이러한 결정은 우리의 사적인 생각에 따라 이루어진다. 우리가 생각하고 말하고 행하는 방식을 바꿔야 할 필요가 있다는 것을 깨닫고 인식할 때, 그동안의 해로운 선택으로 심하게 왜곡되어 있는 자신의 모습과 진정한 정체성을 구별해야 한다.

기억하라. 뇌 속에 무언가를 넣었다면 밖으로 끄집어낼 수도 있다! 당신은 과거의 피해자가 아니다. 당신의 뇌는 마음의 지시와 결정에 따르고, 그로 인해 뇌 속의 환경이 바뀌게 된다.

DAY 201

하늘이 하나님의 영광을 선포하고 궁창이 그의 손으로 하신 일을 나타내는도다 (시 19:1)

뇌 건강을 위한 팁 | 과학은 이 세상을 향한 하나님의 사랑을 존중하고 신뢰하는 방법이다.

과학과 신앙은 서로 대립하는 것이 아니다. 과학은 우리의 뇌와 몸, 그리고 우리가 살고 있는 세상을 이해하는 방법을 제공한다. 우리는 과학을 통해 하나님의 광대하심을 엿볼 수 있다. 과학은 하나님을 경외하는 방법이다! '생각의 과학'은 특별히 우리가 어떻게 해야 마음을 새롭게 할 수 있을지, 그 방법을 알려준다.

하나님이 우리와 우리가 사는 세상을 얼마나 정교하게 만들어 주셨는지 깨닫게 되면, 그분의 은혜와 위대하심을 찬양하게 된다. 하나님이 다스리시고, 그분이 무엇을 행하고 계시는지 아신다는 사실이 우리에게 평안을 준다.

DAY 202

예수를 죽은 자 가운데서 살리신 이의 영이 너희 안에 거하시면 그리스도 예수를 죽은 자 가운데서 살리신 이가 너희 안에 거하시는 그의 영으로 말미암아 너희 죽을 몸도 살리시리라 (롬 8:11)

TIP 뇌 건강을 위한 팁 | 우리는 유전자의 노예가 아니다. 유전자는 독립된 개체가 아니므로 스스로 활동할 수 없다. 우리는 생각으로 유전자를 작동시킨다!

우리는 그동안 몸과 마음의 건강이 우리가 어찌할 수 없는 유전자의 영역에서 결정된다는 소위 '유전자 신화'를 믿어 왔다. 너무나도 많은 사람들의 몸과 마음의 건강 그리고 평안과 행복이 이러한 신화에 오랫동안 매여 있었다. 거의 매일 유전자에 대한 이런저런 내용들이 헤드라인으로 떠오른다. 우리가 알코올 중독자가 되거나 우울증을 앓거나 학습장애로 고생하는 것은 그러한 유전자를 가지고 있기 때문이라는 것이다.

유전자가 이러한 문제들이 우리 안에서 자랄 수 있는 환경, 곧 성향이나 저주를 조성할 수도 있다는 사실을 인식하는 것은 중요하다. 그러나 그것이 반드시 문제로 이어지는 것은 아니다. 우리의 선택을 통해 그것이 문제가 될 수는 있다. 우리가 반응하는 방식, 즉 우리의 생각과 선택이 신호가 되어 세대 간 유전적 문제들을 활성화하거나 비활성화한다. 그러므로 우리는 과거를 어떻게 인식하고 미래의 모든 결정을 어떻게 해야 할지 성령님께 지혜를 구해야 한다.

사람이 무엇으로 심든지 그대로 거두리라 (갈 6:7)

뇌 건강을 위한 팁 | **선택과 경험은 우리의 유전자에 영향을 준다.**

    유전자가 우리를 조종하는 것이 아니라 우리가 유전자를 통제한다. 유전자가 신체적 특성을 결정지을 수는 있지만, 심리적인 현상까지 결정하지는 못한다. 반면, 삶의 경험에 대한 반응을 통해 유전자는 끊임없이 변화한다.
    어떤 선택과 경험과 반응들이 당신의 유전자에 영향을 끼치는가? 당신의 삶에 무엇을 심고 있는가?

DAY 204

믿음은 바라는 것들의 실상이요 보이지 않는 것들의 증거니 (히 11:1)

믿음은 우리가 바라는 것들에 대해 확신하는 것이며, 보이지 않는 것들의 증거입니다. (히 11:1, 원뉴맨성경)

 뇌 건강을 위한 팁 | 우리는 하나님과 함께 삶을 만들어 가는 공동 창조자이다.

우리는 생명 활동의 피해자가 아니라 하나님과 더불어 삶을 만들어 가는 공동 창조자이다. 우리는 하나님이 삶을 온전히 인도하시도록 허락해 드려야 한다. 가능한 결과에 대해 하나님이 주신 지성(의식과 마음)을 활용하여 자신의 삶을 두고 하나님과 끊임없이 대화하며 그분의 인도하심을 따라야 한다.

나는 이 개념을 가르치기 위해 종종 케이크 만드는 것을 비유로 든다. 케이크는 우리가 다루어야 할 인생의 여러 가지 이슈들을 대변한다. 자유의지가 있으므로 우리는 어떤 케이크를 만들지, 케이크를 만드는 데 어떤 재료를 사용할지 선택한다. 그렇게 완성된 케이크로 무엇을 할지도 결정할 수 있다. 하나님은 우리에게 완성된 케이크를 주지 않으신다. 우리는 하나님과 의논해서 케이크를 만들 수도 있고, 하나님 없이 혼자만의 힘으로 케이크를 만들 수도 있다.

하나님은 우리에게 생각할 능력을 주셨고, 우리는 이 생각으로 인생을 산다. 우리가 무엇을 믿고 소망하든, 그것은 결국 물질계에 모습을 드러내고, 우리는 이를 따라 행한다.

자기의 육체를 위하여 심는 자는 육체로부터 썩어질 것을 거두고 성령을 위하여 심는 자는 성령으로부터 영생을 거두리라 (갈 6:8)

DAY 205

뇌 건강을 위한 팁 | 우리는 생각을 통해 뇌를 바꿀 수 있다.

생각과 상상의 결과인 우리의 선택은 DNA의 깊은 곳까지 파고들어 특정 유전자의 스위치를 켜거나 끔으로 뇌의 뉴런 구조를 변화시킨다. 우리의 생각과 상상과 선택은 분자, 후성유전, 세포, 신체구조, 신경화학적·전자기적·아원자적 차원 등 거의 모든 차원에서 뇌의 기능과 구조를 변화시킨다. 우리는 매일, 매 순간 자신의 뇌를 수술하는 외과의사이다.

그러므로 아들이 너희를 자유롭게 하면 너희가 참으로 자유로우리라 (요 8:36)

뇌 건강을 위한 팁 | 우리는 유전 정보의 피해자가 아니다.

후성유전학은 '선과 악 그리고 추함'(the good, the bad, and the ugly: 클린트 이스트우드 주연의 유명한 서부영화로, 국내에선 '석양의 무법자'라는 제목으로 개봉되었다 – 역자 주) 이 세대에 걸쳐 내려오는데, 우리의 마음이 그러한 유전자의 발현을 작동시키기도 하고, 멈추게도 하는 주요 신호(후성유전적 특성)라는 사실을 보여 준다.

우리는 이전 세대의 부정적인 습관을 답습하지 않아도 된다. 대신 생각하는 방식을 통해 그들이 표현하는 방식을 조정하고 극복하는 선택을 할 수 있다. 이것이 몸에 익으면, 진정한 자유의 의미를 알게 될 것이다.

> 평안을 너희에게 끼치노니 곧 나의 평안을 너희에게 주노라 내가 너희에게 주는 것은 세상이 주는 것과 같지 아니하니라 너희는 마음에 근심하지도 말고 두려워하지도 말라 (요 14:27)
>
> **뇌 건강을 위한 팁** | 단지 부정적인 생각을 품었을 뿐인데, 그 생각이 문제가 되어 마음속 평안을 앗아갈 수 있다. 반대로 긍정적인 생각을 품었을 뿐인데, 그 생각이 해결책이 되어 마음에 평안을 안겨 줄 수도 있다.

후성유전적 변화는 자극, 곧 우리가 주로 하는 생각에 대한 우리 몸의 생물학적 반응이라 할 수 있다. 이러한 변화는 '후성유전적 지표'(epigenetic marks, DNA 또는 DNA 관련 요소들에 생긴 변화를 뜻한다. 이 변화는 세포분열을 통해 새로 생성된 딸세포에 유전된다 – 역자 주)를 통해 유전될 수 있다. 그러나 우리가 신호(환경)를 제거하면, 후성유전적 지표는 점점 희미해진다.

마찬가지로 우리가 부정적인 신호(자극)를 만든다면, 예를 들어 "엄마는 평생 우울증에 시달리셨어. 그래서 내가 우울한 거고, 내 딸도 우울증으로 고통 받게 될 거야"라고 말한다면, 우리의 생각과 말이 강력한 신호가 되어 후성유전적 지표를 활성화한다. 끊임없이 문제를 생각하고, 후성유전적 지표를 활성화할 신호를 만들어 내는 것이다. 그러니 자신이 생각하고 말하는 것을 늘 살피라.

너와 네 자손이 살기 위하여 생명을 택하고 (신 30:19)

뇌 건강을 위한 팁 | 유전의 영향을 무시할 순 없지만, 그것이 우리의 삶을 지배하도록 내버려 두어선 안 된다. 우리는 그것을 변화시킬 수 있다.

과거는 성향을 만들 뿐이지 숙명이 아니다. 이전 세대가 내린 결정 때문에 우리에게 주어진 부정적 성향에 대해 우리가 책임질 필요는 없다. 그러나 자신의 부정적 성향을 알아내고, 분석하고, 제거하기로 선택하는 것은 우리의 책임이다. 부모 또는 이전 세대의 선택이 우리의 삶을 망가뜨리도록 두어선 안 된다.

당신이 어떤 삶을 살고 싶은지, 그리고 어떤 유산을 후손에게 남기고 싶은지 스스로 선택할 수 있다.

> 너희가 온 마음으로 나를 구하면 나를 찾을 것이요 나를 만나리라 (렘 29:13)
>
> **뇌 건강을 위한 팁 |** 우리가 사랑을 추구할수록 삶 가운데 하나님의 사랑을 더 많이 경험하게 될 것이다. 사랑이 우리 뇌의 '초기화 모드'이기 때문이다.

DAY 209

　우리가 행복과 평안과 건강이나 근심과 걱정과 비관(悲觀)의 스위치 중 어떤 선택을 하든, 뇌의 물리적 구성요소는 변할 것이다. 이러한 '신경가소성'은 우리에게 유익이 될 수도 있고, 해로울 수도 있다. 가장 많이 품은 생각이 가장 크게 자라기 때문이다.

　우리가 하나님의 사랑을 더 많이 생각하고 추구할수록 우리의 뇌와 몸과 삶 속에서 하나님의 사랑을 더 많이 경험하게 될 것이다. 진리와 사랑은 항상 승리한다.

내 속에 근심이 많을 때에 주의 위안이 내 영혼을 즐겁게 하시나이다 (시 94:19)

뇌 건강을 위한 팁 | 우리는 해로운 생각을 '재개념화'할 수 있다. 즉 그것들을 제거하고, 새롭고 건전한 사고방식으로 디자인할 수 있다는 뜻이다.

어떻게 해로운 생각을 바꿀 수 있을까? 가장 중요한 것은 부정적인 사건이나 경험을 긍정적인 생각 회로에 연결하여 뇌의 신경가소성을 올바르게 적용하는 것이다. 우리는 성령의 인도하심 가운데 과거의 기억을 의식의 영역으로 가져올 수 있다. 그러면 그것이 실제로 변화될 수 있을 정도로 '가소성'을 띠게 된다. 기억을 구성하는 물질이 약해져서 변형 가능한 상태가 된다는 말이다.

우리는 해로운 기억을 하나님의 약속의 말씀으로 바꿀 수 있다. 마치 창밖에서 들여다보는 것처럼, 유해하고 끔찍한 상처로 남은 기억들이 희미해지면서, 동시에 새롭고 건강한 경험이 자라나는 것을 볼 수 있다. 이것을 매일 연습한다면, 새롭고 건강한 생각들이 뇌 속 깊이 새겨진다(이 과정을 진행하는 방법에 대해서는 나의 저서 《뇌의 스위치를 켜라》와 온라인 프로그램을 참고하기 바란다). 이것이 바로 마음을 새롭게 하는 방법이다.

DAY 211

내 영혼아 여호와를 송축하며 그의 모든 은택을 잊지 말지어다 그가 네 모든 죄악을 사하시며 네 모든 병을 고치시며 네 생명을 파멸에서 속량하시고 인자와 긍휼로 관을 씌우시며 좋은 것으로 네 소원을 만족하게 하사 네 청춘을 독수리 같이 새롭게 하시는도다 (시 103:2-5)

뇌 건강을 위한 팁 | 생각을 바꾸면 뇌 속의 뉴런이 변화된다.

힘든 상황에서 하나님의 사랑과 은혜와 용서에 집중하기로 선택하면, 뇌 속의 구조가 달라진다. 부정적인 일들의 지속적인 반복이 끊어짐으로 뉴런들에 충분한 신호가 전달되지 않으면, 해당 뉴런들의 발사 빈도는 점점 뜸해지고 결속도 느슨해지면서 트라우마에 결합된 부정적 감정이 문자 그대로 녹아 없어진다. 또한 트라우마로 인한 부정적인 생각들 주변에 (화학물질들을 결합하고 개조하는) 옥시토신, (집중력을 높여주는) 도파민, (평안과 행복의 감정을 증폭시키는) 세로토닌과 같은 화학물질들이 흐르기 시작하면서 그것들을 더욱 약화시킨다.

이 모든 과정은 해당 뉴런들의 결속을 무너뜨리고 비동기화(desynchronize)시킨다. 뉴런들이 발사를 멈추면, 더 이상 연결되지 않게 된다. 그러면 그런 연결들이 사라지거나 끊어지고, 그 자리에 건강한 뉴런의 연합이 새롭게 일어나면서 치유가 일어난다!

DAY 212

> 하나님이 우리에게 주신 것은 두려워하는 마음이 아니요 오직 능력과 사랑과 절제하는 마음이니 (딤후 1:7)
>
> **TIP** 뇌 건강을 위한 팁 | 우리에게는 마음과 뇌가 우리에게 해가 되는 것이 아니라 도움이 되도록 작동하게 할 수 있는 능력이 있다.

요즘 거의 모든 사람이 인간의 심리나 자기 계발에 관심이 많은 것 같다. 그렇다면 어떤 방식으로 마음이 우리의 유익을 위해 일하도록 하는가? 우리의 마음을 어떻게 사용하고 있는가? 어떻게 몸과 마음 모두 건강해지는 삶의 방식을 만들어 가는가? 어떻게 자신의 감정과 생각과 몸의 감각을 자각하고, 진정시키고, 받아들이는 것을 넘어 오래도록 변화를 지속하는가?

우리는 '완전한 나' 안에서 생각하고 느끼고 선택하는 능력, 즉 자신만의 맞춤형 사고를 사용할 수 있다. 미디어나 의사의 소견, 주변 사람들이 당신에게 다른 말을 하도록 허락하지 말라. 우리의 독특한 마음에는 부정적이고 해로운 현상들을 변화시키고 '완전한 나'를 받아들일 능력이 있다.

> 사랑하는 자여 네 영혼이 잘됨 같이 네가 범사에 잘되고 강건하기를 내가 간구하노라 (요삼 1:2)
>
> 뇌 건강을 위한 팁 | 관점이 중요하다!

우리의 삶을 결정하는 주체가 사회나 뇌가 아니라는 것을 알아야 한다. 또한 독특한 관점을 지닌 우리의 생각이 사회의 한계를 넘어 생각하고, 배우고, 성공하는 우리의 능력을 방해할 수 있다.

혹시 인스타그램을 훑어보다가, 어쩐지 자신의 삶과 비교되어 무력감에 사로잡혀 본 적이 있는가? 영화 〈악마는 프라다를 입는다〉의 주인공처럼 끊임없이 야단치는 상사 때문에 지쳐 있는데, 책임감 때문에 또는 그럴 만하다고 생각하여 견디고 있는가? 시험에서 떨어질 것을 알면서도 공부하고 있는 자신을 바라보며 낙담해 본 적이 있는가? 때로는 우리를 가장 괴롭게 하는 존재가 자기 자신일 수도 있다.

상황에 대한 우리의 인식, 즉 주어진 상황과 삶 가운데 일어나고 있는 일들에 어떻게 대처하는지가 우리의 뇌와 몸의 기능에 영향을 끼친다. 우리가 인식을 바꾸면, 우리의 몸과 환경도 바꿀 수 있다. 우리는 삶의 주인이다.

참된 변화가 지속적으로 일어나려면, 영적·육적 차원에서 조치가 필요하다.

DAY 214

우리 구주 하나님의 자비와 사람 사랑하심이 나타날 때에 우리를 구원하시되 우리가 행한 바 의로운 행위로 말미암지 아니하고 오직 그의 긍휼하심을 따라 중생의 씻음과 성령의 새롭게 하심으로 하셨나니 우리 구주 예수 그리스도로 말미암아 우리에게 그 성령을 풍성히 부어 주사 우리로 그의 은혜를 힘입어 의롭다 하심을 얻어 영생의 소망을 따라 상속자가 되게 하려 하심이라
(딛 3:4-7)

 뇌 건강을 위한 팁 | 마음이 뇌를 통제한다.

　세상은 마음이 뇌의 영향을 받는다고 말할지도 모른다. 그러나 하나님은 성경과 과학을 통해 뇌가 마음의 결정에 따른다는 사실을 보여 주신다. 성령의 인도하심 가운데 우리의 영이 마음을 이끌기 시작하면, '생각의 황금률'(golden standard of thinking)이 완성된다. 영혼이 마음을 통제하고, 마음이 뇌를 통제하게 되는 것이다. 그러면 우리는 단지 생존하는 것을 넘어 성공할 수 있다.

　모든 변화는 마음에서 시작된다. 사회문화적 흐름과 우리 자신의 생각의 영향력을 모두 고려하여 과거를 재정립하고, 현재를 다시 그리며, 미래를 현실화할 수 있다.

악한 동무들은 선한 행실을 더럽히나니 (고전 15:33)

뇌 건강을 위한 팁 | 환경은 우리의 생각과 말과 행동에 영향을 끼친다.

DAY 215

　우리의 사고방식은 삶의 방식, 문화적인 배경, 깊이 몰두해 있는 것들, 자신과 주변 사람들의 신념, 사람들과 교류하는 방식, 신앙, 그리고 그 신앙을 어떻게 키워 왔는지 등에 의해 달라진다.

　게다가 이 모든 요소가 몸속 단백질의 합성 방식, 효소의 활동, 신경화학 물질의 효능 등에 직접적인 영향을 준다. 이런 식으로 환경은 뇌 구조물의 형성에도 영향을 끼친다. 환경이 우리의 말과 생각과 행동에 끼치는 영향을 무시할 수는 없다.

DAY 216

다만 이뿐 아니라 우리가 환난 중에도 즐거워하나니 이는 환난은 인내를, 인내는 연단을, 연단은 소망을 이루는 줄 앎이로다 소망이 우리를 부끄럽게 하지 아니함은 우리에게 주신 성령으로 말미암아 하나님의 사랑이 우리 마음에 부은 바 됨이니 (롬 5:3-5)

 뇌 건강을 위한 팁 | 생각을 바꾸는 것은 하루아침에 이뤄지지 않는다.

스스로 뇌 구조를 수술하거나 신경가소성을 활용하여 생각을 바꾸고 마음을 새롭게 하는 것은 꾸준히 뇌를 훈련시켜야 가능한 일들이다. 실제적이고 지속적인 변화는 오랫동안 지속될 때 일어난다.

생각하고 말하고 행하는 방식을 단숨에 바꿔 주는 손쉬운 해결책이나 지름길 혹은 마법 같은 것은 없다. 인내와 훈련만이 생각을 새롭게 하여, 우리의 뇌를 물리적·화학적·구조적·기능적으로 변화시킨다.

혹시 빠른 해결책을 찾고 있다면 실망하게 될 것이다. 하나님은 우리가 노력하는 만큼 도와주신다. 먼저 첫걸음을 내디뎌야 한다. 그것을 먼저 결단해야 한다.

악에게 지지 말고 선으로 악을 이기라 (롬 12:21)

뇌 건강을 위한 팁 | 우리가 살아가는 방식에 영향을 주는 요소들은 우리가 선택한다.

심리사회적 요소들은 심혈관계 질환, 당뇨, 천식 등과 같은 특정 질병의 경과에 영향을 준다. 주변에서 일어나는 일들이 마음에 영향을 주고, 마음의 변화는 뇌의 변화로 이어지며, 뇌의 변화가 몸의 변화에 영향을 주는 것이다.

뇌가 우리 삶에 유익을 끼치거나 해를 끼치는 방향으로 변화될 수 있다는 신경가소성을 이해하게 되면, 우리의 마음에 무엇을 들여보낼지 잘 살피고, 세상에 영향을 끼치는 방식을 잘 관리하게 되어 진취적이고 성공적인 삶을 사는 데 도움이 될 것이다.

DAY 218

너희는 가만히 있어 내가 하나님 됨을 알지어다 (시 46:10)

TIP | 뇌 건강을 위한 팁 | 몸과 마음의 건강을 위해서는 '경건의 시간'(Quiet Time)이 필요하다.

마음을 진정시키고, 당면한 문제들에 집중하며, 생각을 사로잡아 우리 앞에 놓인 장애물을 제거하는 능력은 하나님께서 우리에게 주신 매우 강력하고 탁월한 능력이다. 그러나 우리는 바쁘게 돌아가는 세상에 적응하느라, 이 천부적이고 필수적인 능력을 사용하지 않는 삶에 익숙해졌다.

마음을 다스리는 능력이 천부적이라고 말한 것은, 그것이 우리 뇌에 이미 내재되어 있기 때문이다. 이 능력을 통해, 우리는 악하고 무질서한 생각들을 사로잡아 훈련할 수 있다. 또 필수적이라고 말한 것은 이 능력이 우리의 영을 차분하고 평온하게 하여 하나님의 말씀에 귀기울 수 있게 해 주기 때문이다.

그러므로 삶 가운데 조용히 묵상하는 시간을 갖는 것은 대단히 중요하다. 잠잠히 머물며 하나님을 생각하고 찬양하는 시간을 가지라.

DAY 219

> 네 짐을 여호와께 맡기라 그가 너를 붙드시고 의인의 요동함을 영원히 허락하지 아니하시리로다 (시 55:22)
>
> **뇌 건강을 위한 팁** | 사랑 안에서 행하기로 선택하면, 힘든 시기를 견디며 회복하는 능력이 향상된다.

생각에는 양자 에너지와 전기화학적·전자기적 신호들이 들어 있어서 우리의 인식 영역 '아래로' 흘러 다닌다. 예를 들어 사랑하는 사람을 떠올릴 때, 뇌의 미상핵(caudate nucleus) 안에서는 긍정적인 구조 변화가 일어나는데, 이 변화는 행복이나 보상 등의 좋은 감정을 느끼게 해준다. 그뿐만 아니라 사랑과 같은 긍정적 태도를 선택할 때, 이에 대한 반응 차원에서 우리 몸은 건강한 전자기적 신호들과 양자장(quantum fields)을 발사(방출)하며, 하루를 잘 보낼 만큼의 충분한 힘과 에너지를 선사한다.

하지만, 정반대의 상황도 발생한다. 스트레스는 우리에게 유익이 되기도 하지만, 상황을 어떻게 인식하느냐에 따라 믿기 어려울 정도로 해로울 수 있다. 어느 날, 친구가 이런 말을 했다. 차를 타고 이전에 다니던 직장을 지나가는데, 유해한 업무 환경에서 겪었던 심장 통증이 다시 느껴졌다는 것이다. 이런 증상은 회사를 그만둔 후에야 사라졌는데, 당시 그녀에게 필요한 것은 약이나 수술이 아니라, 다른 직장을 찾아보려는 결단이었다! 그녀는 유해한 스트레스를 주는 일이 아니라 건강한 삶을 사랑하기로 마음먹었다.

우리는 지속적으로 삶에 대처할 수 있어야 한다. 반가운 소식은 이미 우리 안에 견딜 수 있는 시스템이 구축되어 있다는 것이다. 우리가 마음을 새롭게 하여 사랑 안에서 행할 때, 이 시스템이 작동한다.

DAY 220

오직 여호와의 율법을 즐거워하여 그의 율법을 주야로 묵상하는도다 (시 1:2)

TIP 뇌 건강을 위한 팁 | 깊이 있는 건강한 사고가 건강한 삶으로 이끈다.

연구 결과에 따르면, 매일 5-16분 정도 깊은 생각(묵상)에 잠기면 뇌 전두엽의 기능이 높은 수준으로 활성화되어 더욱 지혜롭게 살 수 있다고 한다. 5-16분 정도 깊이 있고 집중적인 묵상을 하면, 더 행복한 관점을 갖게 될 가능성이 높아진다.

건강한 생각을 마음 깊이 품고 새로운 지식을 습득하려고 노력하는 것은 건강하고 행복한 삶의 필수요소이다.

DAY 221

하나님께서 지으신 모든 것이 선하매 (딤전 4:4)

뇌 건강을 위한 팁 | 우리의 뇌는 하나님의 영광을 나타내도록 디자인되었다.

우리의 뇌 구조에는 하나님의 질서가 분명하게 반영되어 있다. 하나님은 우리의 뇌가 질서정연한 네트워크 안에서 작동하도록 디자인해 놓으셨다. 하나님이 창조하신 모든 것은 항상 선하다.

학계에서는 이러한 뇌의 질서정연한 네트워크를 '통합 기능 조직'(integra-tive functional organization)이라 하는데, 뇌의 모든 부위가 연결되어 함께 작동하며 서로에게 영향을 준다는 뜻이다. 이것은 하나님 나라의 모든 지체가 그분의 영광을 위해 일하도록 디자인된 것과 같다.

그런데 이러한 뇌의 질서와 조화는 오직 우리가 사랑 안에서 올바르게 생각할 때만 가능하다. 우리의 뇌는 오직 사랑에만 반응한다. 여기서 사랑이란, 우리가 하나님을 따라 그분의 생각으로 생각하는 것이다. 이것은 창조주의 선하심이 그의 형상인 우리 안에 있음을 인정하고, 세상에 그 선하심을 나타내는 것이다.

당신의 삶에는 사랑이 어떤 모습으로 나타나고 있는가?

DAY 222

> 사람에게서 나오는 그것이 사람을 더럽게 하느니라 … 이 모든 악한 것이 다 속에서 나와서 사람을 더럽게 하느니라 (막 7:20-23)

 뇌 건강을 위한 팁 | 마음에서 나오는 신호는 비물질적인 빛의 파동이나 에너지 다발로 인식된다. 그런데 이 비물질적인 마음의 신호가 우리 몸의 90~99%를 만들어 낸다.

눈에 보이지 않는다고 해서, 마음의 힘을 무시해선 안 된다. 생각이 양자의 속도로 뇌를 통과할 때, 뉴런들이 특정한 방식으로 발사되는데, 이 활동이 우리의 신경계를 변화시킨다. 우리가 (오랫동안 구축해 놓은 사고구조 안에서) 생각할 때, 뇌 속 신경의 상관관계(correlates)가 영향을 받아 우리의 말과 행동도 영향을 받게 된다. 결국 이러한 말과 행동은 다시 뇌에 영향을 주면서 반응의 순환고리가 반복적으로 형성되어 사고구조가 견고해진다. 그러나 이러한 반응의 순환고리는 사고구조를 변화시키겠다는 우리의 결심으로 언제든지 바뀔 수 있다.

하나님은 우리의 마음(생각)이 무의식 차원에서 가장 많이 작용하도록 우리의 뇌를 디자인하셨다. 무의식의 영역에서 생각하고, 선택하고, 다양한 생각들을 구축하거나 분류하는 것이다. 이러한 작업은 우리가 휴식하는 동안에도 쉬지 않고 진행되기에 아주 많은 에너지가 필요한 작업이다.

우리가 의식 차원에서 생각하고 말하고 행하는 모든 것은 사실 무의식의 활동에 의해 촉발되는 것이다. 무의식이 말과 행동과 선택의 뿌리이다. 어떤 뿌리를 소유할지는 우리의 마음(속사람)이 선택한다!

> 안식일이 사람을 위하여 있는 것이요 사람이 안식일을 위하여 있는 것이 아니니 (막 2:27)
>
> 뇌 건강을 위한 팁 | **우리는 쉬도록(안식하도록) 지음 받았다.**

우리가 의도적으로 휴식을 취하여 내면을 집중적으로 살피는 상태에 들어가면, 무의식의 활동이 활성화된다. 하나님은 쉬지 않으신다. 그분이 천지를 창조하신 후 성소에서 만물을 다스리시는 것처럼, 우리도 모든 활동을 멈추지 않는다.34)

우리가 의도적으로 휴식을 취하게 되면, 뇌의 감마파가 증가하는데, 이것은 집중력, 기억력, 학습능력을 높여주고 행복과 같은 긍정적 감정에도 깊이 관여한다. 최첨단 과학기술인 PET 스캔(양전자 방사 단층 촬영)과 EEG(뇌파검사), qEEG(정량뇌파검사) 기록은 우리 뇌의 어느 부위에서 지혜와 행복과 평안을 담당하는지를 보여 준다.

DAY 224

내 이름으로 불려지는 모든 자 곧 내가 내 영광을 위하여 창조한 자를 오게 하라 그를 내가 지었고 그를 내가 만들었느니라 (사 43:7)

 뇌 건강을 위한 팁 | 두려움을 버리고 가능성의 사고방식을 선택하면, 우리가 기능하는 방식이 바뀐다.

하나님의 아름다운 사랑은 우리 각 사람을 통해 나타난다. 우리가 두려운 상황을 가능성의 기회로 여기면, 그것이 결국 하나님의 영광을 나타내는 것이다. 우리에게는 고군분투하지 않아도 풍성한 삶을 누릴 수 있는 엄청난 능력이 있다.

의식적으로 감사하는 사고방식과 태도를 훈련하면, 그에 대한 보상으로 뇌에서 도파민과 같은 신경전달물질들이 분비되어 긴장의 끈을 늦추지 않으면서도 마음이 밝아지는 것을 경험하게 될 것이다.

성공으로 향하는 길은 하나님의 영광을 나타내는 것과 직접적으로 연결되어 있는데, 이것은 우리의 생각에서 시작되고, 우리의 뇌와 삶도 그것에 반응하게 되어 있다.

우리가 '완전한 나' 안에서 행하지 않으면, 이 세상이 어떻게 하나님의 영광을 이해하겠는가? 우리 각 사람은 하나님의 영광을 구성하고 있는 하나하나의 퍼즐 조각이다.

DAY 225

이로써 그 보배롭고 지극히 큰 약속을 우리에게 주사 이 약속으로 말미암아 너희가 정욕 때문에 세상에서 썩어질 것을 피하여 신성한 성품에 참여하는 자가 되게 하려 하셨느니라 그러므로 너희가 더욱 힘써 너희 믿음에 덕을, 덕에 지식을, 지식에 절제를, 절제에 인내를, 인내에 경건을, 경건에 형제 우애를, 형제 우애에 사랑을 더하라 (벧후 1:4-7)

뇌 건강을 위한 팁 | 사랑 안에서 말하고 행하고 싶다면, 생각을 다스려야 한다.

마음을 훈련하지 않으면, 끊임없는 염려와 두려움, 왜곡된 인식이 흘러넘치면서 몸과 마음을 퇴행시키는 과정이 촉발된다. 모든 생각을 사로잡아 그리스도께 복종시키는 일은 꿈도 꾸지 못할 것이다.

우리의 생각을 사로잡는 것은 매우 중요하다. 그래야 우리의 영이 평안해져서 마음과 생각을 하나님께 집중시켜 그분의 음성을 듣고, 그분의 사랑을 따라 행할 수 있게 되기 때문이다. 하나님의 신성한 성품에 참여하는 자가 될 수 있는 것이다.

DAY 226

> 내가 주의 법도들을 작은 소리로 읊조리며 주의 길들에 주의하며 주의 율례들을 즐거워하며 주의 말씀을 잊지 아니하리이다 (시 119:15-16)
>
> 뇌 건강을 위한 팁 | 유해한 생각을 재개념화하려면 먼저 그것에 대해 알아야 한다. 그것을 인지하면, 약해져서 쉽게 변화될 수 있다.

우리의 마음이 말씀 묵상, 자아 성찰, 깊은 사고, 숙면, 혹은 멍 때리기와 같은 내적 활동에 돌입할 때(의도적인 휴식을 취할 때), 무의식은 바빠진다. 무의식 중에 뇌의 네트워크들 사이에 끊임없는 대화가 일어나는 것이다.

주어진 상황과 환경에 즉흥적으로 반응하는 것이 아니라, 시간을 내어 선한 것들을 생각하며 묵상하면, 뇌가 올바르게 작동하게 된다. 우리가 유연하고 창조적인 사고를 하게 되면, 여러 생각들 사이를 방황하는 대신, 그것들을 사로잡아 통제할 수 있게 된다. 우리는 이것을 매일, 매 순간 끊임없이 훈련해야 한다.

DAY 227

> 주께서 심지가 견고한 자를 평강하고 평강하도록 지키시리니 이는 그가 주를 신뢰함이니이다
> (사 26:3)

뇌 건강을 위한 팁 | 우리는 정신적 유연성을 통해 외부환경에 대한 우리의 반응을 통제하여 평안을 누릴 수 있다!

    인생을 살아가려면 정신적 유연성이 필요하다. 우리가 주어진 환경이나 상황, 사건을 통제할 수는 없지만, 우리의 반응은 통제할 수 있다는 사실을 끊임없이 인정하고 상기해야 한다.

    우리의 반응을 통제하려면 사고의 유연성이 필요한데, 이것은 우리 뇌 안에 이미 내재되어 있다. 하나님은 뇌가 우리의 삶에 유익이 되도록 창조하셨다. 뇌가 우리를 통제하거나 삶에 해가 되도록 창조하지 않으셨다. 하나님의 평강이 우리의 마음을 지키시기 때문에 우리는 올바르게 생각하고 반응할 수 있다.

하나님을 가까이하라 그리하면 너희를 가까이하시리라 (약 4:8)

뇌 건강을 위한 팁 | 평안하고 고요한 시간은 지혜를 사용하여 발전시키는 데 도움이 된다.

우리가 차분히 앉아 묵상하는 가운데 뇌가 초기화모드(DMN, Default Mode Network)로 전환되면, 쉬기 위해 모든 스위치를 끄고 아무 생각도 하지 않는 것이 아니다. 오히려 그 반대로, 쉬는 동안 우리의 뇌는 지혜와 통찰력, 하나님과 소통하는 기회를 제공하는 깊은 사고의 스위치를 켜기 위해 다른 스위치들을 꺼 버린다. 이것은 외부에 대한 스위치는 끄고, 내부의 스위치만 켜 두는 상태이다.

가능한 한 매일 자주 이런 시간을 가지면서, 자신의 사고가 성장하고 발전하는 모습을 지켜보라.

> 평안을 너희에게 끼치노니 곧 나의 평안을 너희에게 주노라 내가 너희에게 주는 것은 세상이 주는 것과 같지 아니하니라 너희는 마음에 근심하지도 말고 두려워하지도 말라 (요 14:27)
>
> 뇌 건강을 위한 팁 | 우리는 깊고 지적인 생각과 묵상을 통해 우리의 내면의 영적 존재와 연결된다.

DAY 229

깊이 있는 지적인 사고를 하는 동안, 관련된 신경 네트워크는 활성 상태를 유지한다. 또한 그들 사이의 이동과 교환도 활성 상태를 유지하는데, 이것은 다른 종류의 활동이다. 이것은 보다 내면에 집중되어 있다. 그러므로 우리의 뇌가 초기화 모드(휴식 회로)에 돌입하면, 우리는 사실 쉬는 것이 아니라 더 높은 차원의 이성적이고 자아 성찰적이고 통제된 상태로 변화된다. 그 상태에 더 많이 더 자주 들어갈수록 우리의 깊은 곳에 있는 영적 존재를 접하게 된다.

나는 하나님께서 뇌의 초기화 모드(DMN)를 통해 우리가 성령님과 직접적으로 연결되고, 그분의 임재를 인식하는 것을 훈련하고 계발하게 하셨다고 믿는다. 우리는 성령님과 소통하며 동행할 수 있다!

DAY 230

하나님이 그 일곱째 날을 복되게 하사 거룩하게 하셨으니 이는 하나님이 그 창조하시며 만드시던 모든 일을 마치시고 그 날에 안식하셨음이니라 (창 2:3)

 뇌 건강을 위한 팁 | 뇌는 주기적으로 쉬어야 한다. 우리가 의지적으로 휴식을 선택해야 한다.

외부세계의 스위치를 끄고 깊은 사고 모드로 들어갈 때, 반드시 켜야 하는 스위치가 바로 뇌의 초기화 모드(DMN)이다. 뇌의 초기화 모드 상태는 우리가 공상에 잠길 때, 내면을 깊이 들여다보거나 우리의 마음이 체계적이고 탐색적으로 수많은 생각에 빠져 있을 때, 훨씬 높은 차원으로 활성화된다. DMN은 외부세계의 전파는 차단하고, 내면만을 집중적으로 들여다보는 고도의 지적인 상태이다. 이를테면, 마음의 창조 능력과 상상력을 발휘하기 위해, 외부세계의 끊임없는 요구를 잠재운 상태라 할 수 있다.

안식일은 오늘날 우리가 생각하는 것처럼 몸과 마음의 건강을 위해 그냥 쉬는 날이 아니다. 우리의 마음이 가진 엄청난 능력, 곧 천국을 이 땅에 가져와 세상을 변화시키는 잠재력을 사용하고 깨닫는 방법이다.

안식은 내면의 싸움과 갈등에서 승리한 후, 몸과 마음이 회복되고 새로워질 수 있는 시간이다. 안식은 우리 인생에 질서와 균형을 가져다준다.[35] 이러한 안식이야말로 몸과 마음이 건강해지는 지름길이다.

> 또 이르시되 안식일이 사람을 위하여 있는 것이요 사람이 안식일을 위하여 있는 것이 아니니 (막 2:27)

뇌 건강을 위한 팁 | 외부의 영향을 차단하는 것은 마음을 단련하는 데 도움이 된다.

DAY 231

　주기적으로 깊이 생각하는 사람들, 즉 모든 생각을 사로잡는 삶, 생각을 집중하고 훈련하며 성찰하는 것을 생활화한 사람들의 DMN(뇌의 초기화 모드)은 훨씬 활동적이며, 그들의 뇌 속 신경 네트워크 간의 교류 역시 매우 활발하다. 이것은 뇌의 활동이 왕성하여 뉴런의 가지들이 더 많이 자라면서 여러 생각들을 통합하고 연계하는 작업을 탁월하게 수행함으로 지식과 지혜가 풍성해지고, 깊은 평안을 느낀다는 의미이다.

DAY 232

> 그러므로 내가 너희에게 말하노니 무엇이든지 기도하고 구하는 것은 받은 줄로 믿으라 그리하면 너희에게 그대로 되리라 (막 11:24)

 뇌 건강을 위한 팁 | 깊이 있는 지적인 사고는 우리의 내면에 연결되어 마음을 새롭게 하는 데 도움이 된다.

우리가 기도하고, 성경 말씀을 암송하고, 생각에 집중하고, 새로운 지식을 습득하여 이해하려 노력할 때, 깊은 사고 모드에 돌입한다. 이 위대한 마음의 상태는 우리가 공부할 때, 또는 직장이나 삶 가운데 어떤 기술을 익힐 때와 같이 정보를 깊이 분석할 때에도 활성화된다.

우리는 지극히 지적이신 하나님과 교제하기 위해 창조된 지적 존재이다. 따라서 절대로 우리의 지적인 능력을 과소평가해서는 안 된다. 우리는 다만 스스로를 보는 시각에 제한받을 뿐이다.

DAY 233

주는 선하사 사죄하기를 즐거워하시며 주께 부르짖는 자에게 인자함이 후하심이니이다 (시 86:5)

뇌 건강을 위한 팁 | 우리는 뇌가 선한 것들에 집중하도록 새롭게 훈련할 수 있다.

하나님의 변치 않는 사랑과 긍휼에 감사드릴 때, 우리는 창조 본연의 모습을 회복할 수 있다. 우리가 오직 사랑에만 반응하도록 창조되었기 때문이다. 우리는 타고난 낙관주의적 성향을 사용하여 뇌를 새롭게 훈련할 수 있다. 감사하는 태도는 우리에게 더 많은 가능성을 보고, 더 많은 힘을 얻어, 더 높은 차원으로 성공할 수 있도록 힘을 준다.

우리의 뇌에 부정적인 편향성이 있어서 바람직하지 않은 것들에 집중하려는 성향과 싸워야 한다고 생각하는 것은 잘못된 주장이다. 이러한 부정적인 사고방식은 실제로 뇌의 낙관주의적 성향에 맞서 생각의 패턴을 망가뜨린다.

우리는 우리이 영이 이미 알고 있는 것과 이 지식을 사용하여 어떻게 하나님의 영광을 위해 우리의 삶과 세상을 변화시킬지 이해하는 시간을 가져야 한다.

DAY 234

주께서 대답하여 이르시되 마르다야 마르다야 네가 많은 일로 염려하고 근심하나 몇 가지만 하든지 혹은 한 가지만이라도 족하니라 마리아는 이 좋은 편을 택하였으니 빼앗기지 아니하리라 하시니라 (눅 10:41-42)

 뇌 건강을 위한 팁 | 조급증은 뇌 속에 대혼란을 일으킨다.

　정신없이 바쁜 일상이 이어지면, 뇌 속에서 신경화학적·전자기적 대혼란이 일어나면서 무질서한 사고 구조가 자리잡을 수 있다. 이것은 쉽게 통제할 수 없는 끝없는 사고의 고리와 소용돌이처럼 느껴진다.

　그러나 뇌의 초기화 모드(DMN)를 활성화하게 되면, 그것은 거의 뇌의 안식(샤밧)과 같다. 우리는 의식적으로 분주한 일을 멈추고, 우리의 아름답고도 놀라운 마음속으로 물러나게 된다. 마치 우리의 참 모습, 곧 정체성, 그리고 그리스도와 다시 연결되는 정신적 재부팅 과정처럼 삶의 문제를 통찰할 수 있게 해 준다. 이것은 우리의 생산성을 떨어뜨리는 것이 아니라 오히려 촉진한다.

DAY 235

> 수고하고 무거운 짐 진 자들아 다 내게로 오라 내가 너희를 쉬게 하리라 (마 11:28)
>
> **뇌 건강을 위한 팁** | 쉼 없이 일하면 정신건강까지 나빠질 수 있다. 우리의 뇌는 쉼과 재부팅(다시 시작)의 시간을 가져야 한다.

우리가 뇌의 초기화 모드(DMN)를 활성화하는 자아 성찰적 사고 훈련을 게을리하면, 낮은 자존감과 부정적 자아상에 사로잡혀 문제 상황에 잘 대처하지 못하고, 해결책이 아니라 문제 자체에 더 집중하게 될 수도 있다. 실제로 특정 정보를 처리하는 과정에 오류가 생겨 잘못 처리된 정보가 뇌의 '엉뚱한' 신경 네트워크로 전송되면서 기억력 감퇴, 명료하지 않은 생각, 근심, 우울감 및 다양한 신경정신과적 질병과 같은 여러 문제들이 추가로 발생한다.

나는 환자들에게 사색의 시간을 가지며 자성적 태도로 자신의 생각을 자세히 살펴본 후 그것을 적어보게 하는 것이 (과거의 참담했던 상황에 다시 사로잡힐 가능성이 있음에도 불구하고) 유익이 크다는 것을 경험했다. 어떤 생각이 자유롭게 흘러나오고, 또 어떤 생각에 사로잡혀 있는지 알아내고, 오랜 시간 추적하면서 그것들이 마음에 평안을 주는지, 불만을 주는지도 점검할 수 있었다.

그 후 그들은 부정적인 사고를 대체할 것을 찾아냈고, 나는 그들에게 생각을 새롭게 개념화하는 훈련 방법을 가르쳐 주어 자연스럽게 유익하고 좋은 기억, 성공적인 기억을 형성할 수 있었다.

DAY 236

> 영혼 없는 몸이 죽은 것 같이 행함이 없는 믿음은 죽은 것이니라 (약 2:26)

뇌 건강을 위한 팁 | 좋은 생각은 좋은 행동으로 이어진다.

'작업신경망'(Task Positive Network, TPN)은 결정을 내릴 때 필요한 적극적 사고를 돕는다. 우리가 생각에 깊이 집중하여 뇌의 초기화 모드(DMN)가 활성화되면, 어느 순간 적극적인 의사 결정 단계에 이르게 된다. 바로 이것이 작업신경망(TPN)을 활성화시키면서 이것을 행동(결정)으로 인식하게 된다. 생각이 형성되고 무너지는 사이클을 완성하는 것은 바로 행동이다.

이 활동을 매일의 일정에 통합하여 긍정적인 삶의 변화를 가져오게 할 수 있는 방법을 생각해 보라.

DAY 237

> 너희 중에 누가 염려함으로 그 키를 한 자라도 더할 수 있겠느냐 (마 6:27)

뇌 건강을 위한 팁 | 부정적인 생각은 명확하게 생각하는 능력에 영향을 끼친다.

해로운 사고방식은 뇌의 초기화 모드(DMN)에서는 부정적인 활동을 증가시키고, 작업신경망(TPN)에서는 긍정적인 활동을 방해한다. 이것은 부적응 행동, 우울한 감정, 문제 해결 능력 저하 등으로 이어진다. 이로 인해 우리는 정신이 몽롱하거나 혼란스럽거나 부정적이거나 우울해진 느낌을 받는다. 부정적인 사고는 우리의 지혜와 총명함을 떨어뜨린다.

DAY 238

TIP 시기와 다툼이 있는 곳에는 혼란과 모든 악한 일이 있음이라 (약 3:16)

뇌 건강을 위한 팁 | 나쁜 생각습관은 나쁜 행동으로 이어진다.

하나님은 질서와 균형의 하나님이시다. 그래서 우리의 영과 혼과 육이 조화와 균형을 이루도록 창조하셨다. 이것은 대단히 단순하다. 우리가 하나님의 명령에 따르지 않으면, 우리 뇌의 균형이 깨지면서 신경화학적·전자기적 대혼돈을 겪게 된다.

우리 몸이 최적의 상태로 기능하려면 '비가동 시간'(downtime)이 필요하다. 삶의 다양한 요구들을 충족시키기 위해 우리의 마음과 뇌는 '재부팅'되어야 한다. 이것은 우리가 자신의 생각을 마주할 때만 가능하다. 문자 그대로 외부의 모든 자극에 대해 스위치를 끄고, 자신의 생각에만 집중하는 '퀄리티 타임'(quality time, 다른 사람과 깊은 대화를 나누며 교감하는 시간으로, 주로 부모나 친구와 보내는 시간을 지칭하는데, 간략히 QT라고 한다 - 역자 주)을 가져야 하는 것이다.

잠잠히 머무는 가운데 현재를 즐기는 법을 배우는 것이 중요하다. 과거의 비참함에 매몰되거나 더 나아질 미래만 꿈꾸는 대신, 현재의 기쁨을 맛보는 법을 배워야 한다. 진정한 행복에서 오는 만족감은 성공에 매우 중요한 역할을 한다.

근심이 사람의 마음에 있으면 그것으로 번뇌하게 되나 선한 말은 그것을 즐겁게 하느니라 (잠 12:25)

DAY 239

뇌 건강을 위한 팁 | 곰곰이 생각하는 것은 정신건강에 영향을 준다.

묵상은 종종 비생산적인 명상으로 전락할 수 있다. 묵상 중 갑자기 떠오르는 부정적인 생각으로 인해 뇌의 균형이 무너질 수도 있다. 그러면 뇌 건강이 나빠지고, 삶의 질도 떨어진다. 그뿐만 아니라 뇌의 초기화 모드(DMN)를 활성화하는 자기 성찰의 초점을 벗어나 수동적이고 부정적인 활동에만 몰입하여 근심, 걱정, 우울감을 느끼게 될 수도 있다.

오직 나그네를 대접하며 선행을 좋아하며 신중하며 의로우며 거룩하며 절제하며 (딛 1:8)

TIP | 뇌 건강을 위한 팁 | 생각을 훈련하면, 현명하게 자기를 통제할 줄 아는 삶을 살 수 있다.

자신의 내면을 좀 더 깊이 살피고 싶다는 마음으로(좀 더 집중된 자성적 사고를 바라는 마음으로) 생각을 변화시키면, 우리의 뇌 속에 건강한 신경 구조물들이 세워진다. 그러면 생각을 사로잡아 세상의 다양한 요구들에 적절히 대응할 수 있다.

생각을 훈련하면 우리의 마음은 누구도 예상하지 못한 강력한 힘으로 뇌를 건강하게 변화시킬 것이다! 인생의 문제를 해결하려면, 항상 균형 잡힌 삶의 방식을 추구하고, 그것을 유지하기 위해 노력해야 한다. 이것이 우리의 우선순위가 되어야 한다.

사색하는 시간(곰곰이 생각하는 시간)은 정신적 자기 관리를 위한 필수요소이다. 그러므로 자신의 뇌에 '사색하는 시간'을 허락하라. 치매 방지를 포함하여 뇌 건강을 증진하기 위해 우리는 곰곰이 생각하는 시간을 따로 마련해두어야 한다.

기억하라. 뇌를 발전시키는 최고의 방법은 사색하는 것이다. 사색하는 습관을 가지라. 사색의 생활화를 위해 매일 노력하면, 뇌의 기능은 점점 더 좋아질 것이다.

DAY 241

> 네 눈은 바로 보며 네 눈꺼풀은 네 앞을 곧게 살펴 네 발이 행할 길을 평탄하게 하며 네 모든 길을 든든히 하라 (잠 4:25-26)

뇌 건강을 위한 팁 | 집중은 성공하는 삶의 열쇠 중 하나이다.

    멀티태스킹(한 개의 컴퓨터에서 동시에 두 개 이상의 프로그램이 행해지는 것으로, 다중 작업이라고도 한다 - 역자 주)은 오늘날 대중에 널리 퍼진 전염병 중 하나이다. 이것을 방치하면, 그보다 더 심각한 '조급증'으로 발전한다. 멀티태스킹은 사실 끈질기고 집요한 미신에 불과하다. 실제로는 우리의 관심이 이 일에서 저 일로 신속하게 전환될 뿐이다. 이로 인해 우리는 특정 활동이나 일, 정보에 충분한 관심을 기울이지 못하게 되어 집중도가 크게 떨어지는데, 나는 이러한 문제점들을 '멀티태스킹 밀크쉐이크'라고 부른다.

    이러한 집중력과 생각의 질 저하는 우리의 뇌가 기능하게 되어 있는 방식과 완전히 반대되어 뇌의 손상을 초래한다. 우리의 생각이 급하게 불완전하고 질이 좋지 않은 생각으로 전환될 때마다, 우리의 뇌 속에서는 뇌세포들과 신경화학물질들이 밀크쉐이크처럼 섞인다. 그러므로 최고의 능력을 발휘하면서 깊은 평안을 누리기 원한다면, 한 번에 한 가지 일에만 온전히 집중하는 것이 가장 중요하다.

DAY 242

> 내 아들아 내 말에 주의하며 내가 말하는 것에 네 귀를 기울이라 그것을 네 눈에서 떠나게 하지 말며 네 마음 속에 지키라 그것은 얻는 자에게 생명이 되며 그의 온 육체의 건강이 됨이니라 (잠 4:20-22)

 뇌 건강을 위한 팁 | 깊은 생각과 집중은 우리의 몸과 마음의 건강에 긍정적인 영향을 끼친다.

대단히 깊고 집중적인 지적 관심은 멀티태스킹 밀크쉐이크와 어떻게 다를까? 답은 잠언 4장 20-22절에 있다. 귀기울여 듣고, 집중하고, 보고 들은 것을 묵상하는 것이다.

대단히 흥미로운 사실은 우리 몸의 모든 세포가 마음에 연결되어 있다는 사실이다. 그러므로 뇌가 마음을 통제하고, 마음이 뇌를 통제한다. 기억하라. 우리가 무엇을 생각하든, 그것이 우리 몸의 모든 세포에 영향을 끼친다. 우리가 사랑 안에서 행하면, 삶이 형통하게 된다.

DAY 243

> 무엇에든지 참되며 무엇에든지 경건하며 무엇에든지 옳으며 무엇에든지 정결하며 무엇에든지 사랑 받을 만하며 무엇에든지 칭찬 받을 만하며 무슨 덕이 있든지 무슨 기림이 있든지 이것들을 생각하라 (빌 4:8)
>
> 뇌 건강을 위한 팁 | 우리는 한 번에 한 가지 일에만 집중할 수 있다. 지금 무엇에 집중하고 있는가?

오늘날 트위터, 인스타그램, 페이스북 등에 빠져 현재를 즐기지 못하는 사람들이 많다. 소위 소셜미디어(SNS) 전문가들은 모든 정보는 디지털화되어 끊임없이 흘러야 한다고 말한다. 하지만 모든 정보가 컴퓨터에 담기도록 디지털화되고 비트(바이트) 형태로 저장되어야 한다는 그들의 말은 고무적으로 들리기보다는 오히려 재앙에 가깝다고 할 수 있다.

소셜미디어에 물든 우리의 사고는 '140자 제한 규정'에 갇혀 있고(트위터에 글을 올릴 때 140자 안에서 해결해야 함을 꼬집은 표현 - 역자 주), 이전보다 더 큰 자극을 주는 정보를 찾아 헤매게 된다. 많은 이들이 가만히 앉아 책을 읽으며 상상의 나래를 펴는 시간을 즐기지 못하고 있다. 물론 사회, 경제, 문화, 일상의 영역에서 소셜미디어는 매우 중요한 역할을 한다. 올바르고 균형 있게 사용한다면, 이것은 대단히 훌륭한 소통 수단이다(나는 기술의 발전을 전적으로 지지한다). 그러나 오남용된다면, 이 훌륭한 도구가 차라리 없느니만 못한 '악'(惡)으로 전락해 버린다.

소셜미디어는 TV처럼 우리의 일상 가운데 함께하는 존재가 되었다. 문제는 멀티태스킹을 조장하는 소셜미디어가 마약, 알코올, 화학물질처럼 매우 중독적이라는 것이다. 옳고, 선하고, 공정하고, 거룩한 것을 생각하는 데 마음을 쓰기보다는, 소셜미디어 계정에 더 많은 관심을 기울이며 트위터에 올라온 글들을 묵상하게 되면서 너무나도 쉽게 우리의 우상이 될 수 있다.

DAY 244

이는 우리 하나님의 긍휼로 인함이라 이로써 돋는 해가 위로부터 우리에게 임하여 어둠과 죽음의 그늘에 앉은 자에게 비치고 우리 발을 평강의 길로 인도하시리로다 하니라 (눅 1:78-79)

 뇌 건강을 위한 팁 | 멀티태스킹 밀크쉐이크는 평안을 누리지 못하도록 방해한다.

인생은 결국 '균형'이다. 깊은 생각에 잠길 때, 우리의 뇌는 건강한 방식으로 반응하여 건강한 신경회로를 구축하고, 건강한 신경화학물질을 분비한다. 그러나 우리가 다양한 정보를 수박 겉핥기 식으로만 받아들이는 경우에는 그렇지 않다. 연구 결과에 의하면, 실제로 멀티태스킹이 가능하다고 생각하는 사람들의 지적 능력이 떨어진 것으로 드러났다.

하나님의 평안은 우리가 생각하고 선택하고 결정하는 데, 또 삶의 여러 가지 의문과 문제들을 해결하는 데 도움이 된다. 평안은 우리의 삶을 바른 길로 이끄는 '동력'이다. 그러나 멀티태스킹 밀크쉐이크 상태에서는 우리의 뇌가 균형점을 잡지 못하여 생각의 조화를 기대할 수 없게 된다.

여호와를 경외하는 것이 지식의 근본이거늘 미련한 자는 지혜와 훈계를 멸시하느니라 (잠 1:7)

뇌 건강을 위한 팁 | 통제 불능의 사고가 습관이 되면, 어리석은 결정을 내리게 된다.

멀티테스킹 밀크쉐이크는 주의력을 떨어뜨려 생각에 집중할 수 없게 만든다. 이것은 우리의 판단력과 결단력을 흐리게 만들고 약화시켜, 결국 수동적이고 분별력이 없는 상태로 만들어 버린다. 그러나 깊이 있는 지적인 사고는 더 깊은 단계의 생각으로 이어져 소통하고 교류하려는 마음가짐을 갖게 만들어, 결국 세상에 열정적으로 관여하게 된다.

우리는 자신이 어떤 생각 습관을 지녔는지 알고, 시간을 내어 자신이 품은 생각들을 이해하고 분석하여 자신이 속한 공동체에 하나님의 영광을 나타내고, 천국을 이 땅으로 가져오고 있는지 살펴야 한다.

DAY 246

의인의 소망은 즐거움을 이루어도 악인의 소망은 끊어지느니라 (잠 10:28)

TIP 뇌 건강을 위한 팁 | 깊은 생각은 뇌의 건강을 증진시킨다.

시간을 내어 신중하고 깊이 있게 생각하는 것은 집중력과 이해력, 업무의 효율성과 생산성을 높인다. 그것은 또한 긍정적인 감정의 변화로 이어지는데, 특히 동기를 부여하고 자존감을 높여 준다.

깊은 생각은 시간이 지나면서 인지 및 감성 기능 전반을 향상시킨다. 한번 건강하게 생각하는 습관을 들이면, 그 유익은 발전에 발전을 거듭하며 계속 커질 수 있다.

> 그러나 너는 모든 일에 신중하여 고난을 받으며 전도자의 일을 하며 네 직무를 다하라 (딤후 4:5)
>
> 뇌 건강을 위한 팁 | 마음의 힘을 사용하는 법을 배운다면, 이미 성공의 길에 들어선 것이다.

깊이 있는 지적인 사고는 (눈썹 바로 위쪽에 있는) 뇌의 전두엽을 긍정적인 방향으로 활성화함으로 집중력을 높여 산만함이 덜하게 되면, 작업을 더 효율적으로 전환하고, 감정의 기복이 줄어들어 전반적으로 일의 완성도가 높아진다. 이러한 유형의 의식적인 사고는 특별히 뇌의 전반부와 중반부에 자리한 단일 신경 네트워크와 여러 신경 네트워크 사이의 연결을 활성화한다.

그러므로, 인생에서 성공하려면 생각하는 능력을 활용하는 법을 배워야 한다!

DAY 248

> 그런즉 믿음, 소망, 사랑, 이 세 가지는 항상 있을 것인데 그 중의 제일은 사랑이라 (고전 13:13)
>
> **Tip** 뇌 건강을 위한 팁 | 믿음, 소망, 사랑은 뇌를 더 건강하게 변화시킨다.

긍정적인 앞날을 기대한다면, 자신의 미래의 모습을 상상할 수 있어야 한다. 우리의 뇌에 과거의 흔적들(기억)이 있을지라도, 미래에 대한 기대로 새롭게 구성할 수 있다. 미래에 대해 긍정적으로 소망하면, 과거의 고통은 줄어든다.

우리를 향한 하나님의 사랑과 약속을 믿음으로 우리는 이 목표를 향해 달려갈 힘을 얻게 된다. 소망은 기대를, 기대는 평안과 기쁨과 마음의 건강을 가져와서, 결국 뇌와 몸도 건강해진다.

DAY 249

너희가 은을 받지 말고 나의 훈계를 받으며 정금보다 지식을 얻으라 대저 지혜는 진주보다 나으므로 원하는 모든 것을 이에 비교할 수 없음이니라 (잠 8:10-11)

뇌 건강을 위한 팁 | 신중한 생각은 지혜와 지식으로 연결된다.

우리가 의식적으로 깊이 생각하면 뇌의 주름(gyrification)이 증가한다. 뇌의 피질에 형성되는 주름, 자이리피케이션은 참으로 사랑스러운 단어이다. 이러한 주름들은 뇌가 신속하고 효과적으로 정보를 처리하여 올바르게 결정하게 만들고, 기억력도 높여 준다. 그러므로 깊은 사고는 지식과 지혜를 얻기 위한 필수요소이다.

DAY 250

곧 지혜가 네 마음에 들어가며 지식이 네 영혼을 즐겁게 할 것이요 (잠 2:10)

TIP 뇌 건강을 위한 팁 | 생각습관을 통제하면 마음의 기쁨과 평안을 유지하는 데 도움이 된다.

생각을 사로잡아 훈련하면, 우리의 뇌에 긍정적인 변화가 일어난다. 이러한 변화로 인해 우리는 사랑에만 반응하도록 설계된 창조의 본연을 받아들여 하나님이 기뻐하시는 삶을 살 수 있게 된다.

'생각 습관을 통제한다'는 것은 마음속에서 여러 생각들이 멋대로 돌아다니지 못하게 한다는 말이다. 그 대신 우리는 각각의 생각이 질서정연하게 교류하도록 관리하고 현재를 즐기는 법을 배운다. 이를 위해 우리는 특정한 생각을 수용하거나 거절하기 전, 그것을 분석해야 한다.

생각하고 선택하는 능력은 매우 강하다. 이 사실을 인식할 때, 우리는 자신을 더 많이 사랑할 수 있다. 생각과 선택의 능력으로 이 세상을 더욱 아름답게 변화시킬 수 있다. 하나님이 창조하신 세상을 올바르게 사랑할 수 있다.

내 백성이 지식이 없으므로 망하는도다 (호 4:6)

뇌 건강을 위한 팁 | 마음의 능력을 인식하지 못하면, 건강에 부정적인 영향을 끼친다.

우리가 생각을 사로잡고 마음을 새롭게 하는 법을 배우면, 이해력이 좋아진다. 또한 뇌의 구조물들이 긍정적으로 변화되어 몸과 마음의 건강에도 도움이 된다.

반면 우리의 마음이 산만해져서 두려움과 염려, 문제에만 집중하다 보면, 뇌가 부정적인 방향으로 변화되어 몸과 마음의 건강에 부정적인 영향을 끼쳐 질병과 죽음을 초래할 수 있다.

DAY 252

> 형제들아 너희를 부르심을 보라 육체를 따라 지혜로운 자가 많지 아니하며 능한 자가 많지 아니하며 문벌 좋은 자가 많지 아니하도다 그러나 하나님께서 세상의 미련한 것들을 택하사 지혜 있는 자들을 부끄럽게 하려 하시고 세상의 약한 것들을 택하사 강한 것들을 부끄럽게 하려 하시며 하나님께서 세상의 천한 것들과 멸시 받는 것들과 없는 것들을 택하사 있는 것들을 폐하려 하시나니 (고전 1:26-28)

 뇌 건강을 위한 팁 | 자신이 실패자라는 생각을 지속적으로 품으면, 실제로 실패할 확률이 높아진다.

우리는 살면서 수많은 선택의 순간을 맞이한다. 우리의 선택과 결정에 영향을 주는 요인에는 사회만 있는 것이 아니다. 우리의 사고방식이 한계를 뛰어넘어 생각하고 배우고 성공하는 능력을 방해할 수도 있다.

인스타그램을 훑어보다가 어쩐지 자신의 삶과 비교되어 무력감에 사로잡혀 본 적이 있는가? 끊임없이 반복되는 의미 없는 일상에 지쳐 버렸거나 답답함을 느끼고 있는가? 떨어질 시험이라는 것을 알면서도 공부하고 있는 자신을 바라보며 낙담해 본 적 있는가? 때로는 우리를 가장 괴롭히는 존재가 자기 자신인 경우가 많다.

우리는 세상을 변화시킨 거장들이 전혀 예상하지 못한 곳에서 나오는 경우가 많다는 사실을 기억할 필요가 있다. 우리가 부족할 때, 전능하신 하나님이 개입하신다는 사실을 기억하라. 성공은 주관적인 것이다. 우리는 '다른 사람처럼' 성공할 수 없다. 저마다 자신만의 독특한 성공을 거둘 뿐이다. 당신은 어느 누구도 아닌 오직 당신만의 성공을 이뤄낼 수 있다! 자신이 원하는 만큼 성공할 수 있다!

DAY 253

> 각각 그 재능대로 한 사람에게는 금 다섯 달란트를, 한 사람에게는 두 달란트를, 한 사람에게는 한 달란트를 주고 떠났더니 (마 25:15)

뇌 건강을 위한 팁 | 어떤 생각을 품느냐에 따라 시간을 사용하는 방식이 달라진다.

생각은 우리가 할 수 있다고 믿는 것으로 스스로를 제한할 수도 있고, 자신은 물론 다른 사람의 기대치를 훨씬 뛰어넘는 능력을 발휘하게 만들 수도 있다. 우리가 능력을 제한하는 사고 구조 대신, 능력을 향상시키는 사고 구조를 선택할 때, 지적인 만족을 느끼고 감정을 잘 조절하며 몸과 마음의 건강을 경험하게 된다.

가치 있는 일은 하루아침에 이뤄지지 않는다. 꿈을 이룰 수는 있으나, 예상보다 오랜 시간이 걸릴 수 있다는 사실을 인식해야 한다. 태어날 때부터 최첨단 기술을 접한 세대는 변화나 성공 같은 가치 있는 것들을 단숨에 얻으려 한다. 그러나 학교니 직장이나 가정이나 어디에서든, 쉽게 성공을 얻을 수 있는 방법은 없다.

성공을 향한 지름길인 줄 알았는데, 그것이 원하는 만큼 신속하게 이뤄지지 않는다고 포기해 버리는 것은 건강에 좋지 않다. 그로 인해 괴로워하다가 뇌와 몸에 스트레스가 쌓이는 것이 지속되고 반복되는 상황에 빠져 버릴 수도 있다. 하지만 이것은 언제든 마음만 먹으면 끝낼 수 있다.

하나님께서 우리에게 주신 달란트를 계발하려면 시간이 걸린다. 우리에게는 세상에 이바지할 저마다의 독특하고 아름다운 '재능'이 있다. 그것으로 무엇을 할지는 우리의 선택이다. 그에 대한 책임 또한 우리의 몫이다.

DAY 254

이는 그들로 마음에 위안을 받고 사랑 안에서 연합하여 확실한 이해의 모든 풍성함과 하나님의 비밀인 그리스도를 깨닫게 하려 함이니 (골 2:2)

이는 우리가 사랑 안에서 모든 것에 연합되어 그들의 마음이 위안을 얻고, 넘치는 깨달음을 얻어 하나님의 비밀인 메시아를 온전히 알게 하려는 것입니다. (골 2:2, 원뉴맨성경)

 뇌 건강을 위한 팁 | 이해하며 생각하는 법을 배우면, 잘 사는 법도 배울 수 있다.

올바른 선택으로 뇌를 활성화하면, 의미 있고 성공적인 기억들이 형성되어 의미 있고 성공적인 삶을 살 수 있게 된다. 우리가 마라톤을 준비하거나 피트니스 센터에서 새로운 운동을 하며 몸을 단련하는 것처럼, 우리의 뇌도 계발하고 성공을 이루는 데 시간이 필요하다. 우리는 마음으로 뇌를 훈련한다.

우리는 스포츠 분야에서 기술을 연마하여 전문가가 되는 데 시간이 걸린다는 사실을 기꺼이 받아들인다. 그런데 마음에 대해서는 보통 이 지혜가 적용되지 않는 것처럼 보인다. 이런 상황에서는 시험이나 업무에 필요한 것을 벼락치기로 배우고 다음 날 대부분을 잊어버리는 것과 같은 일이 끝없이 반복될 뿐이다.

이와 같은 일상에 갇히지 마라. 당신의 뇌가 가진 풍성한 지혜를 개발하는데 시간과 에너지를 쏟으라.

DAY 255

> 너희도 산 돌 같이 신령한 집으로 세워지고 예수 그리스도로 말미암아 하나님이 기쁘게 받으실 신령한 제사를 드릴 거룩한 제사장이 될지니라 (벧전 2:5)

뇌 건강을 위한 팁 | 명철(이해)을 얻기 위해 깊은 사고를 반복할 때, 우리는 더욱 쉽게 세상을 변화시킬 수 있다.

    정보를 이해하는 데 기억을 사용하려면, 많은 에너지가 필요하다. 아주 많은 에너지가 사용된다는 말이다. 날마다 어제와 다른 독특한 방식으로 특정 기억을 떠올리면, 해당 기억에 양자 에너지 덩어리가 주입되면서 우리의 뇌 안에 그 기억을 활용하는 데 필요한 신경화학적·신경구조적 환경이 조성된다. 그러므로 도움이 되는 기억을 사용하려면 많은 에너지가 필요하다.

    기억을 사용할 수 있게 되면, 시험지의 답이 생각나거나 문제의 해결책을 찾아내는 등의 판단을 내려준다. 하지만 이러한 기억의 변환 작업이 자동적으로 이뤄지지 않으면, 그것을 활용할 수 없게 된다. 그러므로 우리는 장기 기억을 습관화하기 위해 많은 시간을 투자하는 고된 길을 가기로 선택해야 한다.

    불행히도 대부분의 사람들이 훈련을 시작한 첫 주에 포기해 버린다. 일단 한 번 멈추면 처음부터 다시 시작해야 하는데, 낙담도 되고 지루할 뿐만 아니라 부정적인 피드백의 순환 고리까지 형성된다.

    기적의 기억법 같은 것은 없다. 이것은 허상에 불과하니, 우리는 이 땅의 청지기로서 우리의 부르심을 나타내는 방식으로 생각하고 살아야 한다.

DAY 256

> 내가 너를 모태에 짓기 전에 너를 알았고 네가 배에서 나오기 전에 너를 성별하였고 너를 여러 나라의 선지자로 세웠노라 (렘 1:5)

 뇌 건강을 위한 팁 | 이 세상 그 누구도 당신과 비교할 수 없다

당신 자신이나 주변 사람들이 당신에게 무슨 말을 해 왔든 상관없이, 당신은 얼마든지 배울 수 있고, 성공적인 삶을 살 수 있다! 당신이 정신적 자기 관리를 배우면, 즉 이 놀라운 기술을 탐구하고 이해하여 연마하면, 마음을 잘 다스릴 뿐 아니라 마음을 다하는 삶을 살게 되어 이웃과 공동체와 나라와 온 세상을 변화시킬 수 있게 된다.

기억하라. 당신은 기쁨과 감동을 주는 빛나는 존재이다. 기쁨과 감동을 주시는 찬란하고 아름다우신 하나님의 형상대로 지음 받았기 때문이다. 그 무엇도, 그 누구도 당신의 가치를 과소평가하지 못하게 하라.

DAY 257

> 여호와께서 사무엘에게 이르시되 그의 용모와 키를 보지 말라 내가 이미 그를 버렸노라 내가 보는 것은 사람과 같지 아니하니 사람은 외모를 보거니와 나 여호와는 중심을 보느니라 하시더라
> (삼상 16:7)

뇌 건강을 위한 팁 | 세상을 보는 관점은 세상을 살아가는 방식에 영향을 끼친다.

우리의 마음은 생각하고 배우는 능력을 풀어 내어 상상 이상의 성공을 가져올 수 있다. 성공은 우리의 마음가짐(사고방식)에 달렸다. 마음가짐은 특정한 일에 대해 생각하는 방식으로, 우리의 마음에 뇌의 물리적 구조를 바꿀 수 있는 힘이 있다는 것을 강조한다. 이것은 우리가 세상을 어떻게 바라보고 교류하는지 보여 주는 렌즈와 같다. 우리가 생각하고 말하고 행하는 방식에 영향을 주기에 정신적 자기 관리에 중요한 요소이다.

당신은 어떤 사고방식을 지니고 있는가? 미래지향적인가, 아니면 퇴보적인가? 자신의 삶이나 다른 사람들, 세상을 어떤 관점으로 보고 있는가?

> 소망의 하나님이 모든 기쁨과 평강을 믿음 안에서 너희에게 충만하게 하사 성령의 능력으로 소망이 넘치게 하시기를 원하노라 (롬 15:13)
>
> 뇌 건강을 위한 팁 | 우리에게는 10초에 한 번씩 해로운 사고방식을 바꿀 능력이 있다.

우리의 뇌는 정교하게 마음에 맞춰져 있다. 10초 간격으로 생각에 반응하도록 디자인되어 있다는 말이다. 이것은 말 그대로 1분 동안 최소 여섯 번 의식적으로 생각을 관찰하고 평가할 수 있다는 뜻이며, 1분에 여섯 번 이상 성령님과 대화할 수 있다는 뜻이기도 하다.

우리는 10초마다 기쁨과 평안, 소망과 능력으로 충만해질 수 있으며, 이것은 우리가 더 나은 삶을 살아가는 데 엄청난 영향을 줄 수 있다.

DAY 259

> 복 있는 사람은 악인들의 꾀를 따르지 아니하며 죄인들의 길에 서지 아니하며 오만한 자들의 자리에 앉지 아니하고 오직 여호와의 율법을 즐거워하여 그의 율법을 주야로 묵상하는도다 그는 시냇가에 심은 나무가 철을 따라 열매를 맺으며 그 잎사귀가 마르지 아니함 같으니 그가 하는 모든 일이 다 형통하리로다 (시 1:1-3)

뇌 건강을 위한 팁 | 성공은 건강한 사고방식에서 시작된다.

    우리의 뇌와 몸은 매일, 매 순간 마음을 스쳐가는 생각들에 반응하여 물리적으로 반응하고 변화된다. 우리의 사고방식은 이러한 생각들에 풍미를 더하여 뇌와 몸이 우리에게 유익하게도, 해를 끼치게도 할 수 있다. 사고방식이 어떻게 형성되어 우리의 생각을 변화시키는지 이해하는 것은 뇌를 변화시키는 마음의 힘을 이해하는 실용적이고 유용한 방법이다.

    사고방식은 올바른 인식을 만들고 내면의 힘과 탄력성을 드러내어 생각하는 습관을 최적화함으로 인식의 힘을 볼 수 있게 해 준다. 올바른 사고방식은 우리가 세상을 색다르고 역동적인 방식으로 보고 경험하게 해주기 때문에 학교와 직장과 인생에서 성공하는 데 반드시 필요하다.

마음의 즐거움은 얼굴을 빛나게 하여도 마음의 근심은 심령을 상하게 하느니라 (잠 15:13)

뇌 건강을 위한 팁 | 우리는 원하는 만큼 행복하고 건강해지며 성공할 수 있다.

앞에서 우리는 10초마다 성령님과 새로운 대화를 나눌 수 있다고 배웠다. 이것은 참으로 놀라운 일이다. 그런데 무의식의 속도는 이보다 더 빨라서 1초에 4천억 개의 작업이 수행된다. 이러한 무의식의 영역에 어떤 생각을 주입할지는 우리가 결정한다.

우리가 무의식의 영역에 주입하는 생각들은 우리의 사고방식과 세계관의 기초가 되어 평안과 소망을 고취시키고, 건강과 미래에 대한 비전에도 도움을 준다.

생각하고 느끼고 선택하는 능력과 다양한 생각들을 통합해 내는 능력은 아마 온 우주에서 가장 강력한 힘일 것이다. 이 힘이 모든 인간의 창조와 상상의 원천이기 때문이다.

기억하라. 당신의 삶은 마음의 결정을 따르고, 마음은 당신의 선택을 따른다.

DAY 261

울 때가 있고 웃을 때가 있으며 슬퍼할 때가 있고 춤출 때가 있으며 (전 3:4)

뇌 건강을 위한 팁 | 현재 자신의 삶에 만족하는 것은 미래를 꿈꾸는 것만큼이나 중요하다.

　미래를 꿈꾸는 것은 우리로 소망을 느끼게 해 주기에 정신건강에 매우 중요하다. 하지만 인생이란 여정의 매 순간을 즐기는 법을 배울 필요도 있다. 단순히 비참한 과거에 젖어 있거나 언젠가는 상황이 나아질 거라고 막연하게 상상하는 것이 아니라, 현재의 즐거움을 음미하는 법을 배워야 한다.

　우리가 현재에 주파수를 맞추고 보고, 듣고, 느끼고, 맛보고, 호흡하며 나아가기로 선택하고, 모든 감각을 사용하여 순간의 아름다움에 젖어 있으면, 우리의 사고능력이 증진되어 배우고 성공하는 능력이 자라게 된다.

DAY 262

> 부지런한 자의 경영은 풍부함에 이를 것이나 조급한 자는 궁핍함에 이를 따름이니라 (잠 21:5)
>
> 뇌 건강을 위한 팁 | 우리의 뇌는 정리하고 계획하는 만큼 달라진다.

우리는 꿈을 현실화할 수 있다. 그러나 먼저 계획부터 세워야 하는데, 이 계획은 '완전한 나'의 사고방식에서 나온다. 우리는 아인슈타인처럼 생각하려 할 것이 아니라 나답게 생각해야 한다.

우리는 아인슈타인이 세상과 소통하고 생각하는 자신만의 독특한 방법을 받아들였다는 사실을 알아야 한다. 그는 탁월한 사고력으로 기억력을 높이고 천재성을 드러내어 과학계를 바꾸어 놓았다. 자신만의 방법으로 생각하고 학습할 때, 당신이 어떤 일을 이루게 될지 누가 알겠는가?

당신은 어설픈 아인슈타인이 되고 싶어 하지만, 이미 위대한 존재이다. 당신은 이미 그 자체로 놀라운 사람이라는 사실을 알 필요가 있다. 우리는 서로에게서 그리고 자신 안에 있는 천재성을 발견할 줄 알아야 한다. 이것은 평생 걸리는 작업일 수도 있으니, 느긋하게 즐기는 법을 배우라.

너희가 다 믿음으로 말미암아 그리스도 예수 안에서 하나님의 아들이 되었으니 (갈 3:26)

뇌 건강을 위한 팁 | **다름은 가치 판단의 대상이 아니다.**

다름은 오해받거나 지적당할 대상이 아니다. 우리는 긴장된 관계에 낙담하거나 분노하거나 좌절할 필요가 없다. 우리가 마음을 새롭게 함으로 건강한 사고방식을 갖게 되는 만큼 통찰력과 이해력이 향상되어 모든 관계 속에서 평안을 누리고 존중하며 사랑할 수 있게 된다. 즉, 우리에게는 서로가 필요하다. 우리는 회사, 공동체, 학교, 법정, 교회, 공원, 가정 등 삶의 모든 영역에서 서로를 보완해 준다.

다름은 가치 판단의 대상이 아니며, 더 낫거나 못하다는 말도 아니다. 다름을 인정하는 것은 약함을 드러내는 것이 아니라 서로의 독특함을 칭찬하는 것이다. 저마다의 독특함은 철학, 예술, 문학, 과학 등의 원대한 그림을 이루는 퍼즐 조각으로, 하나님이 인간을 창조할 때 그들에게 부여하신 특징이다.

DAY 264

긍휼히 여기는 자는 복이 있나니 그들이 긍휼히 여김을 받을 것임이요 (마 5:7)

TIP 뇌 건강을 위한 팁 | 우리는 서로 사랑하도록 지음 받았다.

우리의 말과 행동은 매우 다양한 방식으로 오해를 산다. 사람들에게 받는 오해, 충족되지 않은 기대, 풀지 못한 문제 등은 우리의 마음에 해로운 생각을 심어 놓아 시간이 지나면 관계에도 독이 된다. 어리둥절한 상태로 이유를 찾아보려 애쓰지만, 충분치 않은 몇 가지 단서만 손에 쥔 채, 전전긍긍할 뿐이다.

우리는 서로 다르다. 따라서 일을 처리하는 방식도 다르다. 나의 생각의 틀로 배우자나 자녀, 직장 상사와 친구의 언행을 재단한다면, 오해의 잎사귀만 무성해진다. 서로 상처라는 열매를 품은 채 크게 한 판 붙으며 관계를 끝낼 수도 있다.

잠시 흥분한 마음을 가라앉힌 후, 내가 듣고 이해한 내용이 상대가 말한 본래의 의도와 크게 다를 수 있다는 가능성을 생각해 보고, 상대의 말에 담긴 마음속 생각이, 내가 받아들인 의도와 사뭇 다를 수도 있다는 가능성을 생각해 보면, 어그러진 관계 속에 은혜와 용서와 사랑이 찾아들 것이다.

하나님은 우리가 갈등이 아닌, 사랑에만 반응하도록 창조하셨다. 대인관계와 관련하여 다양하게 진행된 과학연구 결과들을 참고하라. 또 내가 맺고 있는 관계에 하나님의 말씀을 적용해 보라. 그러면 보다 넓은 이해의 틀로 배우자와 자녀, 직장 상사와 친구를 품게 될 것이다. 무엇보다 자신을 더 잘 이해하게 될 것이다.

> 긍휼을 행하지 아니하는 자에게는 긍휼 없는 심판이 있으리라 긍휼은 심판을 이기고 자랑하느니라 (약 2:13)
>
> 뇌 건강을 위한 팁 | 다른 사람을 어떻게 평가하느냐가 관계의 질을 결정한다.

DAY 265

다른 사람의 당황스럽고 혼란스러운 기질 때문에 실망하지 말라. 그것을 풀어야 할 퍼즐이나 미스터리 정도로 여기되, 구제불능이나 해결할 수 없는 문제로 여기지는 말라. 당신을 새로운 곳으로 인도하면서 변화를 가져다줄 흥미진진한 모험의 시작이라고 여기라. 우리가 섬기는 하나님께서는 각 사람을 너무나도 사랑하셔서 독특하게 창조하셨다.

우리가 서로의 다름을 인정하는 법을 배우면, 삶이 변화될 수 있다. 또한 뇌의 기능과 지적인 능력도 높아진다. 우리는 저마다 다양한 사람과 관계를 맺고 살아간다. 그런데 이 모든 관계가 건강해지려면, 먼저 성장해야 한다. 각 사람은 누군가의 형제자매, 부모 혹은 자녀이다. 또한 누군가의 직장 동료이며, 친구, 이웃이다. 우리가 공을 들이는 만큼, 우리의 관계들이 성장하고 견고해지며 발전한다. 그리고 삶의 질이 높아진다.

DAY 266

그러므로 너희 마음의 허리를 동이고 근신하여 예수 그리스도께서 나타나실 때에 너희에게 가져다 주실 은혜를 온전히 바랄지어다 (벧전 1:13)

 뇌 건강을 위한 팁 | 자신의 생각을 살피고 관찰하는 것은 건강을 위해 중요하다.

생각을 통제한다는 것은 참으로 근사한 말이다. 하지만 생각은 어떻게 통제하는 것일까? 먼저 우리의 정신 과정(감각 및 지각 과정을 통해 물체나 현상을 이해하고, 기억 및 추론 등의 사고 과정을 통해 결론을 내리거나 문제를 해결하는 등과 같이 정보를 처리하는 심리적 과정 - 역자 주)을 살펴보는 것으로 시작해야 한다. 두개골을 열고 우리의 뇌 속에서 무슨 일이 벌어지는지 들여다보라는 말이 아니다. 우리는 자신이 어떤 생각들을 하고, 그중 어떤 것을 선택하는지로 자신의 정신 과정을 살펴볼 수 있다. 이것은 가능할 뿐만 아니라, 대단히 중요한 일이다.

생각을 통제한다는 것은 어떤 것일까? 자신이 선택한 생각이 평안을 주는지, 아니면 불안과 염려를 주는지 평가해 보라. 특정한 생각이 당신을 힘들게 한다면, 그것이 떠오를 때마다 다른 생각을 하라. 이렇게 다른 생각을 하면 불안한 생각을 새롭게 개념화할 수 있게 된다. 이것은 건강한 몸과 마음, 그리고 건강한 삶을 위해 대단히 중요하다.

> 너희가 다 마음을 같이하여 동정하며 형제를 사랑하며 불쌍히 여기며 겸손하며 (벧전 3:8)
>
> 뇌 건강을 위한 팁 | 성령님은 우리가 서로 사랑하도록 도우신다.

우리에게 잘못을 저지른 사람을 사랑하는 것은 참으로 어려운 일이다. 나 역시 그 마음을 모르는 것이 아니다. 분명 쉽지 않은 일이다. 하나님의 지혜와 인도하심이 없으면, 우리가 실천할 수 있는 사랑과 이해는 바닥을 드러낸 자기 의의 우물에서 친절과 긍휼 몇 방울을 간신히 퍼 올리는 정도에 불과하다. 우리의 능력과 의지로는 하나님께서 우리를 부르신 방식대로 서로를 사랑할 수 없다. 그래서 우리의 생각을 인도하고 이끌어 주시는 성령의 능력과 긍휼과 사랑이 필요한 것이다.

사랑하기 어려운 사람에게 다가가서 그들을 사랑하는 훈련을 하라. 그 사람에게 진심으로 다가가서 이해하려고 노력할 때, 얼마나 기분이 좋아지고 집중하게 되는지 생각해 보라.

DAY 268

너희가 일찍이 일어나고 늦게 누우며 수고의 떡을 먹음이 헛되도다 그러므로 여호와께서 그의 사랑하시는 자에게는 잠을 주시는도다 (시 127:2)

 뇌 건강을 위한 팁 | 불가능한 일을 기대하는 것은 명료하게 생각하여 성공하는 능력을 저하시킨다.

유해한 생각이나 혼미하고 우발적인 생각은 다양한 가면을 쓰고 나타난다. "이 일은 잘해야 해", "30분 안에 반드시 끝내야 해" 등의 말은 표면적으로는 문제가 없는 것처럼 보인다. 하지만 그로 인해 어떤 감정을 느끼게 되는지 자세히 살펴보고 분석해 보면, 그 생각이 어째서 그 상황에 도움이 되지 않을 수 있는지 깨닫게 될 것이다.

예를 들어, 스스로 혹은 타인에게서 비현실적인 성과를 요구받으면, 몸과 마음이 스트레스를 받아 우리의 뇌와 몸의 건강에 부정적인 영향을 끼치게 된다. 이러한 압박감은 산만하고 우발적인 사고를 하게 만들어 문제를 해결하는 데 전혀 도움 되지 않을 수도 있다.

이같이 너희 빛이 사람 앞에 비치게 하여 그들로 너희 착한 행실을 보고 하늘에 계신 너희 아버지께 영광을 돌리게 하라 (마 5:16)

DAY 269

뇌 건강을 위한 팁 | 유해한 생각으로 스스로를 괴롭히면, 뇌가 손상된다.

하루 동안 얼마나 많은 후회의 말들을 내뱉고 있는가? 얼마나 자주 기분 나쁜 대화나 상황을 떠올리며 속상해하는가? 또 통제 범위 밖에 있는 일에 대해 얼마나 자주 염려하고 있는가? 어림짐작하는 데 얼마나 많은 시간을 허비하고 있는가? 수많은 생각이 머릿속을 제멋대로 휘젓고 있는가? 자기 자신에게 솔직한가? 아니면 자신의 감정과 생각을 외면하고 있는가? 어떤 목표를 이루겠다고 말은 하지만, 실제로는 마지못해 하는 척만 하고 있지는 않은가? 혹시 왜곡된 생각을 하고 있지 않은가? 당면한 문제나 자신의 질병을, 이를테면 "내 관절염"이나 "내 골칫거리" 등과 같은 말을 하면서 자신의 정체성에 반영하지는 않았는가? "되는 일이 하나도 없다"며 불평하지는 않았는가? 오늘 무언가를 기억해 내거나 배우느라 고군분투했는가?

위 질문 중에 하나라도 "그렇다"라고 답한 것이 있다면, 당신은 사람이 맞다! 누구나 어려움을 겪는다. 그러므로 모두가 날마다, 매 순간 의식적으로 자신의 사고방식을 관찰하고 통제하는 법을 배워야 한다. 오늘날 진행되고 있는 몸과 마음에 대한 연구는, 생각을 통제하는 것이 뇌와 몸을 해독(디톡스)하는 최상의 방법임을 입증해 주고 있다. 그러므로 생각을 통제하라. '만약에'라는 말로 자신을 괴롭히지 말라.

DAY 270

내가 기도하노라 너희 사랑을 지식과 모든 총명으로 점점 더 풍성하게 하사 (빌 1:9)

TIP 뇌 건강을 위한 팁 | 생각의 발전은 지능의 발전으로 이어진다.

　마음을 사용하여 평소의 사고습관을 의식적으로 통제하면, 머지않아 그 유익이 나타날 것이다. 신경과학계의 연구에 의하면, 긍정적인 생각을 품으면 4일 안에 뇌의 피질에 주목할 만한 구조적 변화가 일어난다고 한다. 긍정적인 변화는 거기서 멈추지 않는다. 올바른 방향으로 계속 나아가는 한, 당신의 뇌도 계속해서 긍정적인 방향으로 변화된다.

　긍정적이고 도전적인(어렵지만 노력을 기울이면 충분히 이해할 수 있는) 학습 환경에 자주 노출되면, 우리의 지능이 비교적 짧은 시간에 높아진다. 내가 진행한 연구 결과에 의하면, 마음과 뇌와 몸이 어떻게 연결되어 있는지 이해하고 의식적으로 학습능력과 기억력을 증진시키는 사고방식을 교육받은 사람은 그 잠재 능력이 35-75퍼센트나 높아졌다(《뇌의 스위치를 켜라》 참고).

　이처럼 사고방식 및 습관을 통제함으로 뇌를 해독하면, 단순히 컨디션만 나아지는 것이 아니라 똑똑해지기까지 한다. 또 그렇게 되면, 하나님의 사랑의 길을 선택하며 살 수 있게 된다.

DAY 271

인내로써 우리 앞에 당한 경주를 하며 (히 12:1)

뇌 건강을 위한 팁 | 인내는 뇌의 구조 변화 과정에 꼭 필요한 요소이다.

우리는 기술을 개발하거나 스포츠 분야의 전문가가 되는 데 시간이 필요하다는 사실은 기꺼이 받아들인다. 하지만 마음과 관련해서는 이 지혜가 적용되지 않는 경우가 많은 것 같다. 우리는 시험이나 일을 앞두고 벼락치기로 공부하고, 다음 날 그 내용을 잊어버리는 악순환을 반복하고 있다. 신경 가소성과 관련된 연구 결과에 의하면, 새로운 습관을 정착시키는 데 최소 63일이 걸린다. 그러나 안타깝게도 거의 모든 사람이 시작한 지 5-7일 만에 포기해 버린다.

삶의 변화를 가져오는 실제적이고 장기적인 변화는 21일 주기의 훈련을 세 번, 63일 이상 반복하면 나타난다. 새로운 뇌세포가 형성되는 데 두 달 정도가 소요되기 때문이다.

마음과 뇌를 변화시키는 지름길은 없다. 인내하라.

이는 내 멍에는 쉽고 내 짐은 가벼움이라 하시니라 (마 11:30)

TIP 뇌 건강을 위한 팁 | 과학기술의 발전으로 뇌의 양자적 성향을 보여 주는 복잡하고 정밀한 구조를 들여다보게 되었다. 이러한 양자적 성향은 각자에게 맞춰진 창조 본연의 사고구조에 반응한다.

하나님은 우리에게 변화에 필요한 모든 것을 주셨다. 우리에게 맞춰진 양자적 성향, 이것은 우리가 쉽게 멜 수 있는 멍에이다.

때로는 우리의 생각이나 살아가는 방식을 바꾼다는 말 자체가 부담이 된다. 과연 우리가 그렇게 할 수 있을까? 너무 오랫동안 이런 식으로 살아 와서 바뀌지 않을 거라고, 하나님이 너무 무리한 것을 요구하시는 것 같다는 생각이 든다.

하지만 하나님이 우리에게 불가능한 것을 명령하시겠는가? 하나님은 그런 분이 아니다. 하나님이 우리에게 명령하신 것이기에, 우리가 한순간에 순종하게 해 주실 뿐만 아니라, 시간이 지나도 계속해서 그렇게 살아갈 수 있는 능력도 주실 것을 확신할 수 있다.

DAY 273

운동장에서 달음질하는 자들이 다 달릴지라도 오직 상을 받는 사람은 한 사람인 줄을 너희가 알지 못하느냐 너희도 상을 받도록 이와 같이 달음질하라 (고전 9:24)

뇌 건강을 위한 팁 | 우승을 기대하고 달리면, 이길 가능성이 커진다. 기대는 현실화될 수 있다.

우리가 경기를 앞둔 운동선수들처럼 의지를 굳게 하고, 타고난 능력을 사용하여 끝까지 노력하면, 생각하고 느끼고 선택하는 마음의 능력을 통해 학교와 직장, 삶 가운데 목적을 이루고 성공할 수 있다.

예를 들어 열심히 공부했으니 시험 결과가 좋을 것이라고 예상한다면, 공부하기 싫더라도 더 열심히 하려 할 것이다. 결정하고 결단했기에 계속 꾸준히 노력하게 되는 것이다. 기대의 사고구조로 들어가면, 뇌 속에서 더 많은 신경세포가 서로 연결되어 인생에서 성공할 확률이 높아진다.

DAY 274

> 그러므로 나는 달음질하기를 향방 없는 것 같이 아니하고 싸우기를 허공을 치는 것 같이 아니하며 내가 내 몸을 쳐 복종하게 함은 내가 남에게 전파한 후에 자신이 도리어 버림을 당할까 두려워함이로다 (고전 9:26-27)

 뇌 건강을 위한 팁 | 의지력이 강해야 잘 살 수 있다.

아침에 일어나기 위해 알람을 3분 간격으로 열 번이나 설정해 놓는가? 따뜻하고 안락한 이불 밖으로 나오는 데 오래 걸리는가? 우리는 종종 내키지 않은 일을 해야 할 때가 있다. 우리에게 의지력이 있는 것은 저마다 원치 않지만 반드시 해야 할 일들이 있기 때문이다. 의지력은 우리가 하기 싫어도 끝까지 인내하고 견딜 수 있게 해 주는 사고방식이다.

우리는 의지를 사용하여 몸이나 마음의 활동에 대한 생각을 변화시킬 수 있다. 이러한 선택은 우리의 뇌와 몸에 영향을 끼쳐 과업을 수행하고 목표를 이룰 수 있는 에너지를 준다.

포기하지 아니하면 때가 이르매 거두리라 (갈 6:9)

뇌 건강을 위한 팁 | 우리는 포기하고 싶은 유혹을 물리칠 수 있다.

    우리의 계획이 물거품이 되면, 소망도 꿈도 버리고 다 포기해 버리고 싶은 유혹이 들 때가 있다. 바로 이와 같은 때에 우리는 경계해야 한다. 포기하고 싶을 때 우리의 생각을 살피고, 마음을 다스려야 한다.

    흑암 가운데 있거나 아무것도 없는 것처럼 느껴질 때, 우리의 마음이 얼마나 강한지에 대해 생각하며 끝까지 견디고 인내하기로 선택하라. 해로운 감정들이 우리를 지배하지 못하게 하라. 오직 건강한 감정들만 우리의 생각을 다스리게 해야 한다. 어떻게 의지력을 키워, 특히 지쳤거나 실패자 같은 기분이 들 때 하기 싫은 일을 할 수 있을지 생각해 보라.

    무엇이 당신을 움직이게 하는가? 일을 시작하거나 마무리할 수 있도록 동기를 부여하는 것은 무엇인가? 당신의 생각을 노트에 적어보고, 일을 계속하고 싶지 않은 생각이 들 때 실행해 보라.

    기억하라. 당신에게는 마음먹은 것마다 충분히 해낼 능력이 있다.

DAY 276

또한 그로 말미암아 우리가 믿음으로 서 있는 이 은혜에 들어감을 얻었으며 하나님의 영광을 바라고 즐거워하느니라 (롬 5:2)

TIP 뇌 건강을 위한 팁 | 믿음은 몸과 마음의 건강에 도움이 된다.

믿음은 허상이 아니다. 하나님의 약속을 믿기로 선택하고 성령님이 우리의 마음을 새롭게 해 주실 것을 믿으면, 힘겨운 시간을 이겨 내고 좋은 때를 누리게 된다. 실제로 신앙은 장수와 성공적인 삶의 비결이기도 하다. 100세 이상의 사람들이 많은 지역들에는 공통점이 있는데, 바로 영성이다! 영성은 건강과 장수를 보장하는 가장 중요한 요인이다.[36)]

초월자에 대한 신뢰와 믿음은 강한 공동체 의식과 소망을 일깨워 자신, 곧 자신의 문제나 불안 요소들보다 더 큰 무언가를 위해 살아간다고 느끼게 만든다. 물론, 삶의 모든 요소와 마찬가지로 영성도 부정적으로 사용될 수 있다. 하지만 영적인 공동체에 속했다는 안정감과 평안은 몸과 마음의 건강에 필수 요소이다.

과학은 사실을 다루지만, 진리를 독점하지는 못한다. 그러므로 과학만능주의는 허상이다. 예수 그리스도에 대한 믿음만이 참 진리를 소유하는 방법이다. 우리는 믿음으로 모든 영광 가운데 계신 하나님께 나아갈 수 있다!

DAY 277

또 네 이웃을 사랑하고 네 원수를 미워하라 하였다는 것을 너희가 들었으나 나는 너희에게 이르노니 너희 원수를 사랑하며 너희를 박해하는 자를 위하여 기도하라 이같이 한즉 하늘에 계신 너희 아버지의 아들이 되리니 (마 5:43-45)

뇌 건강을 위한 팁 | 지지와 후원의 사고방식을 구축하면, 우리의 뇌와 몸이 최상으로 기능하게 된다.

지지와 후원의 사고방식의 가장 중요한 요소는 단순히 도움만 받는 것이 아니라 집단 내에서 치유하고 다른 사람들을 돕기 위해 손을 내미는 힘이다. 높은 수준의 사회적 돌봄이 이뤄지면, 건강식을 하거나 규칙적으로 운동하는 것보다 기대수명이 더 늘어난다. 반면, 낮은 수준의 사회적 돌봄은 고혈압만큼이나 위험할 수 있다.

삶의 어려움과 마주할 때, 고립을 선택하면 파괴적인 결과로 이어질 수 있다. 감정을 조절하고 예기치 못한 삶의 문제들에 대처하는 법을 배우고 싶다면, 사회의 지지를 받아야 한다. 서로를 지지하고 후원하는 강한 유대는 힘겨운 때를 끝까지 견뎌 낼 수 있는 힘이 된다.

하나님의 사랑 안에서 자신을 지키며 영생에 이르도록 우리 주 예수 그리스도의 긍휼을 기다리라 (유 1:21)

 뇌 건강을 위한 팁 | 사랑 안에서 행한다는 것은 긍정적인 생각이 말과 행동은 물론, 신체 언어와도 일치된다는 뜻이다.

우리는 입으로만 말을 하는 것이 아니다. 우리의 눈과 어깨, 손, 팔, 다리, 발로도 말을 할 수 있는데, 심지어 속삭일 수도 있고, 큰소리로 말할 수도 있다. 사실, 의사소통의 절반가량이 비음성 언어로 이뤄진다. 이것은 우리가 전달하는 메시지 자체도 중요하지만, 어떻게 전하는지도 대단히 중요하다는 뜻이다.

무심코 내뱉는 말처럼, 우리의 비음성 언어도 무의식 깊은 곳에서 믿고 있는 사실 혹은 진실을 표현하게 되어 있다. 그래서 우리의 말과 생각을 일치시키는 것이 그토록 중요한 것이다. 결국 진실은 드러나게 되어 있다.

그래서 진실하게 조건 없이 사랑하는 것이 중요한 것이다! 아무리 교활한 사람이라도 태도는 감출 수 없다. 우리가 악의 없고 무해한 생각만 하는 것은 아니다. 말은 어느 정도 포장할 수 있지만, 표정이나 손발의 움직임 등은 사실을 드러내게 되어 있다.

DAY 279

부녀여 내가 이제 네게 구하노니 서로 사랑하자 이는 새 계명 같이 네게 쓰는 것이 아니요 처음부터 우리가 가진 것이라 또 사랑은 이것이니 우리가 그 계명을 따라 행하는 것이요 계명은 이것이니 너희가 처음부터 들은 바와 같이 그 가운데서 행하라 하심이라 (요이 1:5-6)

뇌 건강을 위한 팁 | 말로만 사랑하는 것이 아니라, 그리스도의 사랑으로 생각하는 것이 중요하다.

우리는 말하지 않아도 표정이나 손짓 등 몸의 언어로 관심과 지지와 온유함과 격려를 표현하여 평강과 이해와 사랑을 전달할 수 있다. 정반대의 상황도 마찬가지이다. 우리의 태도나 표정으로도 적대감, 공격성, 무례함, 부담감 등을 나타낼 수 있다.

종종 우리 몸의 언어가 말과 배치하는 경우가 발생하는데, 이를테면, 입으로는 사과하면서 몸은 별것 아닌 일로 문제를 삼는다는 메시지를 전하는 경우가 그렇다. 비음성 언어의 기본적인 특징을 이해하지 못하면, 우리는 계속 혼란스러운 메시지를 전달하다가 결국은 관계를 손상시키거나, 적어도 더 이상 발전시키지 못하게 될 것이다.

DAY 280

나 곧 내 영혼은 여호와를 기다리며 나는 주의 말씀을 바라는도다 파수꾼이 아침을 기다림보다 내 영혼이 주를 더 기다리나니 참으로 파수꾼이 아침을 기다림보다 더하도다 (시 130:5-6)

TIP 뇌 건강을 위한 팁 | 우리가 기대하고 예상하는 것이 실제 일어날 일에 영향을 끼칠 수도 있다.

뇌섬(insula)은 뇌의 나머지 부위들과 협력하여 마음속의 기대와 예상에 반응한다. 어떤 일이 발생하기 전에 그것에 대해 예상하면, 뇌섬이 반응한다는 뜻이다. 이를테면 뇌섬은 몹시 추운 날에 혈류량을 늘려 신진대사를 조절함으로 우리의 몸을 미리 준비시킨다.

이러한 일이 정신 심리 영역에서도 발생한다. 우리가 특정 상황 가운데 어떤 마음일지 예상하면, 뇌섬이 반응하여 지금 당장 그 감정을 느끼게 되는 것이다. 특정 상황이나 사건에 대한 기억(생각)과 앞으로 일어날 일이 우리의 마음속에서 연결되면(과거의 기억을 바탕으로 미래를 예측할 때), 뇌섬은 매우 활발해진다.

뇌섬의 반응은 긍정적일 수도 있고, 부정적일 수도 있다. 기대와 예상의 근거가 되는 과거의 기억이 건강하다면 그 반응도 긍정적일 것이고, 건강하지 않다면 반응도 부정적일 것이다. 후자의 경우 해로운 기대와 예상 때문에 두려움에 사로잡히게 되면서 우리의 몸과 마음에 부정적인 반응을 일으킬 수도 있다.

기억하라. 우리의 기대와 예상은 실현될 수 있다!

의인의 마음은 대답할 말을 깊이 생각하여도 악인의 입은 악을 쏟느니라 (잠 15:28)

DAY 281

뇌 건강을 위한 팁 | 사색의 시간은 정신건강에 유익하다.

    사람들은 보통 하루에 여덟 시간 정도를 인터넷이나 스마트폰과 같은 첨단 기술을 사용하는 데 쓰고 있다. 이런 첨단 기기의 사용을 하루 두 시간 이내로 제한하면, 최악의 부작용 몇 가지를 완화시킬 수 있다고 한다. 그렇다면 첨단 기기 사용 시간은 줄이고, 사색의 시간은 늘려 보는 것이 어떨까?

    우리는 사색의 시간을 통해 자신의 삶을 점검하고, 어떻게 하면 사랑하며 살지 배울 수 있다. 마음이 복잡할 때, 잠잠히 사색에 잠겨 자신의 생각과 경험을 점검해 보라. 불쑥 떠오르는 생각들을 노트에 적어보는 것도 좋다. 떠오른 생각들이 마음에 평안을 주는지, 아니면 근심을 주는지 평가해 보라. 염려와 근심을 준다면, 생각을 달리해 보라. 근심을 안기는 생각들을 재개념화하라는 말이다.

    사색의 시간은 우리의 지적인 능력을 높이고, 건강을 증진시키며, 마음에 평안을 주어 마음과 뇌를 보다 효율적으로 사용할 수 있게 해 준다. 그러므로 사색하고 싶은 마음이 들지 않으면, 잠시 시간을 내어 생각하는 동안 당신이 더욱 지혜로워지고, 더 나은 삶을 살게 된다는 사실을 기억하라. 사색의 시간을 갖는 것은 인생을 사랑하는 방법이다!

DAY 282

지으신 것이 하나도 그 앞에 나타나지 않음이 없고 우리의 결산을 받으실 이의 눈 앞에 만물이 벌거벗은 것 같이 드러나느니라 (히 4:13)

 뇌 건강을 위한 팁 | 부정적이고 해로운 생각들을 빨리 해결할수록 삶에 끼치는 부정적인 영향을 속히 제거해 낼 수 있다.

마음을 새롭게 하고 싶은데, 어디서 시작해야 할지, 심지어 마음을 어떻게 정리하고 처리해야 하는지 몰라서 고민하고 있는가?

우리는 어떤 생각을 할지 결정함으로 우리를 괴롭히는 기억을 재개념화할 수 있다. 하나님께서 우리의 뇌를 그렇게 만드셨기 때문이다. 그러면 해로운 생각을 제거하고 좀 더 나은 사고방식을 구축하게 된다. 자신을 억누르는 생각, 곧 당신을 과거에 얽매이게 할 뿐 아무 도움도 되지 않는 생각들이 무엇인지 인식하고, 분명하게 표현하는 것부터 시작하라. 스스로에게 명령하기보다는 질문해 보라. 이렇게 하면 탐색이 시작되고, 창조적 가능성이 열리며, 객관적인 위치에 서서 변화를 위한 안전한 공간을 마련하게 된다. 그리하여 문제가 되는 기억을 효율적으로 재개념화할 수 있다.

명심하라. 생각은 감출 수 없다! 당신이 생각하고 선택하고 느끼는 것은 지금 아니면 나중에라도 반드시 드러날 것이다. 부정적이고 해로운 생각을 빨리 다룰수록, 삶에 끼치는 부정적인 영향을 더 빨리 제거할 수 있다.

네 이웃을 네 자신과 같이 사랑하라 하신 것이라 이보다 더 큰 계명이 없느니라 (막 12:31)

뇌 건강을 위한 팁 | 혼자 있을 때, 어떤 생각을 품고 어떤 말을 하는지 관찰해 보라.

우리는 다른 사람과 있을 때는 물론 홀로 있을 때도, 의도적으로 자신의 생각과 말과 행동을 관찰해야 한다. 이 작업을 수행하는 동안, 뇌의 내부 네트워크들이 활성화될 것이다. 그 결과 마음에는 샬롬이 깃들고, 정신건강은 좋아질 것이다. 홀로 있을 때, 장차 이루어질 변화를 기대하며 부정적인 생각을 긍정적인 것으로 대체하라.

혹시 자신에 관한 생각을 재개념화하고 싶지는 않은가? 평상시 자신을 바라보며 불만스럽지는 않았는가? 그렇다면 지금, 당신이 변화되는 과정 중임을 명심하라. 성취 가능한 것들을 목표로 삼고, 현실적으로 가능한 변화는 무엇인지, 지금 무엇을 해야 하는지 생각해 보라. 어쩌면 당신은 주어진 시간을 잘 관리하기 위해 매 순간 노력했지만, 뜻대로 되지는 않았다고 할 수도 있다. 그렇다면 이 사실을 명심하라. 지금 당신은 발전하는 중이니, 자신을 미워하지도 말고 비난하지도 말라.

당신은 더 나은 미래를 선택할 수 있다. 이를 위해서라도 자신을 사랑해야 한다. 그렇지 않으면 다른 사람을 사랑할 수 없고, 그들에게 긍휼을 베풀 수도 없다. 더 나은 미래는 오지 않을 것이다.

DAY 284

> 하나님이 우리에게 주신 것은 두려워하는 마음이 아니요 오직 능력과 사랑과 절제하는 마음이니 (딤후 1:7)
>
> 뇌 건강을 위한 팁 | 감정은 감출 수 없다. 하지만 다스릴 수 있다.

감정을 다스리는 첫 번째 필수 단계는, 우리가 감정을 통제할 수 있음을 인식하는 것이다. 우리의 마음은 뇌에 감정들을 쌓아 자리잡게 만든다. 감정은 보편적이거나 이미 우리 안에 프로그램화 되어 있는 것이 아니라, 그 사람만의 것이다. 또 주어지는 것이 아니라, 우리가 만들어 내는 것이다.

감정을 노골적으로 드러내거나 다 털어놓을 필요는 없다. 하지만 자기 자신에게 솔직할 필요는 있다. 이것이 바로 당신의 감정과 그것을 해결하는 방법을 깨닫는 발전적인 과정이다.

우리는 감정을 드러내도 안전한 곳, 비판 없이 수용해 주는 환경을 마련하여 적절한 방식으로 표현해야 한다. 주변의 사람들을 아무 거리낌 없이 감정을 표현해도 괜찮은 사람들과 감정을 표현해도 되지만 다소 조심스러운 사람들, 절대 감정을 드러내선 안 될 사람들로 나누어 정리해 보라.

첫 번째 그룹은 우리가 신뢰하는 사람들이다. 이를테면 사랑하는 사람들, 절친한 친구, 또는 상담자 등이다. 두 번째 그룹은 어느 정도 감정을 드러내는 것은 괜찮지만, 전부를 나눌 수는 없는 사람들이다. 세 번째 그룹은 감정을 드러냈다가 오히려 좋지 않은 결과를 가져올 사람들이다.

DAY 285

오히려 너희가 그리스도의 고난에 참여하는 것으로 즐거워하라 이는 그의 영광을 나타내실 때에 너희로 즐거워하고 기쁘게 하려 함이라 (벧전 4:13)

뇌 건강을 위한 팁 | 과정을 즐길 줄 아는 사람만이 목적지에 도달한 순간 기뻐할 수 있다.

어려움을 헤쳐 나가면서 자신의 깨달음과 능력들이 성장하고 발전하는 과정을 즐기고 기뻐하기로 선택하라. 실패하면, 다시 일어나라! 그렇게 하고 싶지 않더라도 일어서라! 실패를 맛본 순간의 기분과 상관없이 기뻐하기로 선택하면, 그것이 힘이 되어 계속 나아갈 수 있게 된다.

자신만의 '행복 측정기'를 만들어 보는 것도 좋다. 필요할 때마다 자신이 얼마만큼 행복한지 점검해 보는 것이다. 수치가 떨어지면, 잠시 멈추고 심호흡한 후 "왜 나는 지금 행복하지 않은가?"라고 자문하라. 원인이 무엇이든, 극복하기로 결단하고 다시 일어서라.

어떤 일이나 상황이 끝나야 행복해질 것이라는 생각을 버려라. 여정의 시작과 중간과 끝, 전부를 즐기는 법을 배우라. 결승점에 이르는 과정 중, 원치 않는 감정들을 느끼더라도 마음 쓰지 말라. 우리가 늘 행복하다면, 결코 지혜와 명철을 얻지 못할 것이다. 고난을 딛고 일어선 사람만이 행복해지는 법을 배울 수 있다. 장기적으로 보면, 고난은 우리에게 진정한 행복이 무엇인지 알려준다.

> 우리가 알거니와 하나님을 사랑하는 자 곧 그의 뜻대로 부르심을 입은 자들에게는 모든 것이 합력하여 선을 이루느니라 (롬 8:28)

 뇌 건강을 위한 팁 | 실패가 자신의 정체성이 되지 않게 하라.

실패하면 무언가 하나를 더 배웠다고 생각하라. 혹시 그것이 절대 해서는 안 되는 일이었다고 후회하게 되더라도 말이다. '완전한 실패'라는 라벨은 붙이지 말라. 살면서 우리가 겪는 모든 일은 무언가를 배울 수 있는 기회가 되기 때문이다.

사고방식을 바꾸고, 감정을 다스리고, 남을 용서하고, 마음을 훈련하기 위해 투자한 시간을 낭비라고 생각하지 말라. 변화에 필요한 시간이 예상보다 늘어날 조짐이 보이면, 계획을 조정하라. 좌절하지는 말라. 좌절한다면, 지금까지의 노력이 허사가 되어 우리의 뇌와 몸이 스트레스를 받게 될 것이다.

멀리 보지 말고, 매일, 하루치의 인생만 살라. 심호흡을 하고, 하나님께서 주신 위대한 마음의 능력을 믿어 보라.

DAY 287

그러므로 우리가 이 직분을 받아 긍휼하심을 입은 대로 낙심하지 아니하고 (고후 4:1)

뇌 건강을 위한 팁 | 실패하거든 다시 일어서라. 과거의 실패에 집중하면, 앞으로도 계속 실패할 확률이 높아진다.

    우리는 무한한 가능성의 세상을 살고 있다. 마음의 창조력은 다양한 가능성을 현실화할 수 있다. 주변에 널려 있는 가능성을 알아보는 사고 구조를 구축하라. 그러면 사랑에만 반응하도록 설계된 뇌가 활성화하여 그 모든 가능성에 올바르게 반응할 것이다.

    돌파구가 전혀 없고, 실패했다는 생각이 자꾸 떠오르면, 즉시 멈추라. 우리는 생각에 사로잡히지 말고, 오히려 생각을 사로잡아야 한다. 부정적인 생각은 던져 버리고, 그 빈 자리에 "나는 실패할 수 없다. 나는 성공하도록 창조된 존재다. 이 세상에 하나님의 영광을 나타내도록 창조되었다"라는 생각을 채워 넣으라.

    주변 사람들이 뭐라고 말하든 신경 쓰지 말라. 당신 스스로가 자신을 부정적으로 평가해 왔다고 해도, 이미 지난 일이니 더는 신경 쓰지 말라. 이제부터가 중요하다. 이러한 생각들 때문에 당신을 향한 하나님의 계획이 지연되거나 멈춰서는 안 된다.

> 나는 여호와요 모든 육체의 하나님이라 내게 할 수 없는 일이 있겠느냐 (렘 32:27)
>
> 뇌 건강을 위한 팁 | 사람들이 실패를 예상해도, 당신만큼은 성공의 가능성을 볼 수 있어야 한다. 당신은 성공할 가능성을 선택할 수 있다.

받은 복을 세어 보는 일에 더 많은 시간을 쓰는가? 아니면 내게 없는 것들을 세어 보는 일에 더 집중하고 있는가? "나는 그 일을 해내지 못했어!"와 "나는 그 일을 해냈어!" 중 어떤 말을 더 자주 하는가?

머릿속 생각을 입으로 말하기 전, 잠시 멈춘 상태에서 자신이 무슨 말을 하려고 하는지 점검해 보라. 이미 부정적인 말을 하기 시작했다면, 얼른 생각을 사로잡아 변화시키라. 그리고 부정적인 말이 불평과 악담으로 번져 당신의 뇌와 몸, 그리고 사람들과의 관계까지 손상시키기 전에 긍정적인 것을 말하라.

컵의 물이 절반만 남은 것이 아니라, 절반이나 남아 있다! 하나님의 능력이 당신 안에 머물고 있다.

DAY 289

각각 은사를 받은 대로 하나님의 여러 가지 은혜를 맡은 선한 청지기 같이 서로 봉사하라 (벧전 4:10)

뇌 건강을 위한 팁 | 공동체 안에서 당신은 매우 소중한 사람이며, 누구도 할 수 없는 일을 해 낼 수 있다.

공동체, 곧 사회적 결속은 몸과 마음의 건강을 위해, 특히 스스로 실패자로 여기거나 어두운 방에 홀로 머물러 있는 사람에게는 대단히 중요하다. 일 때문에 부담을 느끼거나 감정적으로 힘들거나 또는 어떤 과정을 통과하는 중이라면, 잠시 하던 일을 멈추고 누군가를 도우라. 단순히 상대방의 말을 들어주거나 안아주거나 격려하는 것도 좋다. 지인에게 메일 또는 문자 메시지로 안부를 묻거나 식사 자리에 초대해 보라.

아침에 눈을 뜰 때마다 오늘은 누구를 도울지 스스로 질문해 보라. 지역 사회를 위해 어떤 일을 해야 할지 생각해 보라. 독서모임이나 취미 동아리를 만들어 활동하는 것은 어떤가? 이웃과 친분을 쌓기 위해 산책을 하거나 커피 한 잔 마시는 것 등 할 수 있는 일은 무궁무진하다.

영웅이 되어 세상을 구할 필요는 없다. 가벼운 목표를 설정하고 시작해 보라. 당신의 작은 도움에 누군가는 크게 감동할 것이다. 어쩌면 그 영향력이 전 세계로 퍼져 나갈지도 모른다. 중요한 것은 당신의 생각이다!

네 짐을 여호와께 맡기라 그가 너를 붙드시고 의인의 요동함을 영원히 허락하지 아니하시리로다 (시 55:22)

 뇌 건강을 위한 팁 | 스트레스에 대한 관점을 바꾸라.

    스트레스는 우리의 업무 성취도를 오히려 높여 줄 수도 있다. 스트레스에 압도당하는 느낌이 들 때마다, 심장의 혈관이 팽창하여 뇌에 다량의 혈액과 산소를 공급하는 장면을 그려 보라. 또 양질의 신경전달물질이 분비되는 모습을 떠올려 보라. 그러면 그 모든 것이 함께 작용하면서 집중력이 높아지고 생각도 명료해져서 최선의 반응을 할 수 있게 될 것이다.

    어려운 상황과 마주할 때, 그것이 우리에게 얼마나 유익한 스트레스가 될 수 있는지 스스로에게 말해 보라. 또 혈류량이 많아져서 뇌에 많은 산소와 혈액이 공급되고, 유익한 신경전달물질들이 분비되는 등 건강한 스트레스가 몸에 끼칠 유익에 대해서도 생각해 보라. 스트레스가 당신의 몸에 유리하게 작용하여 더 명료하게 생각하게 될 것이라고 스스로에게 말해 보라. 스트레스에 건강하게 반응했을 때의 유익에 대해 기록해 놓았다가 어려움을 느낄 때 읽어 보는 것도 좋다. 스트레스를 당신의 성취도나 성과를 떨어뜨리기보다는 높여 주는 존재로 여기라. 기억하라. 당신의 마음에는 놀라운 능력이 있다!

DAY 291

서로 돌아보아 사랑과 선행을 격려하며 모이기를 폐하는 어떤 사람들의 습관과 같이 하지 말고 오직 권하여 그 날이 가까움을 볼수록 더욱 그리하자 (히 10:24-25)

뇌 건강을 위한 팁 | 사람은 저마다 다르게 생각한다. 이러한 차이는 상호보완적인 것이다.

누구나 생각에 사로잡힐 때가 있다. 어쩌면 집에 혼자 있거나, 잠을 이루지 못하거나, 갑자기 이전에 저지른 잘못과 실수가 마음을 휘저어 놓을지도 모르겠다. 바로 이와 같은 때에 공동체가 우리의 건강을 위해 필요한 존재가 된다.

생각은 마치 소화시키는 과정과 같다. 음식물이 소화되어 세포의 생명 활동에 필요한 영양분이 되듯, 외부에서 유입되는 정보 역시 기억으로 저장되기 전, 생각을 통해 소화되어야 한다. 감각기관을 통해 들어온 정보는 의미 있는 방식으로 수용되고, 우리가 구축한 사고 과정을 거치면서 소화된다.

그런데 나의 사고 과정은 당신의 사고 과정과 다르다. 똑같은 정보여도 내가 그 정보를 소화하고 이해하는 방식과 당신이 소화해 내는 방식은 다르다. 물론, 둘 사이에 우열을 가릴 수는 없다. 단지 다를 뿐이기 때문이다. 이러한 다름이 한데 모일 때 온전함이 이뤄진다.

예를 들어, 기분이 좋지 않은 날 친구나 사랑하는 사람에게 구한 조언이나 의견이 우리가 생각하는 방식을 변화시키거나 상황을 다른 각도에서 긍정적으로 보는 데 도움이 될 수 있다.

우리는 서로 다른 사고방식 덕분에 창조주 하나님을 더 잘 섬길 수 있고, 그분의 형상대로 지음 받은 이웃을 더욱 사랑할 수 있다. 우리는 더 나은 사람이 되고, 더 강해지며, 더욱 하나가 될 수 있다.

DAY 292

이 모든 일은 같은 한 성령이 행하사 그의 뜻대로 각 사람에게 나누어 주시는 것이니라 (고전 12:11)

 뇌 건강을 위한 팁 | 우리는 저마다 고유한 사고방식을 갖고 있다.

이 세상에 나와 똑같은 사람은 없다. 쌍둥이에 대한 연구 결과는 그들이 동일한 유전자를 가지고 있어도, 각자의 생각이 다르므로 서로 다른 사람이라는 것을 보여 준다. 각자의 고유한 사고 구조로 자기만의 기억을 구축하여 학습하기에 각자의 유전자 발현 방식이 다르고, 그로 인해 그들의 말과 행동이 달라진다는 것이다. 일란성 쌍둥이라도 저마다 좋아하고 싫어하는 것, 행동이나 삶의 선택도 완전히 다를 수 있다. 심지어 자주 걸리는 병도 서로 다르다.

우리는 유전자나 생리 현상을 따라 살아가는 존재가 아니다. 우리의 생각이 우리를 만든다. 당신은 자신을 어떻게 생각하고 있는가?

시기와 다툼이 있는 곳에는 혼란과 모든 악한 일이 있음이라 (약 3:16)

뇌 건강을 위한 팁 | 당신은 당신답게 디자인되었다.

DAY 293

우리에겐 각자의 고유한 사고방식이 있어서 그것을 따르지 않으면, 속사람을 거스르게 된다. 자신이 아닌 다른 누군가처럼 되려 한다면, 생각이 유전자 발현에 영향을 끼쳐 몸과 마음의 건강 모두 나빠지게 된다. 좌절감을 느끼거나 머릿속의 생각이 흐릿해져 방황할 수도 있다. 또한 내면의 평안을 잃어버려 결국 성취감에도 영향을 줄 수 있으며, 의사소통 능력과 학습능력 등 학교와 직장, 가정에서 생활하는 데 필요한 능력이 부정적인 영향을 받게 될 것이다.

우리 각자는 모두 자신다워야 한다.

DAY 294

사랑은 오래 참고 사랑은 온유하며 시기하지 아니하며 사랑은 자랑하지 아니하며 교만하지 아니하며 (고전 13:4)

 뇌 건강을 위한 팁 | 우리가 스스로를 있는 그대로 기뻐할 때, 진정 다른 사람을 사랑할 수 있게 된다.

우리가 자기만의 고유한 사고방식으로 생각하면, 말 그대로 뇌와 몸을 고칠 수 있다. 신경가소성으로 인해 뇌가 초기화되기 때문이다.

우리 몸속의 모든 세포에는 DNA 세트가 들어 있다. 우리만의 독특한 사고방식은 DNA가 기능하는 방식에 영향을 주어 유전자 스위치를 켤 수 있다. 생각이 유전자 발현을 일으키는 것이다. 그러므로 유전자가 효과적으로 발현되려면 우리의 생각을 효율적으로 사용해야 하는데, 이를 위해서는 자기만의 사고방식으로 생각해야 한다.

우리는 어설프게 다른 어떤 존재가 되고 싶어 하지만, 자신만의 고유한 사고방식으로 생각하면, 멋지고 근사한 나로 변화된다. 있는 모습 그대로 자신이 얼마나 놀라운 존재인지 인식할 필요가 있다. 우리 자신뿐 아니라 다른 사람의 탁월함도 인식해야 한다.

DAY 295

(사랑은) 무례히 행하지 아니하며 자기의 유익을 구하지 아니하며 성내지 아니하며 악한 것을 생각하지 아니하며 불의를 기뻐하지 아니하며 진리와 함께 기뻐하고 (고전 13:5-6)

뇌 건강을 위한 팁 | 불친절한 의사소통은 우리의 뇌를 손상시킨다.

    오늘날 사람들은 대화하는 법을 잘 모르는 것 같다. 우리는 저마다 다른 의견을 가지고 있다. 각자가 다르게 생각하고, 말하고, 행한다. 실제로 가장 큰 어려움 중 하나가 나와 생각이 다른 사람들과 소통하는 것이다. 우리는 서로의 말을 오해할 수 있고, 이러한 오해가 논쟁이나 격렬한 다툼으로 번지는 경우가 많다.

    그러나 우리가 어떻게 생각하는지 이해하면, 다른 사람들이 다르게 생각하고 느끼고 선택한다는 사실도 깨닫게 된다. 이러한 다름은 나쁜 것이 아니라 매우 아름답고 좋은 것이다. 나와 다르게 생각하고, 말하고, 행하는 사람들을 불편해하거나 경계하지 말고, 오히려 그것을 자신만의 탁월함을 발전시킬 기회로 여기라. 뇌와 마음에 대한 연구 결과는 이 사실을 입증해 준다.

    우리가 강한 공동체 의식을 키우고 유지할 때, 이해력은 더욱 깊고 풍성해진다. 상대방에 대한 이해는 인생의 행복과 성공에 필수적이다. 사회적 존재인 우리가 제대로 소통하지 못하면 자기의 역할을 잘 감당할 수도, 온전히 사랑할 수도 없게 된다.

DAY 296

> 무릇 많이 받은 자에게는 많이 요구할 것이요, 많이 맡은 자에게는 많이 달라 할 것이니라 (눅 12:48)

 뇌 건강을 위한 팁 | 선택에 대한 책임은 내가 진다.

우리는 뇌의 명령에 굴종하는 존재가 아니다. 뇌 편도체가 그렇게 하라고 시킨 것이 아니다. 참고로, 편도체는 우리에게 "이렇게 말하라", "저렇게 행동하라"는 식으로 강요하지 못한다. 아니, 뇌의 어떤 부분도 우리를 통제할 수 없다. 그것들은 뇌 속에 존재하는 구조물로, 우리의 생각과 표현에 반응하는 등, 신경물리학적 기능을 담당할 뿐 그 이상도, 그 이하도 아니다. 뇌의 구조물들은 우리의 생각(독특한 사고구조)에 자극을 받아 활발하게 작동한다. 뇌는 생각을 반영하고 표출하는 복잡한 양자 컴퓨터와 같다.

우리는 창조주의 형상대로 지음 받았다. 바꿔 말하면, 우리 안에 창조의 능력이 있다는 뜻이다. 그리고 그 능력을 사용할지, 말지를 선택하는 것은 우리 자신이며, 결과에 대한 책임 역시 우리가 져야 한다.

우리는 생각하고 느끼고 선택하는 방식을 통해 자신의 뇌 속 구조물들을 변화시킨다. 자신만의 맞춤형 사고방식으로 물질, 정확하게는 뇌 단백질을 만들어 낸다. 우리는 이 능력을 신중하게 다뤄야 한다. 우리는 천국, 또는 지옥을 이 땅으로 가져올 수 있다. 선택은 우리에게 달렸다.

하나님은 무질서의 하나님이 아니시요, 오직 화평의 하나님이시니라 (고전 14:33)

뇌 건강을 위한 팁 | 우리는 선택을 통해 마음의 평안과 이해력을 증진할 수 있다.

    사고방식은 수천 개의 생각들이 한데 어우러진 의식의 흐름이다. 수많은 생각 중 어떤 것을 머릿속으로 들여보낼지는 우리가 선택할 수 있다. 우리는 의식의 흐름을 스스로 규제하여(자기 규제), 사고방식을 구성하는 각각의 생각들을 관찰하고 평가할 수도 있다.

    그러나 외부의 영향력이나 해로운 마음가짐에 방해를 받아 집중 상태가 흐트러질 경우, 생각을 통제하는 능력이 저하된다. 그 결과 몸과 마음의 건강이 나빠진다. 반대로 자신이 어떤 생각을 품는지 알고, 생각을 통제할 줄 안다면, 자기 규제 활동을 훈련하여 장기적으로 자신의 생각을 객관적으로 관찰할 수 있다. 마음이 아무리 복잡하더라도, 생각을 통제할 수 있다!

DAY 298

> 우리에게 주신 은혜대로 받은 은사가 각각 다르니 (롬 12:6)
>
> 그러므로 우리에게 주어진 은혜를 따라 다른 은사들을 가졌으므로, 그 믿음의 분량을 따라 예언하고, (롬 12:6, 원뉴맨성경)
>
> 뇌 건강을 위한 팁 | 우리는 각기 다른 방법으로 생각하고, 말하고, 행동한다. 모두가 저마다 독특한 방식으로 세상을 인식한다.

    세계관은 뇌 구조물의 형성에 관여한다. 우리의 생각을 통해 뇌 안에 세계관이 세워지기 때문이다. 이 과정은 모두가 동일하지만, 그 결과물은 사람마다 다르다. 우리가 서로 다르기 때문이다.

    거시적으로는 뇌 전반의 구조에서 미시적으로는 뉴런과 아원자 그리고 단백질의 진동과 같은 양자적 차원에 이르기까지, 우리는 저마다 다르고 특별하다. 기본적인 게놈, 곧 유전물질은 거의 비슷하지만, 그것이 사용되어 온몸에 영향을 끼치는 양상은 각자 다르다. 심지어 몸속의 단백질이 진동하는 방식도 다 다르다!

    자신만의 맞춤형 사고(즉 자신만의 독특한 사고, 감정, 선택 방식)를 따르고 자신의 생각에 집중하면, 자신이 어떤 방식으로 생각하는 사람인지 알게 된다. 자아의 정수(精髓)를 깨닫게 되는 것이다!

    맞춤형 사고는 우리의 선택까지 지배한다. 우리는 맞춤형 사고를 통제하여 유익을 얻는 방향으로 생각하고 선택해야 한다. 맞춤형 사고는 매우 강력한 능력이다.

DAY 299

무릇 징계가 당시에는 즐거워 보이지 않고 슬퍼 보이나 후에 그로 말미암아 연단 받은 자들은 의와 평강의 열매를 맺느니라 (히 12:11)

뇌 건강을 위한 팁 | 훈련과 부단한 노력은 마음을 새롭게 하는 데 필수적이다.

    인생에서 성공하기 원한다면, 생각에 책임을 져야 한다. 아무도 대신 책임져 주지 않는다. 훈련은 항상 쉽지만은 않아서 공허함을 느끼거나 마음이 슬퍼질 때 포기하고 싶은 욕구가 커진다. 많은 사람들이 어려운 과제를 시작한 지 며칠 지나지 않아 포기하려는 경향이 있다.

    그러나 우리의 마음은 인내하도록 디자인되었다. 사실, 인내와 성실은 새로운 기술을 습득하고 지적인 능력을 함양하는 유일한 방법이다. 성공은 하루아침에 이뤄지지 않는다. 성공은 노력과 인내의 열매이며, 자신을 계발하고 성장시키는 생활방식을 통해 얻을 수 있는 결과이다.

네 보물 있는 그곳에는 네 마음도 있느니라 (마 6:21)

뇌 건강을 위한 팁 | 가장 많이 집중하는 것, 가장 많이 사랑하는 것이 우리의 생각을 지배한다.

우리는 매일, 매 순간 환경과 어우러져 살아간다. 그리고 생각하고 느끼고 선택하는 과정 가운데 다양한 생각들을 학습하여 뇌 속에 물리적 실체를 구축하게 된다. 우리의 마음속에서 이 일이 쉬지 않고 계속된다. 우리가 잠을 잘 때도 뇌는 쉬지 않는다. 낮 동안 심어 놓은 생각들을 분류하고 정리하느라 바쁘다. 스스로 마음속에서 무슨 일이 벌어지는지 인식하지 못하더라도, 우리는 고도로 발달된 지적 존재들이다.

그러므로 환경이 우리의 삶에 끼치는 영향력을 인식하는 것이 대단히 중요하다. 계속해서 되는 대로 반응하며 살아가면, 외부의 영향력이 우리의 마음속을 제멋대로 휩쓸고 다니도록 방치하게 될 위험성이 크다. 이것은 우리의 세계관이나 세상과 교류하는 방식에 영향을 끼칠 수도 있다.

우리의 뇌가 변화될 수 있다는 말(신경가소성)은 우리가 생각을 통해 이러한 변화를 주도하지 않으면, 다른 일이 일어날 수도 있다는 의미이다. 우리는 이 사실을 인식해야 한다.

DAY 301

> 명철한 자의 마음은 지식을 얻고 지혜로운 자의 귀는 지식을 구하느니라 (잠 18:15)

뇌 건강을 위한 팁 | 학습은 기억을 창조하거나 재디자인한다.

학습은 지식의 창조적 재개념화 작업이다. 기억을 창조하거나 새롭게 디자인하는 것이다. 이 작업은 능동적이고 역동적인 자기 규제(깊은 생각)의 통제를 받는다. 학습의 성패는 얼마나 깊이 관여하여 침투했느냐에 달렸다.

학습의 정수(精髓)는 의미와 목적이다. 무엇을 학습하느냐에 따라 우리 삶의 의미와 목적이 달라진다. 왜냐하면 학습이 세계관을 형성하기 때문이다. 세계관은 이 세상을 바라보는 안경(필터)과 같다. 기억하라. 우리가 가장 많이 떠올리는 생각이 크게 자라나 우리의 관점과 믿음 체계(또는 세계관)에 영향을 준다. 우리는 사랑하는 대상을 닮는다는 말이 있는데, 이것은 긍정적일 수도 있고, 부정적일 수도 있다.

지금 무엇을 학습하고 있는가? 무엇이 당신의 삶에 의미를 부여하고 있는가? 어떤 지식을 추구하는가? 당신이 세상을 이해하고 세상과 소통하는 방식에 가장 큰 영향을 주는 것은 무엇인가? 하나님 나라가 이 땅에 임하기를 바라는 마음을 가지고 있는가?

DAY 302

만일 우리가 우리 죄를 자백하면 그는 미쁘시고 의로우사 우리 죄를 사하시며 우리를 모든 불의에서 깨끗하게 하실 것이요, 만일 우리가 범죄하지 아니하였다 하면 하나님을 거짓말하는 이로 만드는 것이니 또한 그의 말씀이 우리 속에 있지 아니하니라 (요일 1:9-10)

 뇌 건강을 위한 팁 | 변화가 필요하다는 사실을 인정하지 않으면, 변화될 수 없다.

우리는 무엇을 변화시켜야 할지, 어디서부터 길을 잃었는지 온전히 이해하기 전에는 아무것도 바꿀 수 없다. 이 아름다운 우주의 창조주 하나님의 자녀로서, 우리는 이 세상을 하나님 나라로 회복하고 새롭게 하기 전에 먼저 우리의 마음부터 새롭게 해야 한다. 모든 행동은 생각에서 시작되기 때문이다.

우리는 문제를 극복하고, 망가진 시스템을 고치고, 세상을 더 나은 방향으로 바꾸기 전에 직면해야 할 문제가 있음을 인정해야 한다. 아무 문제도 없는 것처럼 행동하거나 회피하려는 것은 전혀 도움이 되지 않는다. 특히 자신에게는 더욱 그렇다. 변화는 거울에 비친 자신의 모습을 들여다볼 때 시작된다.

DAY 303

> 너희 몸은 너희가 하나님께로부터 받은 바 너희 가운데 계신 성령의 전인 줄을 알지 못하느냐 너희는 너희 자신의 것이 아니라 값으로 산 것이 되었으니 그런즉 너희 몸으로 하나님께 영광을 돌리라 (고전 6:19-20)

뇌 건강을 위한 팁 | 건강한 삶을 원한다면, 마음이 강해야 한다.

마음이 건강하지 않으면 아무리 운동을 많이 하고, 수많은 성경 구절을 암송하고, 잠을 충분히 자고, 몸에 좋은 음식을 먹어도 소용없다. 건강을 지속시키는 것은 마음의 생각과 그 선택의 결과들이다. 이것은 모든 생각을 사로잡아 그리스도께 복종시키고 마음을 새롭게 하여 성령의 인도하심을 받아 하나님이 우리에게 주신 성전(몸)과 맡겨 주신 이 세상을 소중하게 여기는 것이다.

또한 우리의 마음이 지닌 창조의 능력에 대한 책임을 지고, 이 능력을 사용하여 하나님의 영광을 이 땅에 나타내고, 신음하는 이 세상에 생명을 가져오는 것이다.

DAY 304

여호와가 너를 항상 인도하여 메마른 곳에서도 네 영혼을 만족하게 하며 네 뼈를 견고하게 하리니 너는 물 댄 동산 같겠고 물이 끊어지지 아니하는 샘 같을 것이라 (사 58:11)

 뇌 건강을 위한 팁 | 참된 행복은 내면의 만족에서 시작된다.

우리는 이 세상의 '더 많이, 더 빨리' 시스템에 길들여져 그것이 무의식의 일부가 되고 말았다. 우리가 먹는 음식이 어디에서 왔고, 내가 입고 있는 옷은 누가 만들었는지 등을 마지막으로 생각해 본 것이 언제인가? 정말로 최신형 스마트폰이 필요한지, 그렇다면 그 이유는 무엇인지, 자신이 정확히 무엇을 위해 일하고 있으며, 무엇 때문에 이 일을 선택했는지, 영적인 만족을 느끼고 있는지, 왜 지금의 배우자와 사는지 생각해 보았는가? 길가에 핀 꽃의 아름다움 때문에 가던 길을 멈춰 본 적이 있는가? 현재의 삶과 누리고 있는 것에 마지막으로 만족감을 느낀 것이 언제인가?

행복은 얼마나 많은 것을 가지고 있는지, 또는 자신의 삶이 소셜미디어에서 얼마나 멋지게 보이는지로 측정되는 것이 아니다. 힘겨운 시기를 보내고 있더라도, 자신의 삶에 얼마나 만족하는지, 그리고 우리의 삶이 어디로 향하고 있는지에 달렸다.

몸과 마음의 건강의 기초인 만족은 마트나 온라인 쇼핑몰에서 살 수 있는 것이 아니다. 그것이 오직 하나님의 사랑에 기반을 두고 있기 때문이다. 하나님의 사랑은 절대 실패하지 않는다! 그 사랑이 우리에게 계속 나아갈 힘을 준다.

DAY 305

그들의 열매로 그들을 알지니 가시나무에서 포도를, 또는 엉겅퀴에서 무화과를 따겠느냐 이와 같이 좋은 나무마다 아름다운 열매를 맺고 못된 나무가 나쁜 열매를 맺나니 좋은 나무가 나쁜 열매를 맺을 수 없고 못된 나무가 아름다운 열매를 맺을 수 없느니라 아름다운 열매를 맺지 아니하는 나무마다 찍혀 불에 던져지느니라 (마 7:16-19)

뇌 건강을 위한 팁 | 참된 변화는 삶의 열매로 나타난다.

우리는 자신의 생활방식에 대해 책임을 져야 한다. 물론 우리는 실수도 한다. 그러나 하나님께서 은혜와 사랑으로 실수를 만회할 수 있는 시스템을 우리의 뇌와 몸에 장착해 주셨기 때문에, 우리는 어떤 상황에서도 믿음으로 평안을 누릴 수 있다. 그 시스템 덕에 실수를 만회할 수도 있고, 잠재적 위험을 피할 수도 있으며, 망가진 몸과 마음을 치유할 수도 있다.

우리가 실수할까 전전긍긍하며 스트레스를 받는다면, 우리의 몸과 마음은 피폐해질 것이다. 이러한 사실을 알면서도 여전히 부정적인 사고방식을 고집한다면 어쩔 수 없다. 자신이 바라던 삶과 멀어질 수밖에 없다.

하지만 소망이 있다. 하나님께서 우리를 용서해 주시고 회복시켜 주시기 때문이다. 그러나 우리는 반드시 하나님 앞에 나아가 자신의 죄를 회개해야 한다. 회개는 행동의 변화로 이어진다. 우리는 하나님을 우리의 소원을 들어주기 위해 대기 중인 램프의 요정 지니 정도로 여겨서는 안 된다.

기억하라. 우리는 생각하는 대로 변화될 것이다.

우리의 씨름은 혈과 육을 상대하는 것이 아니요, 통치자들과 권세들과 이 어둠의 세상 주관자들과 하늘에 있는 악의 영들을 상대함이라 (엡 6:12)

 뇌 건강을 위한 팁 | 생각과 관련하여 방심은 금물이다.

마음먹은 대로 살아갈 수 있다고 믿지만, 막상 문제가 생기면 가만히 앉아 왜 이런 일이 일어나는 건지 하나님께 질문하며 만나는 사람마다 자신이 영적 공격을 받고 있다고 떠들어 대기만 하는 것은 참으로 어리석은 일이다. 우리는 항상 사방에서 공격을 당하고 있다.

사도 바울은 "우리가 장차 전쟁을 치르게 될 것"이라고 하지 않고, "지금 전쟁 중"이라고 말했다. 이것은 우리의 마음과 생명을 지키기 위한 싸움이다. 우리는 하나님의 사랑과 용서를 이 세상에 전할 상속자이자 군사, 대제사장으로 부름 받았다. 이것은 죄와 사망을 정복하고 하나님 아버지의 사랑과 자비를 세상에 널리 전하신 그리스도를 따르는 자가 된다는 말이다.

우리는 천국을 이 땅으로 가져오도록 부름 받았다. 하지만 수고와 노력 없이는 그 일이 일어나지 않는다.

> 그러므로 사람이 선을 행할 줄 알고도 행하지 아니하면 죄니라 (약 4:17)
>
> 뇌 건강을 위한 팁 | 지식에는 책임이 따른다.

오늘날 그리스도께서 이미 모든 것을 새롭게 하셨는데도, 이 세상은 타락하여 소망이 없다는 식의 무서운 사고방식이 많은 사람들에게 퍼져 있다. 하나님의 명령대로 우리는 이 땅을 돌보아야 한다. 온 세상 만물은 하나님의 아들들(그리스도인들)이 자신의 정체성을 찾아 이 땅을 돌보고 다스릴 날을 손꼽아 기다린다.

이 세상은 회복되고 있다. 예수님이 시작하신 회복의 과정은 천국 유업의 상속자들을 통해 그분이 마무리하실 것이다. 상속자인 우리는 가만히 서서 이 땅에서 일어나는 악한 일들에 대해 불평하며 하루빨리 이 악한 세상을 벗어나 천국에 가고 싶다고 외쳐서는 안 된다!

우리는 천국을 이 땅으로 가져야야 한다. 우리가 숨기고 외면하고 싶어하는 어두운 영역마다 하나님의 사랑을 적용해야 한다. 이것을 아는 우리에게는 실천해야 할 책임이 있다.

그리스도를 따르는 자들인 우리는 상황을 변화시키도록 부름 받았다. 그러므로 현 상황에서 벗어날 수 없다거나 변화시킬 수 없다고 말해서는 안 된다.

DAY 308

그러므로 이제 그리스도 예수 안에 있는 자에게는 결코 정죄함이 없나니 (롬 8:1)

뇌 건강을 위한 팁 | 통제되지 않는 죄책감은 뇌와 몸에 해롭다.

우리는 종종 죄책감이나 정죄감 등 부정적인 감정에 사로잡힐 수 있다. 이러한 감정들이 제멋대로 마음속을 휘젓고 다니도록 허락하지 말라. 통제되지 않는 죄책감은 우리 몸에 해로운 스트레스를 안길 수 있으며, 그 결과 몸과 마음이 피폐해질 수 있다.

사실, 죄책감은 마음과 뇌를 손상시키기 때문에 무시할 필요가 있다. 그렇게 하지 않으면 우리는 계속해서 정죄 의식에 빠져 있게 될 것이다. 죄책감의 근원을 확인해 보는 것은 좋은 생각이다. 때로는 원수의 거짓말에 속아 근거 없는 죄책감에 시달리는 경우도 있기 때문이다.

기억하라. 우리는 날마다 사고방식을 점검하고 변화시켜야 한다. 우리의 마음을 새롭게 해야 한다. 우리가 평소에 선택하는 것들(생각들)에 어떤 영향력이 있는지 생각하면, 삶의 질이 높아지게 된다. 그러면 우리의 영과 혼과 육도 건강해질 것이다.

마땅히 행할 길을 아이에게 가르치라 그리하면 늙어도 그것을 떠나지 아니하리라 (잠 22:6)

뇌 건강을 위한 팁 | **자녀는 부모의 본을 따른다.**

자녀는 부모의 말이 아니라 행실을 따른다. 만일 부모가 나쁜 생활습관을 고집하면, 자녀도 그렇게 살아갈 확률이 높다. 삶에 건강하게 반응하는 습관들은 어린 시절에 형성되어야 한다. 아무리 힘들고 시간이 걸리더라도 아이들에게 마음의 힘과 그것을 어떻게 다루어야 하는지에 대해 가르칠 필요가 있다. 혼란스러운 감정과 생각은 우리의 마음의 질서를 깨뜨려 결국 자기 파괴적인 행동에 빠지게 만든다.

개방적이고 편안하며 판단하지 않는 분위기를 만들라. 항상 자녀의 말에 귀기울이고, 자녀를 이해하기 위해 생각하고 말하고 행하는 방식을 바꿔야 할 수도 있다. 부모가 되었다고 해서 모든 것을 아는 것은 아니기 때문이다.

DAY 310

하나님이여 내 속에 정한 마음을 창조하시고 내 안에 정직한 영을 새롭게 하소서 (시 51:10)

TIP 뇌 건강을 위한 팁 | 마음은 뇌보다 강하다.

변화되어야 한다는 근본적 필요를 깨달을 때, 비로소 삶을 파괴하는 습관들을 끊어 낼 수 있다. 우리는 생각과 말과 행동의 피해자가 아니다. 우리가 그것들을 통제할 수 있기 때문이다.

우리는 매우 제한적인 경우에만 뇌 질환이라는 말을 사용하기에 회복 가능성이 없다는 느낌을 준다. 그러나 이것은 환원주의(복잡하고 추상적인 사상이나 개념을 단일 레벨의 기본적인 요소로부터 설명하려는 입장 – 역자 주), 곧 뇌가 시키는 대로 따를 뿐 뇌에 아무런 영향도 끼칠 수 없다는 관점이다. 이것은 부정확한 과학 연구와 물질주의 철학에 근간한 '옛 이론'이므로, 성경은 물론 최근 발표된 과학 연구 결과와도 배치된다.

오히려 우리의 뇌에 생물학적으로 큰 변화가 있었다 해도, 얼마든지 변화될 수 있다(신경가소성)는 관점에서 소망이 있다고 볼 수 있다. 마음은 뇌보다 강하다. 마음이 뇌의 변화를 주도한다.

DAY 311

도둑이 오는 것은 도둑질하고 죽이고 멸망시키려는 것뿐이요 내가 온 것은 양으로 생명을 얻게 하고 더 풍성히 얻게 하려는 것이라 (요 10:10)

뇌 건강을 위한 팁 | 생각하고 말하고 행동하는 방식은 언제든지 바꿀 수 있다.

우리가 변화되어 해로운 생각을 멈추기로 선택하면, 뇌가 다시 성장할 수 있다. 다수의 과학자들이 사고 구조를 바꾸거나 마음을 새롭게 함으로 사고 장애 혹은 나쁜 생각 습관으로 줄어든 성인의 뇌 크기를 회복시킬 수 있다는 사실을 발견했다. 우리가 생각하는 방식을 바꾸기로 선택하면, 뇌의 회백질이 증가한다는 말이다!

하나님은 진심으로 우리에게 "너희를 향한 나의 계획은 소망으로 가득하다!"라고 말씀하신 것이었다. 그분은 우리가 최고의 삶을 살아가길 바라신다. 하나님의 사랑과 자비와 은혜는 끝이 없다. 오직 사랑에만 반응하도록 자신의 뇌를 다시 키우라!

DAY 312

모든 은혜의 하나님 곧 그리스도 안에서 너희를 부르사 자기의 영원한 영광에 들어가게 하신 이가 잠깐 고난을 당한 너희를 친히 온전하게 하시며 굳건하게 하시며 강하게 하시며 터를 견고하게 하시리라 (벧전 5:10)

 뇌 건강을 위한 팁 | 습관을 뇌에 각인시키는 데 시간이 걸리는 만큼, 뇌에서 습관을 제거하는 데도 오랜 시간이 걸린다.

우리의 뇌를 변화시키는 신호는 좋은 것일 수도, 나쁜 것일 수도 있다. 좋은 습관이 정착되는 것이든, 나쁜 습관이 정착되는 것이든, 신경가소성 원칙은 동일하게 적용되는데, 나는 이것을 '가소성 패러독스'라 부른다.

하지만 마음으로 뇌를 변화시킬 수 있다면, 건강하지 않은 생각과 말과 행동 습관을 버리기가 왜 그렇게 어려워 보이는 것일까? 우리는 가소성을 활용하여 오랫동안 이러한 습관을 들였고, 결국 우리 마음속에 뿌리내리게 만들었다. 우리가 잘 아는 바와 같이, 가장 많이 하는 생각이 커지는 법이다. 그러므로 악한 습관을 끊어 내기 위해서도 그만큼의 시간과 노력을 기울여야 한다. 아니, 기존의 흐름에 역행해야 하기에 더 많은 시간과 노력이 필요하다.

가소성은 노력 없는 성과를 보장해 주지 않는다. 오히려 우리는 엄청난 노력을 기울여야 한다. 무엇이든 가치 있는 일에는 그만큼의 수고와 노력이 뒤따라야 한다는 사실을 기억하라! 가소성은 변할 수 있다는 말이다. 참되고 지속적인 변화를 위해서는 끊임없이 노력해야 한다.

유익하고 건강한 신경신호는 우리의 뇌를 유익하고 건강하게 변화시킨다. 마찬가지로, 해롭고 건강하지 못한 신경신호는 우리의 뇌를 유해하고 건강하지 못하게 만든다.

DAY 313

> 그러나 보라 내가 이 성읍을 치료하며 고쳐 낫게 하고 평안과 진실이 풍성함을 그들에게 나타낼 것이며 (렘 33:6)
>
> 뇌 건강을 위한 팁 | 중독은 어떤 대상에 사로잡히는 것을 말한다.

우리는 사랑에만 사로잡혀야 할 존재들이다. 연구 결과에 의하면, 최고의 중독은 사랑이며, 다른 어떤 질병보다 외로움이나 애정결핍으로 죽는 사람이 더 많다고 한다. 우리의 뇌는 항상 무언가를 붙들게 되어 있는데, 그것이 바로 하나님의 사랑이다. 그 외에 음식이나 약물, 혹은 사람에 대한 해로운 집착이나 중독은 잘못된 선택과 사랑의 결과물이다.

현대 생물의학 이론에 의하면, 중독은 평생을 짊어져야 하는 고질적인 질병이 아니다. 사랑을 붙잡고 싶어 하는 창조 본연의 욕구가 충족되지 않을 때, 잘못된 대상에 빠져들게 되는 것이다. 중독을 끊은 사람들 대다수가 스스로 생각을 바꾸고 의지력을 강화함으로 그러한 성과를 얻고 있음을 보여주는 사례들이 수없이 많다.

하나님은 삶이 편하고 근심 걱정이 없을 것이라고 말씀하지 않으셨다. 우리의 자유의지가 개입되는 한, 절대로 그럴 수 없다. 하지만 예수님께서 우리를 자유케 하시고, 풍성한 생명을 주시기 위해 오셨다. 하나님께서 그리스도 안에서 모든 것을 새롭게 하셨다. 예수님이 이미 승리하셨다. 우리는 결코 인생의 문제와 씨름하는 존재로 창조되지 않았다.

DAY 314

아무 것도 염려하지 말고 다만 모든 일에 기도와 간구로, 너희 구할 것을 감사함으로 하나님께 아뢰라 그리하면 모든 지각에 뛰어난 하나님의 평강이 그리스도 예수 안에서 너희 마음과 생각을 지키시리라 (빌 4:6-7)

 뇌 건강을 위한 팁 | 생각하는 방식을 바꿈으로 해로운 중독을 극복할 수 있다.

　우리가 장기간 어떤 대상에 집중할 때, 우리의 마음(선택)이 뇌의 보상회로를 장악하면서 뇌의 물리적 구성이 변화된다. 이처럼 우리는 상당한 시간 동안 주의를 기울이는 대상에 중독될 수 있다. 부정적인 생각과 잘못된 삶의 방식으로 사랑에만 반응하도록 창조된 뇌의 보상회로가 왜곡되어 악순환의 고리가 형성되면, 정신이 흐려지고 잠재력을 온전히 발휘하지 못하게 된다.

　하지만 우리의 마음은 뇌보다 강하다! 예수님은 우리에게 감당하지 못할 짐을 주시지 않는다고 말씀하셨다. 또 그분은 그것을 감당할 방법도 제공해 주신다. 우리의 뇌는 마음의 명령대로 조정되고 새로워지게 되어 있다. 그러므로 중독은 끊어 낼 수 있다! 매일매일 해로운 중독에서 벗어나기로 선택하는 것이 수많은 간증, 혹은 기적을 만들어 낸다.

DAY 315

주의 성령이 내게 임하셨으니 이는 가난한 자에게 복음을 전하게 하시려고 내게 기름을 부으시고 나를 보내사 포로 된 자에게 자유를, 눈 먼 자에게 다시 보게 함을 전파하며 눌린 자를 자유롭게 하고 주의 은혜의 해를 전파하게 하려 하심이라 하였더라 (눅 4:18-19)

뇌 건강을 위한 팁 | 양자물리학은 하나님께서 우주를 다양한 가능성과 열린 결말(open-ended)의 상태로 창조하셨음을 보여 준다. 그러므로 우리의 부정적인 사고방식도 바꿀 수 있다.

    지각에는 무한한 가능성이 있다. 어렵게 들릴지도 모르지만, 이것은 하나님이 우리에게 주신 자유의지와 그 능력을 설명하는 또 다른 방식이다. 우리는 생명과 복을 선택할 수도 있고, 사망과 저주를 선택할 수도 있다.

    양자물리학은 수학으로 '자유의지 선택'을 설명한다. 아인슈타인은 한때 "우주와 관련하여, 하나님은 주사위 놀이를 하지 않으신다"37)라고 말했다. 고전 물리학자였던 그는 우주가 특정한 법칙 안에서 돌아가기 때문에, 예측 불가능한 일은 절대 일어나지 않는다고 믿었다. 아인슈타인은 '열린 우주'나 '열린 결말', '자유의지' 등의 개념을 허상이라고 부르며 좋아하지 않았다.

    그러나 양자물리학에 의하면, 마치 하나님께서 주사위 놀이를 하시는 것처럼 보인다. 물론 사랑과 관대함 안에서 말이다. 하나님은 우리에게 사랑이나 예배를 강요하지 않으신다. 우리를 하나님의 영광스러운 형상을 닮은 지적이고 독특한 존재로 창조하셨기 때문에, 우리 스스로 어떻게 인생을 살아갈지 자유롭게 결정할 수 있다. 하나님은 본질 자체가 사랑이시며, 사랑에는 이러한 위험이 따르게 되어 있다.

    예수님은 우리를 억압하기 위해서가 아니라 자유롭게 하시려고 이 땅에 오셨다. 우리는 다양한 가능성과 열린 결말 상태의 우주에서 부정적인 사고방식을 버리고 자유롭게 살아가기로 선택해야 한다.

DAY 316

너희는 유대인이나 헬라인이나 종이나 자유인이나 남자나 여자나 다 그리스도 예수 안에서 하나이니라 (갈 3:28)

 뇌 건강을 위한 팁 | 이 세상 모든 것은 절대 끊어 낼 수 없는 '양자적 결합'으로 연결되어 있다.

창조적 자유는 우리가 사랑으로 행할 때 허상이 아니라 강력한 실체가 된다. 특히 '완전한 나' 안에 거하면, 실체가 되는 생각을 하게 된다. 이러한 실체는 대단히 중요하다. 첫째 하나님 안에서 모든 것이 연결되어 있고, 둘째 우리 안에서 모든 것이 연결되어 있기 때문이다. 시공간적으로 아무리 멀리 떨어져 있어도, 관계 속의 모든 구성요소는 서로 영향을 준다. 이러한 관계는 시간과 공간을 초월하여 존재한다.

우리의 모든 생각은 다른 모든 사람에게 영향을 주고, 그 반대도 마찬가지이다. 이 세상 모든 것이 하나님에 의해 창조되었기 때문에 모든 것이 얽혀 있다. 하나님의 형상을 닮은 우리는 이 세상과 서로에게 특별한 영향을 준다. 우리 모두에게는 하나님의 '영원함'이 깃들어 있다. 그래서 모든 사람이 모일 때, 하나님의 '영원한 창조'를 나타내게 된다.

하나님은 만유이시고, 우리는 그분 안에 거하는 지체들이다. 인간의 몸을 구성하는 세포처럼 우리 각 사람은 한 근원으로부터 나와서 각자의 자리를 지키며, 각자에게 부여된 정체성에 따라 다양한 모습을 나타내며 다양한 기능을 담당한다.

DAY 317

예수께서 그의 열두 제자를 부르사 더러운 귀신을 쫓아내며 모든 병과 모든 약한 것을 고치는 권능을 주시니라 (마 10:1)

뇌 건강을 위한 팁 | 우리 모두는 삶을 다스릴 수 있다.

기억하라. 마음이 뇌를 통제하고, 뇌가 몸을 통제한다. 그러므로 건강한 몸을 원한다면, 건강한 마음부터 지녀야 한다. 몸을 구성하는 요소들이 어떻게 기능하느냐를 결정하는 것은 생각과 감정과 선택이다. 긍정적인 생각을 품으면 몸도 건강해지고, 부정적인 생각을 품으면 정반대의 결과가 나타날 것이다.

너무 오랫동안 부정적인 생각을 품어 왔어도, 과거의 반응 방식이 어떠했든지 상관없이 우리는 언제든 해로운 생각들을 재개념화할 수 있다. 오랫동안 품어 와서 익숙해진 나머지 '이것이 정상이야'라고 생각해 온 나쁜 감정들도 얼마든지 바꿀 수 있다. 뇌가 지닌 신경가소성 덕분에 생각과 감정을 분석할 수도 있고, 재개념화할 수도 있다. 우리는 스스로 치유할 수 있다!

자신의 생각을 살피되, 어떤 상황에서, 어떤 생각을 품게 되는지 주의하여 확인하라. 그렇지 않으면 수동적인 태도로, 어떤 생각이 떠오르든 상관없이 그것을 역동적 감정 에너지와 함께 마음속으로 들여보낼 것이기 때문이다. 우리에게는 삶을 통제할 힘이 있다. 그러니, 삶이 자신을 통제하도록 내버려 두지 말라. 하나님이 주신 권위를 소홀히 여기지 말라.

사도 바울은 모든 생각을 사로잡아 그리스도께 복종시켜야 한다고 말했다. 말 그대로 전부이다. 어떠한 생각도 점검되지 않은 채, 우리 마음속으로 들어오도록 허락하지 말라.

DAY 318

지혜 있는 자는 강하고 지식 있는 자는 힘을 더하나니 (잠 24:5)

뇌 건강을 위한 팁 | 질문을 멈추지 말라.

수년간 내가 연구해 온 '비판적 사고'(critical thinking)는 외부에서 유입되는 감각 정보 및 내면의 생각들이 의식의 영역으로 이동할 때, 묻고 답하고 토론하는 것이 포함된다. 객관적인 위치에서 가능한 모든 선택지를 고려할 수 있다는 뜻이다. 이를 가리켜 '비판적 사고' 또는 '객관적 사고'라고 하는데, 양자물리학에서는 '중첩 상태'에 들어간다고 한다.

중첩에는 멈추기, 뒤로 물러서기, 생각 및 오감을 통해 유입되는 정보 관찰하기, 성령님과 대화하기, 모든 옵션을 고려해 보기, 그리고 무의식의 영역에 어떤 생각을 심을지 결정하기 등이 포함된다. 한 가지 조언을 하자면, 접하게 될 모든 정보를 진지하게, 주의 깊게 살펴본 후에 스스로 끊임없이 질문하고 답하라는 것이다.

아무도 당신의 생각을 멈출 수 없다. 마음의 힘을 경시하면, 그것은 당신의 손해이다. 아니, 온 세상이 손해를 볼 것이다.

여호와와 그의 능력을 구할지어다 항상 그의 얼굴을 찾을지어다 (대상 16:11)

뇌 건강을 위한 팁 | 우리 존재의 97%는 게놈의 '자기 규제' 활동을 통해 만들어진다. 게놈의 제어 기능에 대한 연구는 생각이 우리의 뇌와 몸에 얼마나 큰 변화를 일으키는지 알려준다.

DAY 319

게놈의 97%는 제어하는 방식으로 생명의 기능을 수행한다. 무엇보다 유전자의 스위치가 켜지고 꺼지는 것을 통제한다. 이러한 게놈의 97%는 나머지 3%를 제어하는 명령어처럼 작동한다. DNA는 생각, 언어(생각의 결과물), 그 외 다양한 생물학적 신호에 반응하도록 고안되었다.

하나님의 말씀에는 굉장한 힘이 있다. 하나님은 말씀으로 세상을 존재하게 하셨다. 우리는 그러한 하나님의 형상대로 창조되었기에, 우리의 말에도 놀라운 힘이 있다. 하나님께서 아담에게 명하신 최초의 임무는 동물들의 이름을 짓는 것(그들의 존재를 언어화하는 것)이었다!

우리가 주님을 따르면, 게놈의 제어 기능을 올바르게 활용할 수 있다. 사랑의 언어를 DNA의 차원에까지 각인시켜 우리의 뇌와 몸을 건강하게 변화시킬 수 있다.

DAY 320

이같이 너희 빛이 사람 앞에 비치게 하여 그들로 너희 착한 행실을 보고 하늘에 계신 너희 아버지께 영광을 돌리게 하라 (마 5:16)

 뇌 건강을 위한 팁 | 빛은 양자 또는 광자로 불리는 에너지 꾸러미의 비물리적 파장이다.

빛은 에너지이다. 태초부터 우리의 DNA 안에 머물러 있는 하나님의 에너지이다. 시간과 공간을 창조하신 이래로, 하나님께서는 우리에게 필요한 모든 것을 공급하셨고, 지금도 공급하고 계시며, 앞으로도 공급하실 것이다. 우리는 '완전한 나' 안에서 하나님께 받은 지성으로 올바른 결정을 내림으로, 그분이 공급하시는 모든 것을 받을 수 있다.

하나님이 영감을 주시면, 우리는 그분의 영광을 나타낼 최상의 방법을 찾을 수 있다. 예를 들어, 성령께서 누군가에게 거룩한 영감을 주시면, 그 사람은 피조물들이 어떤 조화를 이룰 때 하나님의 영광을 나타내는지 깨닫고, 그 방법을 연구하기 시작할 것이다.

하나님이 창조하신 세계는 한 마디로 오직 사랑에만 반응하는 '글로벌 정보 구조'이다. 그러므로 피조계 안에서 일어나는 모든 사건은 오직 사랑에만 반응하는 성향을 나타낸다. 이러한 세상에서 어떤 가능성이 실현될 것인지는, 우리의 선택에 달려 있는데, 이것을 일컬어 '우주의 양자적 상태'라고 말한다.

우리는 세상의 빛이다. 우리는 이 빛을 지혜롭게 사용해야 한다.

DAY 321

> 모든 겸손과 온유로 하고 오래 참음으로 사랑 가운데서 서로 용납하고 평안의 매는 줄로 성령이 하나 되게 하신 것을 힘써 지키라 (엡 4:2-3)

뇌 건강을 위한 팁 | 자신이 맺고 있는 관계들이 변화되기 원한다면, 생각부터 바꿔야 한다.

두 사람이 특정하게 반응하며 해로운 생각들을 쌓아 왔다면, 지금까지의 고통스러운 관계를 통해 앞으로의 모든 대화나 소통을 이해하고 반응하게 된다. 그리고 앞으로의 모든 대화는 이전의 경험에 영향을 받는다. 이것이 바로 우리가 해로운 관계의 패턴을 잘 다뤄야 하는 이유이다. 그래야 우리는 배우자, 친구, 또는 학교나 직장 동료와 소통하며 생명이 넘치는 건강한 관계를 맺을 수 있다.

우리가 생각을 바꾸지 않으면, 대인관계도 바뀌지 않을 것이다. 그러나 하나님께서 의도하신 대로 함께 노력한다면, 우리는 그분의 지혜와 통찰을 충만히 얻어서 삶의 유익을 누리게 될 것이다.

내가 너희에게 이르노니 사람이 무슨 무익한 말을 하든지 심판 날에 이에 대하여 심문을 받으리니 (마 12:36)

 뇌 건강을 위한 팁 | 우리는 한마디 말로 사람들의 몸과 마음에 상처를 줄 수 있다.

"막대기와 돌이 내 뼈를 부러뜨릴지라도 말로는 나를 해칠 수 없다"는 말이 있는데, 우리는 이것이 사실이 아니라는 것을 안다. 대부분의 경우, 몽둥이나 돌에 얻어맞아 생긴 상처보다 한마디 말 때문에 생긴 상처가 더 깊고, 아프고, 오래간다. 누구나 살면서 감정의 고통을 경험하는데, 그것은 몸에 난 상처만큼이나 실제적이다. 그러나 이렇게 감정적인 고통의 실체를 인식하더라도, 육체적 고통과 감정적 고통이 얼마나 긴밀하게 연결되어 있는지 아는 사람은 매우 적다.

육체적 고통과 감정적 고통은 모두 뇌에서 다뤄진다. 우리가 고통을 느끼는 순간, 특별히 내부의 뇌회(gyrus), 뇌섬과 뇌 전두엽의 체성 감각 피질 부위가 달아오른다. 즉, 뇌의 입장에서는 돌멩이에 맞은 상처나 말로 인한 상처나 조금도 다르지 않다는 뜻이다! 그러므로 행동만 조심할 것이 아니라 말도 조심해야 한다. 우리의 말은 상대방의 뇌에 실질이고 물리적인 영향을 끼친다.

DAY 323

> 네가 말이 조급한 사람을 보느냐 그보다 미련한 자에게 오히려 희망이 있느니라 (잠 29:20)

뇌 건강을 위한 팁 | TIP 하나님의 소중한 피조물들을 어떻게 바라보는지가 우리의 말에 반영되므로, 말을 조심해야 한다.

우리는 미래에 자기 자신에 대해 어떤 말을 듣게 될지 확신할 수 없다. 하지만 그것을 자신의 정체성의 일부로 받아들일지, 말지는 선택할 수 있다. 또한 우리는 용서하지 않는 태도와 쓴 뿌리의 근원인 두려움 대신, 용서하고 사랑 안에서 살기로 선택할 수 있다.

다른 사람들의 말이 우리의 삶에 얼마나 큰 영향을 주는지 잘 알기에, 우리는 다른 사람에게 하는 말에 주의해야 한다. 우리의 말은 사람들의 마음을 치유하고 고통을 완화시킬 수도 있지만, 해를 끼치거나 상처를 줄 수도 있다. 즉 사람들에게 생명을 줄 수도 있고, 죽음을 안길 수도 있다. 선택은 우리의 몫이다.

말은 우리의 뇌가 미세 해부학적·후성유전학적·유전적 차원에서 특별하게 다루는 결과물이다. 말은 우리 자신과 우리가 사랑하는 사람과 친구와 동료를 세워 줄 수도 있고, 무너뜨릴 수도 있다.

말은 단순한 단어의 조합이 아니라, 자기 자신과 상대방에 대한 우리의 생각을 보여 준다.

DAY 324

시험을 참는 자는 복이 있나니 이는 시련을 견디어 낸 자가 주께서 자기를 사랑하는 자들에게 약속하신 생명의 면류관을 얻을 것이기 때문이라 (약 1:12)

TIP 뇌 건강을 위한 팁 | 연습과 훈련이 '완벽'을 이뤄 낸다.

아주 간단하게 말해서, 연습하고 훈련할수록 완벽해진다. 훈련하는 과정 중 우리의 뇌는 더욱 건강해지고, 결국 우리의 마음에 긍정적인 영향을 끼친다. 생각을 사로잡아 자신의 유익을 위해 훈련을 더 열심히 꾸준하게 할수록 우리는 더 행복해지고 지혜로워진다.

실패했다면, 다시 일어나라. 믿기지 않겠지만, 과학은 우리가 언제든 재기(再起)할 수 있다는 것을 보여 준다. 어려운 상황 가운데 있다면, 견디라. 당신 안에 거하시는 성령님께는 지혜와 힘과 능력이 있다. 당신은 그분의 영광을 나타내며 살 수 있다. 당신은 생각의 힘으로 세상을 바꿀 수 있다. 문제는 그 힘이 어디에 있느냐가 아니라, 어떻게 그 힘을 사용하느냐이다.

DAY 325

> 너희 안에서 행하시는 이는 하나님이시니 자기의 기쁘신 뜻을 위하여 너희에게 소원을 두고 행하게 하시나니 모든 일을 원망과 시비가 없이 하라 (빌 2:13-14)

뇌 건강을 위한 팁 | 태도가 결정에 영향을 끼친다.

해서는 안 될 말이나 행동을 하고, 스스로 왜 그랬을까 생각하거나 시간을 되돌려 다르게 반응하고 싶다고 후회한 적이 있는가? 방금 자신에게 무슨 일이 일어났는지 생각해 본 적 있는가?

기분이 나쁠 때는 명료하게 생각할 수 없고, 좋은 결정을 내리지도 못한다. 좋은 선택은 그냥 되는 것이 아니다. 우리는 이것을 위해 자신의 성품과 세계관을 드러내는 태도부터 면밀히 살펴야 한다. 건강한 태도는 건강하고 좋은 선택을 이끌어낸다. 반면, 파괴적이고 해로운 결정은 나쁜 태도에서 기인한다.

자신의 태도를 점검하라. 태도는 당신의 삶에 큰 영향을 끼친다.

DAY 326

근신하라 깨어라 너희 대적 마귀가 우는 사자같이 두루 다니며 삼킬 자를 찾나니 (벧전 5:8)

TIP 뇌 건강을 위한 팁 | 부정적인 것에 집중할수록 부정적인 것에 더 많은 힘을 실어 주게 된다.

집중은 식물에 물을 주는 것과 같다. 식물에 물을 줄수록 잘 자라는 것처럼, 특정 생각에 집중할수록 그 생각이 더 커진다. 그것이 긍정적인 생각이라면 생명수가 되겠지만, 부정적인 생각이라면 독을 품은 물이 된다.

기억하라. 우리의 뇌에는 가소성이 있어서 얼마든지 변화되고 성장할 수 있다. 긍정적인 생각과 마찬가지로 부정적인 생각도 우리의 뇌 속에서 자라 좋지 않은 영향을 끼칠 수 있다. 부정적인 생각은 우리의 몸 상태를 악화시켜 뇌 속의 화학 반응을 교란한다. 이때 뇌에서 자라나는 생각은 지식이나 삶의 질을 높여 주는 것이 아니라, 오히려 몸과 마음과 영 전체를 짓누르게 된다. 새로운 물질을 분비하는 기억의 가지들이 뇌 속에 무성해져 그 기능을 제대로 수행하지 못하게 된다. 그러면 마음의 평안을 잃어버려 지혜롭게 생각하고, 말하고, 행하지 못하게 될 것이다.

> **DAY 327**
>
> 내가 사망의 음침한 골짜기로 다닐지라도 해를 두려워하지 않을 것은 주께서 나와 함께 하심이라 주의 지팡이와 막대기가 나를 안위하시나이다 (시 23:4)
>
> **뇌 건강을 위한 팁** | 마음을 사로잡아 그리스도께 복종시키면, 며칠 안에 그 유익을 경험하게 될 것이다.

의식적으로 생각하는 습관을 통제하기로 마음먹으면, 머지않아 그 유익을 맛보게 될 것이다. 연구 결과에 따르면, 긍정적인 생각을 품은 지 나흘 만에 대뇌 피질에 구조적 변화가 생겼다고 한다. 다소 어려운 내용을 반복해서 공부하고 긍정적인 생각을 자주 하면, 비교적 짧은 시간에 지식을 쌓을 수 있다.

마음을 새롭게 하면, 삶에 건강과 기쁨과 만족이 임할 것이다. 그러므로 현재의 고난은 새벽이 밝기 전 사망의 음침한 골짜기를 지나는 것이라는 사실을 기억하며 계속 앞으로 나아가라. 하나님이 등 뒤에서 밀어주신다. 그러므로 우리는 홀로, 무방비 상태에서 인생의 문제들을 대하지 않아도 된다. 하나님께서 당신에게 '그리스도의 마음'을 주셨으니, 그것을 활용하라!

DAY 328

> 우리의 싸우는 무기는 육신에 속한 것이 아니요 오직 어떤 견고한 진도 무너뜨리는 하나님의 능력이라 모든 이론을 무너뜨리며 하나님 아는 것을 대적하여 높아진 것을 다 무너뜨리고 모든 생각을 사로잡아 그리스도에게 복종하게 하니 (고후 10:4-5)

 뇌 건강을 위한 팁 | 언어는 생각의 통제를 받고, 생각은 우리의 통제를 받는다.

오감(五感)은 외부세계와 내면의 세계, 그리고 몸과 마음을 연결해 주는 다리이다. 오감을 통해 외부의 정보가 끊임없이 마음으로 유입되어 우리의 사고 구조, 곧 우리가 평소에 생각하는 습관을 형성하게 된다. 결국 우리의 입에서 나온 말이 다시 마음으로 유입되어 해당 기억(말의 원천이 되었던 기억)을 강화시키는 것이다.

우리는 생각의 사이클을 통제할 수 있다. 머릿속에 어떤 생각을 저장할지, 또 어떤 말을 할지 선택할 수 있다. 우리가 부정적인 말을 하면, 부정적 화학물질들이 분비되어 부정적인 기억들이 더욱 커져 '견고한 진'을 구축하면서 우리의 삶과 태도를 장악하게 된다.

과거 혹은 지금, 당신의 삶에는 어떤 견고한 진들이 자리하고 있는가? 그것들이 어떻게 당신의 마음에 뿌리를 내렸는가? 그 견고한 진들이 당신의 삶에 어떤 영향을 주는가?

너희 모든 일을 사랑으로 행하라 (고전 16:14)

뇌 건강을 위한 팁 | 사랑은 우리의 건강에 긍정적 영향을 끼친다.

누군가에게 한마디만 조언하라고 한다면, 사랑의 능력에 주파수를 맞추라고 말해 주고 싶다. 수많은 연구 결과에 따르면, 우리가 애정과 사랑, 돌봄, 긍휼 등의 긍정적인 감정을 느낄 때, 몸의 자율신경계와 면역시스템과 호르몬 분비 체계, 그리고 뇌와 심장의 활동 패턴에 현격한 변화(긍정적 변화)가 생긴다.

사랑은 온 우주에서 가장 강력한 힘이다. 하나님이 사랑이시기 때문이다! 우리가 진정한 사랑을 경험하면, 심장이 혈류량을 증가시켜 마음과 몸의 상호 교류도 빨라진다. 생명은 피(피는 우리 몸속 운송 수단이다)에 있고, 심장은 피의 운송 작업을 책임진다. 근본적으로 우리의 건강은 뇌에서 심장으로, 그리고 심장에서 온몸으로 이동하는 '전기 신호'이다! 사랑은 짧은 순간에도 우리의 몸에 건강한 신호와 화학물질을 채워 준다.

DAY 330

삼가 이 작은 자 중의 하나도 업신여기지 말라 너희에게 말하노니 그들의 천사들이 하늘에서 하늘에 계신 내 아버지의 얼굴을 항상 뵈옵느니라 (마 18:10)

TIP 뇌 건강을 위한 팁 | 아동기는 뇌 신경이 가장 많이 형성되는 매우 중요한 시기이다.

우리의 능력과 성향과 재능과 반응과 태도는 주로 어린 시절에 형성되어 성인이 되기 위한 정신적·육체적 준비를 한다. 연구 결과에 따르면, 생후 3년 동안 우리의 뇌는 독립심을 기르기 위해 준비하는데, 이때 애정 어린 터치와 애착, 아이콘택트를 충분히 받지 못한 아이들은 감성이 제대로 계발되지 않는다고 한다.

물론 아이의 스트레스를 완전히 없애 줄 수는 없다. 세상으로부터 보호하기 위해 아이를 골방에 가둘 수는 없다. 그러나 사랑은 스트레스의 부정적 효과를 줄여 준다. 아이와 성인 모두 마찬가지이다. 사랑은 스트레스를 해결하는 데 가장 효과적인 도구이다.

오직 위로부터 난 지혜는 첫째 성결하고 다음에 화평하고 관용하고 양순하며 긍휼과 선한 열매가 가득하고 편견과 거짓이 없나니 (약 3:17)

뇌 건강을 위한 팁 | 참된 지혜를 얻는 데는 많은 시간이 걸린다.

DAY 331

우리가 깊은 깨달음을 얻으려면, 단순한 사실과 답을 넘어 자신만의 답을 찾아 낼 수 있는 핵심 개념과 전략들을 축적해야 한다. 피상적인 지식을 넘어 지혜의 깊은 곳으로 들어가야 한다. 근본적으로 지혜란, 마음 깊은 곳에 구축된 생각들을 의도적인 집중을 통해 언제든 삶의 모든 영역에 적용할 수 있을 만큼 안정적으로 정리해 놓은 것을 뜻한다. 이렇게 하고 있다면, 이미 높은 수준의 지혜가 있는 것이다!

지혜는 그냥 얻어지는 것이 아니다. 평안, 온유, 사랑, 자비 등 생명을 주는 긍정적인 생각들을 지속적으로 품기로 결단하며 오랫동안 훈련해야 한나. 지혜롭게 생각하고 말하고 행하는 법을 배우라.

DAY 332

마음이 청결한 자는 복이 있나니 그들이 하나님을 볼 것임이요 (마 5:8)

Tip 뇌 건강을 위한 팁 | 마음의 소리에 귀기울이면, 평안을 주는 결정을 내리는 법을 배울 수 있다.

심장은 단지 혈액을 내뿜는 펌프가 아니다. 심장은 생각에서 비롯된 화학물질의 흐름에 의해 생성되는 모든 감정에 대한 점검소 역할을 하여 우리의 의사 결정과 선택을 돕는다. 심장은 끊임없이 뇌와 몸의 나머지 부분과 교류하면서 과연 자신이 정확하게, 일관되게 사고하는지를 점검해 준다. 우리가 무언가를 결정하려 할 때, 심장은 무엇이 옳고 그른지에 대한 감각으로 우리에게 '조용한' 충고를 전한다.

심장의 충고에 귀기울이는 것은 충분히 가치가 있는 일이다. 왜냐하면 심장의 충고를 귀담아들을 때, ANF(Atrial Natriuretic Factor, 심방이뇨인자)가 분비되기 때문이다. ANF는 심장에서 생성되는 호르몬으로, 혈압을 제어하여 우리에게 안정감을 선사함으로 옳은 결정을 내릴 수 있게 해주고, 몸과 마음의 건강에도 도움이 된다.

DAY 333

> 그런즉 너희가 어떻게 행할지를 자세히 주의하여 지혜 없는 자 같이 하지 말고 오직 지혜 있는 자 같이 하여 (엡 5:15)

뇌 건강을 위한 팁 | 어떤 행동을 하기 전, 우리는 '정신적 리허설'을 시행할 수 있다. 정신적 리허설은 자신의 생각을 관찰하고 마음을 새롭게 하는 데 도움이 된다.

정신적 리허설, 곧 마음으로 특정 상황을 미리 연습해 보면, 자신이 매일 같이 어떤 행동을 하는지, 또 어떤 생각을 품는지 들여다볼 수 있다. 이렇게 할 때마다 기억은 재해석되며, 자신의 생각을 인식하고 생각을 개선하거나 바꿀 수 있다.

이런 점에서 우리는 복잡한 수술을 앞두고 머릿속으로 각 과정을 떠올리는 외과 의사나 중요한 시합을 앞두고 어떻게 경기를 풀어나갈지 생각하는 운동선수와도 같다. 우리가 생각을 리허설하면 새로 만들어진 기억이 점점 더 강해지고, 주변의 신경 세포와의 연결이 더 확장되기 시작하여 다른 생각 패턴으로 통합한다. 그러면 우리는 자신의 사고 구조가 어떠한지 이해할 수 있으며, 정신적·육체적 기능을 향상시키기 위해 사고 구조를 유지하거나 바꿀 수 있다. 이것이 바로 '행동하는 지혜'이다.

DAY 334

> 내 영혼아 여호와를 송축하라 여호와 나의 하나님이여 주는 심히 위대하시며 존귀와 권위로 옷 입으셨나이다 주께서 옷을 입음 같이 빛을 입으시며 하늘을 휘장 같이 치시며 (시 104:1-2)

 뇌 건강을 위한 팁 | 당신만을 위해 계획되고 만들어진 당신의 생각에는 권위가 있다.

당신을 위해 맞춤 제작된 생각에는 하나님이 당신만을 위해 디자인하신 '양자적 성질'이 담겨 있다. 마치 오케스트라처럼 뇌 속의 모든 구조물이 생각이라는 교향곡을 연주하기 위해 각기 다른 역할을 담당한다. 매번 독특한 음을 낼 수 있는 수많은 가능성들이 조합되어 연주되는 것이다. 사실 과거에 연주된 교향곡은 현재의 교향곡에 영향을 주어 새로운 차원으로 얽히고설킨 음을 만들어 낸다.

오케스트라가 준비 단계에서 구별하기 어려운 음을 내더라도, 그것이 예정된 순서인 것처럼 장엄한 교향곡, 곧 장엄한 생각이 시작되는 과정도 마찬가지이다. 그것은 결국 아름다운 화음을 만들어 낸다.

당신의 맞춤형 사고 구조는 결코 동일하게 반복되지 않는다. 매 순간 당신이 경험하는 것이 다 다르기 때문이다. 실제로 옛 기억을 떠올리면, 새로운 경험이 더해지면서 새롭게 개념화된다. 당신의 경험이 이미 당신의 생각을 바꾸어 놓은 것이다.

당신이 하는 모든 생각은 당신의 선택으로 만들어져 당신의 뇌와 삶에서 연주되는 정교한 작품이다.

> 너희는 모든 악독과 노함과 분냄과 떠드는 것과 비방하는 것을 모든 악의와 함께 버리고 (엡 4:31)

DAY 335

뇌 건강을 위한 팁 | 해로운 생각은 감정 조절 능력에 영향을 끼친다.

아몬드 모양인 한 쌍의 뇌 편도체는 감정적 각성 상태를 유지해 준다. 그것은 거기서 한발 더 나아가, 우리의 몸과 마음에 가해질 수 있는 위협, 물리적 위험 요소나 스트레스로부터 우리를 보호해 준다. 또한 뇌 편도체는 기억 형성 과정을 열정적으로 수행한다. 해마라는 뇌 구조물 또한 기억 형성을 돕는데, 편도체가 해마의 기능에 영향을 준다. 이 같은 편도체의 역할 덕분에 우리는 기존의 기억들에 좀 더 집중할 수 있다.

편도체는 본래 기쁨이나 행복과 같은 사랑을 기반으로 한 긍정적 감정을 다루도록 디자인되었다. 이것은 우리가 부정적인 감정을 품을 때에는 제대로 기능하지 못한다. 그러므로 우리가 나쁜 생각을 품으면, 어떤 감정도 지혜롭게 해소할 수 없어서 거의 모든 상황에 과민 반응하며 '전투 모드'로 돌입할 것이다. 우리가 나쁜 생각을 품고 있다면, 자신뿐만 아니라 주변 사람들에게도 해로울 것이다.

DAY 336

이러므로 너희도 준비하고 있으라 생각하지 않은 때에 인자가 오리라 (마 24:44)

TIP 뇌 건강을 위한 팁 | 우리는 자신의 생각에 영향을 주는 요소들을 알고 있어야 한다.

인생을 잘 살고 싶다면, 질서 정연한 사고 구조를 발전시켜야 한다. 여기에는 우리가 마음에 어떤 것들을 받아들이는지에 대한 인식을 높이는 것이 포함된다. 세상의 목소리를 쉽게 받아들이는가? 혹 기억의 노예가 되어 부정적인 사건을 끊임없이 재생하고 있지는 않는가?

마음을 새롭게 하고 삶의 방식을 바꾸고 싶다면, 오감을 통해 자신의 마음에 유입되는 모든 외부 신호들을 분별해야 한다. 또 자신의 내면 상황이 어떠한지 이해하는 것도 매우 중요하다. 자신에 관한 지식을 늘려갈 때, 해로운 생각을 사로잡아 새롭고 건강한 사고 구조를 구축할 수 있다.

우리는 끊임없이 주변 세상과 마음속 세계에 대해 알아야 한다. 계속해서 예수님의 본을 따라 사랑과 봉사의 삶을 살아야 한다.

게으른 자는 마음으로 원하여도 얻지 못하나 부지런한 자의 마음은 풍족함을 얻느니라 (잠 13:4)

뇌 건강을 위한 팁 | 우리가 인내하며 사고방식을 긍정적으로 바꿔 나갈 때, 시련들을 극복할 수 있다.

DAY 337

변화를 일으키고 학습하여 의미 있는 기억을 구축하는 최고의 방법은 의식적으로 절제된 훈련이다. 별생각 없이 훈련을 반복하는 것은 아무런 도움이 되지 않는다. 이 과정에는 확실한 목표 수립, 즉각적인 피드백, 결과물만큼 과정에 집중하는 노력 등이 포함된다. 만일 당신이 안전지대 밖으로 나가 어려운 도전을 받아들인다면, 최상의 결과를 얻을 것이다.

하나님은 우리를 지적인 존재로 창조하셔서 우리의 마음과 뇌가 외부의 도전들에 반응하고 그것을 극복하도록 설계하셨다. 우리는 완전하신 하나님께서 손수 지으신 존재이다. 그러나 완전한 삶을 사는 것은 당신의 몫이다. 하나님은 당신에게 청사진을 주셨다. 그런데 당신이 선택해야만, 그 청사진이 실현된다. 기억하라. 당신은 승리하기 위해 경주한다. 그러니, 절대 포기하지 말라.

DAY 338

만일 우리가 보지 못하는 것을 바라면 참음으로 기다릴지니라 (롬 8:25)

TIP 뇌 건강을 위한 팁 | 어떤 생각습관은 더 오랜 시간과 노력을 기울여야 바꿀 수 있다.

63일의 과정이 끝나면, 새롭고 건강한 사고 구조가 삶의 방식으로, 곧 삶에 반응하는 방식 중 하나로 장착된다. 이처럼 건강한 사고를 자동화하고, 해로운 생각들이 소생하는 것을 완전히 차단하려면, 21일 훈련 주기를 서너 번 이상 반복해야 한다.

그러나 이것은 개인의 역량과 제거하려는 생각 습관과 새롭게 심으려는 생각 습관의 종류에 따라 달라진다. 어떤 생각은 '21일 주기' 한 회 만에 해결된다(《뇌의 스위치를 켜라》 2부 '21일 두뇌 해독 플랜' 참고). 반면 보다 해로운 생각 습관은 그보다 더 오랜 시간이 걸린다.

인내하라. 하룻밤 만에 마음이 변화되는 일은 없다. 마음을 새롭게 하는 열쇠는 끈기이다. 그러니, 인내하라.

DAY 339

> 네 손이 일을 얻는 대로 힘을 다하여 할지어다 (전 9:10)
>
> 뇌 건강을 위한 팁 | 마음을 새롭게 하는 것은 한 번 하고 마치는 도전이 아니라 생활습관으로 자리잡아야 한다.

　마음을 새롭게 하는 일을 시작했다면, 절대로 멈추지 말라. 21일 주기를 마칠 즈음, 해로운 사고는 사라지고, 그 자리에 건강한 사고가 발아해서 성장을 위해 양분이 필요한 상태다. 우리의 생각이 바로 그 양분이다. 즉, 21일 주기를 몇 차례 더 반복하지 않으면, 새롭게 발아한 생각들이 자동화되지 않을 것이란 뜻이다. 이에 우리의 마음에서 해로운 생각들이 다시 자라서 부정적인 사고방식에 따라 생각하고 말하고 행할 것이다.[38]

　기억하라. 부정적인 생각 습관을 바꿔 주는 '즉석 치료제'는 없다.

DAY 340

우리가 다 그의 충만한 데서 받으니 은혜 위에 은혜러라 (요 1:16)

TIP 뇌 건강을 위한 팁 | 깊은 사고는 뇌를 변화시킨다.

우리가 깊이 생각하고 학습할 때, 뇌 안에서 많은 것들이 변화된다. 예를 들어, 깊은 사색에 잠길 때 '뇌신경 생장인자'(BDNF, Brain Derived Neurotrophic Factor)가 분비되는데, 이것은 뉴런 간의 연계를 강화시켜 뇌의 회상 기능을 높여 준다. 또한 미엘린(전선의 피복처럼 신경세포 줄기를 감싸 절연시키는 여러 층의 보호막이다 - 역자 주)이라는 지방질의 증가를 도모하여 신경섬유를 절연시킨다. 이것은 매우 좋은 일이다. 왜냐하면 미엘린이 증가되었다는 것은 생각이 빨라지고 기억력이 좋아진다는 뜻이기 때문이다.

우리가 생각에 집중할 때 BDNF가 분비되고, 이것이 전뇌 기저핵(nucleus basalis)을 활성화하여 집중력을 더욱 높여 준다. 전뇌 기저핵이 자극을 받을 경우, 뇌는 극도의 가소성을 띠게 되어 쉽게 변화되고 새롭게 구축되면서 뉴런들이 다시 연결된다. 우리의 뇌가 새로워지는 것이다.

BDNF는 우리 삶에 하나님의 은혜가 임했다는 또 다른 증거이다. 지금까지 우리가 어디에 있었고, 어떤 생각을 해 왔든 상관없이, 변화될 수 있다. 우리는 과거에 묶인 존재가 아니다.

쉬지 말고 기도하라 (살전 5:17)

뇌 건강을 위한 팁 | **쉬지 말고 변화를 꾀하라.**

DAY 341

우리가 깊은 사색에 잠길 때, 우리의 뇌는 고주파 감마파(high frequency gamma waves)를 뿜어내며 통찰의 단계에 들어간다. 그러면 뇌 전반에 변화와 학습에 가장 적합한 상태가 조성된다. 각각의 뉴런은 저마다의 독특한 리듬에 맞춰 마치 내면에서 수다를 떠는 것처럼 활발하게 움직이는데, 이러한 파동의 변화는 우리가 사물을 인식하는 방식이다.

내면의 수다를 긍정적 방향으로 이끌 것인지, 부정적인 방향으로 이끌 것인지는 우리의 선택이다. 이 과정이 생각의 질을 높여 주기 때문에 우리는 가능하다면 이것이 자주 일어나기를 바라게 된다.

우리는 하나님의 사랑을 세상에 나타낼 수 있도록 생각을 바꾸고 마음을 새롭게 하는 일에 힘써야 한다.

DAY 342

> 이와 같이 성령도 우리의 연약함을 도우시나니 (롬 8:26)

TIP 뇌 건강을 위한 팁 | 우리를 짓누르는 불필요한 생각들을 안고 살 필요가 없다.

때때로 우리는 불필요한 짐(문자 그대로의 짐이든, 상징적 의미의 짐이든)을 어깨에 짊어진 채 인생을 살아간다. 마음에 품고 있는 해로운 생각들은 우리의 뇌에 물리적으로 해로운 짐이 된다. 우리의 뇌는 오직 사랑에만 반응하여 건강하게 기능하도록 설계되었기 때문에 이러한 짐은 뇌를 손상시킨다.

시간을 내어 어떤 생각들을 바꾸고, 삶 가운데 무엇에 집중해야 할지 성령님께 여쭤 보라. 성령의 감동을 느낄 때마다, 부정적인 생각이 우리의 뇌와 몸에 혼란을 초래하여 우리의 마음과 영적인 성장에 영향을 주기 전에 그것을 사로잡아야 한다.

DAY 343

우리가 다 수건을 벗은 얼굴로 거울을 보는 것 같이 주의 영광을 보매 그와 같은 형상으로 변화하여 영광에서 영광에 이르니 곧 주의 영으로 말미암음이니라 (고후 3:18)

뇌 건강을 위한 팁 | 우리가 깊게 생각하며 뇌를 해독할 때, 뇌의 기능은 더 좋아진다.

이해는 수치화할 수도, 그 과정을 공식화할 수도 없는 매우 복잡한 개념이다. 이해하는 과정은 사람마다 다르다. 일반적인 이해의 과정을 간단하게 정리하면 다음과 같다. 독서, 사색, 대화, 청취 등의 적당한 준비과정 후에 당신만의 독특한 인식과 이해가 생각과 말과 행동을 통해 표출된다. 그런데 이것은 사람마다 다르기에 측정할 수도, 뇌의 특정 부위에 제한할 수도 없다.

우리가 학습과 이해의 과정을 진행할수록 마음이 더욱 활발하게 활동하면서 뇌 건강이 증진되고 더욱 지혜로워진다. "그(그리스도)와 같은 형상으로 변화하여 영광에서 영광에 이르"게 된다!

DAY 344

> 태초에 말씀이 계시니라 이 말씀이 하나님과 함께 계셨으니 이 말씀은 곧 하나님이시니라 (요 1:1)
>
> **TIP** 뇌 건강을 위한 팁 | 우리는 생각하고 느끼고 선택함으로, DNA를 통제하는 기재(언어)에 영향을 주어 뇌를 구조적으로 변화시킨다.

앞에서 여러 번 언급했듯, 우리가 생각과 말씀으로 세상을 창조하신 능력의 하나님(창 1:3, 6, 9; 요일 1:1)의 형상대로 지어졌기에 우리에게도 말(언어)의 힘이 내재되어 있다(전 7:29, 딤후 1:7)는 것을 기억해야 한다.

요한복음 1장 1절에서 말씀으로 번역된 헬라어 '로고스'는 지성, 논리, 이해력 등을 뜻한다. 하나님의 형상을 닮은 우리가 '완전한 나' 안에서 기능하면, 생각과 감정과 선택을 통해 로고스(말)의 능력이 활성화되면서 DNA의 제어 기재에 영향을 끼치게 된다. 그 결과 '완전한 나'의 건강한 생각이 우리의 DNA를 활성화시키고 뇌 구조를 변화시킨다. 이것이 바로 총명이며 지혜이다.

논리적으로는 정반대도 성립한다. '완전한 나'를 벗어난 생각 또한 DNA의 제어 기재를 자극하는데, 이러한 언어 신호는 유해하고 우리의 창조 본연을 거스르는 것이기에 DNA를 부정적인 방향으로 활성화시키면서 단백질 접힘 현상에 실질적으로 영향을 끼치게 된다. 그러면 지혜와 상반되는 유해한 생각이 탄생하여 우리의 뇌에 파괴적이고 해로운 영향을 끼친다.

DAY 345

> 세상에서는 너희가 환난을 당하나 담대하라 내가 세상을 이기었노라 (요 16:33)

뇌 건강을 위한 팁 | 우리는 마음만 먹으면, 하나님께서 할 수 있다고 말씀하신 일들을 해낼 수 있다.

내가 오랜 기간 치료한 환자들에게서 공통적으로 발견한 것은 변화에 대한 욕구와 승리하려는 마음가짐이었다. 환자들 대다수는 인생의 어려운 경험들이 성공을 방해하는 것을 허용하지 않기로 선택했다. 그들은 변화를 선택했다. 압력에 굴복하지도, 중립적인 입장에 갇히지도 않고, 앞으로 나아가기로 선택했다.

당신의 사고방식을 해독하려면, 생각이 뇌를 바꾼다는 사실부터 명심해야 한다. 당신을 본래의 모습으로 회복시켜 줄 능력으로 충만한 긍정적인 생각 네트워크를 구축해야 한다. 자신의 사고방식을 잘 다스리기로 선택해야 한다. 바로 이것이 행복과 건강의 초석이다.

DAY 346

그러므로 하늘에 계신 너희 아버지의 온전하심과 같이 너희도 온전하라 (마 5:48)

TIP 뇌 건강을 위한 팁 | 건강하게 생각할수록 우리는 이 세상에 하나님의 사랑을 더 많이 나타내게 된다.

최고의 행복과 사고방식 그리고 몸과 마음의 건강을 얻으려면, 우리가 그것을 선택할 수 있다는 사실을 기억해야 한다. 하지만 이것은 쉽지 않은 일이다. 건강하고 행복한 표정을 짓는다고 해서 그것을 얻게 되는 것은 아니다. 타조처럼 모래에 머리를 박은 채, 내겐 아무 문제가 없다는 듯 현실을 외면하거나 앞으로는 모든 게 다 잘될 것이라고 장담한다고 행복해지거나 건강해지는 것도 아니다.

행복과 건강을 얻으려면, 하나님께서 부여하신 신경가소성을 활용하여 우리의 마음을 새롭게 하기로 선택해야 한다. 이러한 삶의 태도를 통해 우리는 하나님이 우리 안에 설계해 두신 하나님의 형상, 그 영광스러운 원형에 점점 더 가까워지게 된다.

> 가시떨기에 뿌려졌다는 것은 말씀을 들으나 세상의 염려와 재물의 유혹에 말씀이 막혀 결실하지 못하는 자요 (마 13:22)

DAY 347

뇌 건강을 위한 팁 | 세상의 방식으로 생각하거나 자신을 규정짓지 말라.

지금 행복을 느끼지 못하면, 내일도 행복할 수 없을 것이다. 행복은 만족에서 오며, 삶의 만족은 내면에서 시작된다. 지금 당신의 마음은 어떤 상태인가?

우리는 우리와 연결된 외부 및 내부 세계, 학습된 사고 또는 몸의 상태로 행복을 정의하는 대신 적극적으로 행복을 선택할 수 있다. 기억하라. 우리를 회복시켜 줄 긍정적인 생각 네트워크를 구축해야 한다. 자신의 참 자아를 알아야만, 진정으로 행복할 수 있고, 그것을 오랫동안 누릴 수 있다. 그러나 종종 과거의 경험, 세상의 강요, 세속적 가치관이 참된 행복을 가로막는다.

지금 당신의 행복과 성공을 방해하는 요소는 무엇인가?

DAY 348

> 육신을 따르는 자는 육신의 일을, 영을 따르는 자는 영의 일을 생각하나니 육신의 생각은 사망이요 영의 생각은 생명과 평안이니라 (롬 8:5-6)
>
> 육신이 된 사람들은 육신의 일들을 생각하고 있으나, 그 영(성령)을 따르는 사람들은 그 영(성령)의 일을 생각하기 때문입니다. 생각과 목적 등 육신의 사고방식은 사망이지만, 그 영(성령)의 사고방식은 생명과 샬롬입니다. (롬 8:5-6, 원뉴맨성경)
>
> 뇌 건강을 위한 팁 | 우리는 해로운 생각을 제거할 수 있는 신경 분야의 조형 예술가이자 의사이다.

    우리의 삶과 역경을 이겨낸 다른 사람들의 이야기 속에서 마음의 능력을 보여 주는 예들을 쉽게 찾아볼 수 있다. 사실 인간인 우리는 어떻게 마음을 사용하여 우리의 현실을 변화시킬 수 있을까에 끊임없이 매료된다. 하나님은 우리를 육신을 이기고 정복하는 승리자로 창조하셨다. 그러나 반드시 기억해야 할 사실이 있다. 육신을 정복하는 것은 오직 예수님의 사랑 안에 있을 때만 유지된다는 것이다.

    우리의 뇌가 변화되는 성질을 신경가소성이라고 한다. 우리는 신경을 다루는 조형 예술가이자 외과의사로서, 나노 차원, 심지어는 양자 차원에서 자신의 뇌수술을 집도한다.

    마음의 능력은 참으로 놀랍다!

DAY 349

> 우리 주 예수 그리스도의 하나님, 영광의 아버지께서 지혜와 계시의 영을 너희에게 주사 하나님을 알게 하시고 너희 마음의 눈을 밝히사 그의 부르심의 소망이 무엇이며 성도 안에서 그 기업의 영광의 풍성함이 무엇이며 (엡 1:17-18)

뇌 건강을 위한 팁 | 생각은 세계관의 바탕을 이룬다.

마음을 필터처럼 생각하라. 무의식 혹은 메타인지(자신의 인지 과정에 대하여 한 차원 높은 시각에서 관찰·발견·통제하는 정신 작용 – 역자 주) 차원에서의 마음은 출생 이후로 계속해서 쌓아 온 생각들로 가득 차 있으며, 이것이 세상을 바라보는 인식(세계관)의 기반을 이룬다. 세계관은 일종의 필터처럼 앞으로 우리가 하게 될 생각과 말과 행동을 규정할 것이다. 가장 많이 집중하고 마음 깊이 쌓아 둔 생각이 인생을 살아가는 방식을 좌우한다.

무의식 속에 어떤 생각을 심어 놓았는가? 밤잠을 설치게 만드는 생각은 무엇인가? 무엇이 당신의 생각과 말과 행동을 규정하는가? 당신의 생각은 얼마나 건강한가? 당신의 필터는 어떻게 생겼는가?

네 마음을 다하고 목숨을 다하고 뜻을 다하고 힘을 다하여 주 너의 하나님을 사랑하라 하신 것이요 (막 12:30)

 뇌 건강을 위한 팁 | 어떤 생각을 품기로 선택했느냐에 따라 내면의 삶이 달라진다.

　우리 삶의 모든 것에 자동화가 적용된다. 우리가 말하고 행하는 모든 것이 생각에서 시작되기 때문이다. 이것은 생각을 떠올리기 전엔 어떤 일도 일어나지 않는다는 뜻이다. 생각은 땅속 깊이 뻗어나간 뿌리와 같아서 말과 행동과 습관을 만들어 낸다. 이때 말과 행동과 습관은 나무의 줄기와 가지, 잎사귀, 꽃, 열매라고 할 수 있다.

　땅속의 뿌리처럼 무의식의 메타인지적 마음은 24시간 내내 줄기와 가지를 지탱하며 양분을 공급한다. 바로 이 무의식의 메타인지적 마음이 우리의 속사람, 곧 영혼의 중심을 구성한다.

DAY 351

여호와를 경외하는 것은 악을 미워하는 것이라 나는 교만과 거만과 악한 행실과 패역한 입을 미워하느니라 (잠 8:13)

뇌 건강을 위한 팁 | TIP 사랑에만 반응하도록 설계된 창조의 본연을 거스르면, 우리의 뇌와 몸에 혼란이 초래된다.

　사랑과 진리를 왜곡하면 우리의 뇌에 왜곡된 사랑과 진리가 새겨진다. 말하자면, 뇌가 손상되는 것이다. 이것은 결코 과장이 아니다. 왜냐하면 우리의 뇌는 두려움이 아닌, 오직 사랑에만 반응하도록 설계되었기 때문이다. 그러므로 초기화 상태에서 뇌의 모든 신경회로(신경화학적·신경물리학적·신경생물학적·전자기적·양자적 신경회로)는 건강한 생각들을 만들어 낸다. 그러나 두려움을 품은 채 생각하고, 말하고, 행하면 우리의 뇌 속에서 혼란과 파괴가 일어난다.

　우리가 사랑에만 반응하는 맞춤형 사고 구조, 즉 '완전한 나'에서 이탈하게 되면, '두려움의 영역'(fear zone)으로 들어가 해로운 스트레스를 경험하게 된다. 이러한 두려움으로부터 증오, 분노, 쓴 뿌리, 걱정, 짜증, 용서하지 않는 마음, 불친절, 근심, 자기 연민, 시기, 질투, 집착, 냉소, 그리고 거의 모든 종류의 왜곡된 발언이 흘러나온다.

　과학자들에게는 사랑의 사고 구조가 인간의 초기화 모드이고, 두려움의 사고 구조가 학습된 모드라는 연구 결과가 획기적인 것이지만, 말씀을 아는 우리에게는 전혀 새로운 사실이 아니다.

너희가 온 마음으로 나를 구하면 나를 찾을 것이요 나를 만나리라 (렘 29:13)

뇌 건강을 위한 팁 | 긍정적 가소성은 긍정적 습관으로, 부정적 가소성은 부정적 습관으로 이어진다.

오늘날의 신경과학과 양자물리학의 연구 결과는 매일 매 순간 생각이 뇌를 변화시킨다는 것을 보여 준다. 변화의 양상은 우리가 어디에 관심을 두느냐에 따라 달라진다. 이러한 관심과 집중이 반복되면, 학습이 이뤄지게 된다.

양자물리학에서는 이러한 변화 과정을 '양자 제논 효과'(Quantum Zeno Effect, QZE)라고 하는데, 이것은 '자기 주도 신경가소성'과 궤를 같이한다(참고로 '자기 주도 신경가소성'은 신경과학계가 만들어 낸 용어이다). 양자 제논 효과나 자기 주도 신경가소성은, 깊은 사고가 뇌 구조와 기능을 지속적으로 변화시키는 원리를 설명해 준다.

가소성 때문에 우리의 뇌는 긍정적으로도, 부정적으로도 변화될 수 있다. 이처럼 뇌가 긍정적으로 또는 부정적으로 변하는 양상을 '가소성 패러독스'라고 부른다. 긍정적 QZE는 긍정적 습관을, 부정적 QZE는 부정적 습관을 만들어 낸다.

마음이 어느 쪽을 향할지는 전적으로 우리의 선택에 달렸다. 예수님은 사랑의 길을 따르라고 강요하지 않으신다. 우리가 그분을 찾기로 결단해야 한다. 그분을 따르기로 선택하여 사랑에만 반응하도록 설계된 뇌의 창조 본연을 무너뜨리는 것이 아니라 견고하게 세우는 일들에 집중하기로 선택해야 한다.

DAY 353

> 이에 예수께서 말씀하시되 사탄아 물러가라 기록되었으되 주 너의 하나님께 경배하고 다만 그를 섬기라 하였느니라 (마 4:10)

뇌 건강을 위한 팁 | 사탄의 거짓말을 믿을지, 하나님의 약속을 믿을지는 당신의 선택이다. 우리의 선택으로 이러한 가능성들이 실체가 된다.

우리는 사탄의 거짓말을 오감으로 받아들인다. 그러나 중요한 것은 그 거짓말을 믿을 필요가 없다는 사실이다. 우리가 사탄의 거짓말을 믿으면, 그것을 물리적 실체로 처리하면서 우리를 행동하게 만드는 신경회로의 구성물질을 만들어 내게 된다. 의식을 통해 무의식적 메타인지 영역으로 들어가는 것이다. 이 말은 사탄의 거짓말을 믿기로 선택할 경우, 우리 뇌 안에서 그 거짓말이 실체화된다는 뜻이다. 실체화 과정의 결과, 우리는 악(惡)을 만들어 내고, 악의 원칙에 따라 살아가게 된다.

사탄의 거짓말을 믿을 필요는 없다. 하지만 그의 거짓말을 믿기로 선택할 때, 가능성이 붕괴되어 실체가 된다. 이것은 우리에게 자유의지가 있기에 가능한 일이다. 우리는 선택으로 가능성을 붕괴시켜 실제 악(惡)을 만들어 낼 수 있다.

하나님께서는 우리에게 선한 것도, 악한 것도 만들어 낼 수 있는 엄청난 능력을 주셨다. 우리의 선택이 실체가 된다는 사실을 인식하면, 마음의 힘을 사용하는 일에 좀 더 신중해질 것이다.

DAY 354

> 내가 두려워하는 날에는 내가 주를 의지하리이다 내가 하나님을 의지하고 그 말씀을 찬송하올지라 내가 하나님을 의지하였은즉 두려워하지 아니하리니 혈육을 가진 사람이 내게 어찌하리이까 (시 56:3-4)
>
> 뇌 건강을 위한 팁 | 우리는 두려워하고 좌절하며 살아갈 필요가 없다.

우리는 시시각각 외부에서 유입되는 감각 정보를 느낀다. 그러나 외부의 환경이나 사건들에 지배당할 필요가 없다. 우리가 삶 가운데 겪거나 처하게 되는 사건이나 상황을 통제할 수는 없다. 하지만 각각의 사건과 상황에 어떻게 반응할지는 선택할 수 있다. 이 사실을 끊임없이 명심하라.

인생의 문제들에 되는 대로 반응하거나 싸워 보지도 않고 상황을 받아들이지 말라. 여유를 갖고 어떻게 반응해야 할지, 대면한 문제를 어떻게 극복할지 생각해 보라. 포기하는 것도 하나의 선택일 수 있다.

건강하고 밝고 단호한 사고방식을 구축하면, 삶의 다양한 상황들에 반응하는 방식을 변화시킬 수 있다. 그러면 삶의 태도 또한 달라지게 된다. 그러므로 이미 패배한 사람처럼 살지 말라.

DAY 355

> 더러는 흙이 얕은 돌밭에 떨어지매 흙이 깊지 아니하므로 곧 싹이 나오나 해가 돋은 후에 타서 뿌리가 없으므로 말랐고 (마 13:5-6)
>
> 뇌 건강을 위한 팁 | 매일 하던 일을 멈추면, 기억의 성질이 바뀌어 결국 사라진다.

단 한 번 긍정적인 생각을 적용한 것으로 변화가 일어났다고 여길 수는 없다. 건강한 생각 습관을 구축하는 데는 오랜 시간과 반복적인 노력이 필요하기 때문이다. 우리의 무의식 속에서는 매일같이 '어떤 일'이 일어난다. 만일 우리가 대부분의 사람들과 마찬가지로 4-5일째에 중단하고 포기한다면, 그 열매는 기껏해야 '기억의 변질'일 것이다. 이것은 기억이 죽어 열에너지로 전환된다는 뜻이다. 더 쉽게 말하면 망각이다. 생각을 바꾸기 위해 기울였던 모든 노력이 문자 그대로, 뜨거운 수증기처럼 증발해 버리는 것이다.

일단 시작하면, 한 걸음 앞으로 내딛는 것이지만, 중도에 포기하면 두 걸음 뒤로 물러나는 것이다. 그러니 절대 포기하지 말라.

DAY 356

> 그러므로 내가 첫째로 권하노니 모든 사람을 위하여 간구와 기도와 도고와 감사를 하되 임금들과 높은 지위에 있는 모든 사람을 위하여 하라 이는 우리가 모든 경건과 단정함으로 고요하고 평안한 생활을 하려 함이라 (딤전 2:1-2)
>
> 뇌 건강을 위한 팁 | 기도는 복잡하게 얽혀 있는 우주의 본질을 보여 준다.

양자역학에서 말하는 '얽힘의 법칙'은 이렇게 설명할 수 있다. "시공간에 존재하는 모든 것의 성격은 관계로 규정된다." 원자의 경우, '얽힌 상태'가 원자의 지배적인 성질이다. 그러므로 관계는 거리와 무관하게 형성될 수 있고, 물리적 연결고리가 없어도 얼마든지 관계가 성립된다. '얽힘의 법칙' 때문이다. 모든 사물과 모든 사람이 얽혀 있으며, 우리는 서로에게 영향을 주고받는다.

양자역학에서는 소립자들의 얽힘을 '기이한 습성'이라 부른다. 예를 들어 서로 얽혀 있는 두 개의 소립자는 아무리 멀리 떨어뜨려 놓아도 마치 한 개의 입자인 것처럼 행동한다. 이것이 얽힘이고 '기이한 습성'이다. 물리학자들은 이러한 성질을 비국소성(nonlocal, 거리와 무관한, 지역적이지 않은)이라 부른다. 이 말은 소립자의 위치와 운동량을 동시에 파악하는 것이 물리적으로 불가능하다는 뜻이다. 다른 말로 표현하면 소립자들이 시공간의 제약을 받지 않는다는 것이다.

하나님은 시공간을 초월한 영역에서 역사하신다. 그러므로 우리의 기도도 시공간을 초월하여 작용한다. 지구 정반대편에 거하는 두 사람이 서로를 위해 기도했을 때, 그 효과를 경험했다는 간증이 수없이 많다. 사실 신경과학자들의 책상에는 기도의 능력을 경험한 실험대상자들의 증언과 이를 문서

화한 연구 자료가 수북이 쌓여 있다.

　기도의 능력은 '얽힘'의 능력을 조명해 준다. 우리의 생각과 마음속 소망은 우리 자신뿐만 아니라 온 세상에 영향을 끼친다.

Memo

DAY 357

즐거워하는 자들과 함께 즐거워하고 우는 자들과 함께 울라 서로 마음을 같이하며 (롬 12:15-16)

TIP 뇌 건강을 위한 팁 | 우리의 뇌에는 우주의 얽힌 상태가 반영되어 있다.

사람들의 삶은 긴밀하게 얽혀 있다. 이러한 '얽힘'은 뇌의 구조에서도 발견된다. 우리의 뇌 속에는 누군가가 웃거나 우는 모습, 혹은 커피 마시는 모습을 볼 때, 작동되는 '거울 뉴런'이란 것이 있다.

나는 웃지도, 울지도, 커피를 마시지도 않지만, 그런 모습을 보는 것만으로도 뇌에서는 마치 그와 동일한 일이 내게 일어나는 것처럼 인식한다. 즉, 다른 사람이 웃는 것을 볼 때, 거울 뉴런의 활동 때문에 뇌에서 마치 내가 웃는 것처럼 인식한다는 뜻이다. 감각-인식 사이클을 거치지 않고, 실제로 오감을 활용하지 않아도 우리의 뇌가 이러한 활동을 수행하는 것이다.

하나님이 주신 공감 능력은 상대의 심정을 내 마음처럼 이해하고, 상대와 나의 처지를 동일시할 수 있는 매우 놀라운 능력이다. 공감 능력 덕분에 우리가 나누는 대화가 더욱 진솔해질 수 있다. 우리가 공감할 때, 뇌 속에서 거울 뉴런의 활동과 같은 작은 기적들이 일어나며, 뇌의 다른 여러 부위들도 '공감'을 위해 연합한다.

우리는 서로 긴밀하게 얽혀 있다. 그래서 다른 사람을 향한 강한 긍휼과 사랑을 느끼게 되어 있다.

아무에게도 악을 악으로 갚지 말고 모든 사람 앞에서 선한 일을 도모하라 할 수 있거든 너희로서는 모든 사람과 더불어 화목하라 (롬 12:17-18)

DAY 358

뇌 건강을 위한 팁 | 우리의 생각과 말과 행동에는 모든 사람의 삶에 영향을 끼칠 만한 힘이 있다.

우리는 한 분 하나님에게서 창조된 존재들이다. 그러므로 '얽힘의 법칙'은 그리 놀라운 것이 아니다. 이 법칙 때문에 다른 사람들을 향한 우리의 의도와 기도와 말은 엄청난 영향력을 발휘한다.

우리는 긴밀하게 얽혀 있어서 내가 품은 의도는 나의 DNA뿐만 아니라, 다른 사람의 DNA에도 큰 영향을 준다. 그러므로 말하고 느끼고 생각하는 것을 주의하고 경계하라. 우리는 다른 사람들에게 어떤 영향력을 끼치는지 온전히 다 알 수 없기 때문이다.

DAY 359

그 때에 우리 입에는 웃음이 가득하고 우리 혀에는 찬양이 찼었도다 그 때에 뭇 나라 가운데에서 말하기를 여호와께서 그들을 위하여 큰 일을 행하셨다 하였도다 여호와께서 우리를 위하여 큰 일을 행하셨으니 우리는 기쁘도다 (시 126:2-3)

> TIP 뇌 건강을 위한 팁 | 인생을 너무 심각하게 받아들이지 말라. 건강에 해롭다.

해로운 생각이 해로운 감정으로, 해로운 감정이 해로운 말과 선택으로 이어진다. 우리는 이러한 순환 과정에 사로잡혀 '내가 누구인지' 망각하는 경우가 있다. 마치 자동화 기계처럼, 해야 할 일들만 수행하면서 생존을 목표로 살아간다. 삶에 대해 지나치게 심각한 것이다.

우리가 즐거움을 느낄 때, 마음의 독(毒)이 사라지고, 건강도 개선되며, 지적 능력도 높아지는데, 우리만의 맞춤형 사고방식이 개선되기 때문이다. 즐거움은 나쁜 스트레스를 해소할 가장 강력한 해독제이다. 게다가 공짜이다! 즐거움은 하나님께서 우리의 뇌에 심어두신 무한한 자원으로, 인생에 대한 건강한 관점을 제공해 주고, 산적한 문제의 해결을 돕는다. 또한 대인관계에 재미를 더하고, 기분까지 좋게 해준다.

나는 아이들과 함께하는 것을 좋아한다. 그것은 정말이지 너무나도 행복한 시간이다. 아이들의 무모해 보이는 행동과 우스갯소리에 웃음이 멈추지 않는다. 아이들과 함께 개를 산책시키는 것도, 아이들의 이야기를 듣는 것도 즐겁다. 소파에 함께 앉아 재미있는 목소리로 말도 안되는 노래를 만들어 부르는 등 함께 웃는 모든 것이 소중하다. 그러나 생활계획표에 업무만 채워 넣는다면, 이처럼 생명으로 가득한 순간들을 영원히 놓쳐 버리게 될 것이다.

> 우리는 낮에 속하였으니 정신을 차리고 믿음과 사랑의 호심경을 붙이고 구원의 소망의 투구를 쓰자 하나님이 우리를 세우심은 노하심에 이르게 하심이 아니요 오직 우리 주 예수 그리스도로 말미암아 구원을 받게 하심이라 (살전 5:8-9)

DAY 360

뇌 건강을 위한 팁 | 우리의 반응방식이 몸과 마음에 영향을 끼친다.

신체에 타격이 가해질 때뿐만 아니라 마음에 경고등이 켜질 때, 우리의 몸은 감염이라 불리는 과정과 비슷한 방식으로 반응한다. 만일 짧은 기간 앓고 끝난다면, 감염은 유익하다. 그러나 그 기간이 길어지면, 감염은 뇌와 몸에 심각한 물리적 손상을 입히게 된다.

감염 과정 중 우리 몸에서 가장 먼저 분비되는 물질은 C반응 단백질(C reactive protein, CRP, 5파트 단백질)이다. 무언가에 감염된 순간 CRP가 간에서 생성되어 혈액 속으로 분출된다. 연구자들은 우리가 과거의 안 좋은 사건을 떠올리며 염려할 때(해로운 회상) 혈중 CRP(C반응 단백질)가 매우 높은 수치로 꾸준하게 검출된다고 말한다. 바꿔 말하면, 근심으로 인해 다양한 정신적·신체적 질병과 관련된 체내 염증 상태가 만성화된다는 뜻이다.

환경은 통제할 수 없다. 그러나 우리에게 주어진 상황과 환경에 어떻게 반응할지는 우리가 선택할 수 있다. 그러므로 우리의 반응방식을 혈중 C반응 단백질 수치로 가늠해 볼 수도 있을 것이다. 우리가 잘못된 방식으로 반응하면, 뇌와 몸을 손상시킬 수 있다. 하지만 올바르게 반응하면, 뇌와 몸이 건강해질 수 있다.

DAY 361

지혜를 얻은 자와 명철을 얻은 자는 복이 있나니 이는 지혜를 얻는 것이 은을 얻는 것보다 낫고 그 이익이 정금보다 나음이니라 지혜는 진주보다 귀하니 네가 사모하는 모든 것으로도 이에 비교할 수 없도다 그의 오른손에는 장수가 있고 그의 왼손에는 부귀가 있나니 그 길은 즐거운 길이요 그의 지름길은 다 평강이니라 지혜는 그 얻은 자에게 생명나무라 지혜를 가진 자는 복되도다 (잠 3:13-18)

 뇌 건강을 위한 팁 | 현재, 인생의 어느 단계에 와 있든지, 우리는 마음을 활용하여 지혜를 계발하고, 사고방식도 바꾸어 삶의 태도를 변화시킬 수 있다.

깊은 사고와 집중을 생활 습관으로 정착시켰다면, 이미 뇌의 가소성 스위치를 켠 것이다. 이 경이로운 능력은 뇌 속에 수많은 신경 가지들이 자라나게 하여 끊임없이 네트워크를 형성하면서 당신을 더욱 지혜롭게 한다. 전략적으로 사고방식을 통제하면, 앞으로 사는 날 동안 새로운 신경 시스템을 구축하고, 기존의 건강한 신경 시스템을 더욱 강화시킬 수 있다.

몸이 얼마나 아픈지, 또 얼마나 심각한 정신적 문제를 겪고 있는지와 상관없이, 우리는 생각과 감정을 선택하여 삶의 방향을 결정할 수 있다. 하나님은 우리 각 사람에게 유전 물질과 함께 후성유전 능력을 장착하게 하셨다. 그래서 어떤 어려움에도 최상의 능력으로 대처할 수 있다.

DAY 362

> 의인의 공의도 자기에게로 돌아가고 악인의 악도 자기에게로 돌아가리라 (겔 18:20)
>
> 뇌 건강을 위한 팁 | 당신이 구축한 사고방식은 스스로 책임져야 한다.

    생각은 우리가 누구이고 우리의 몸이 어떻게 느끼는지 등 모든 면에 영향을 끼친다. 우리는 생각이 빚어 낸 결과물을 외면할 수 없다. 어떤 생각을 품을지 선택했다면, 그것이 빚어 낸 결과에 대해서도 책임져야 한다.

    우리의 마음 상태(사고방식)는 몸과 마음의 건강에 고스란히 반영되어 있다. 현재 당신의 마음 상태는 당신의 몸과 마음의 건강에 대해 뭐라고 말하는가? 자신의 사고방식이 삶에 어떤 영향력을 끼치는지 살펴보라. 사고방식이 도움이 되었거나 오히려 장애물이 되었던 특정 상황들에 대해서도 생각해 보라.

DAY 363

예수께서 온 갈릴리에 두루 다니사 그들의 회당에서 가르치시며 천국 복음을 전파하시며 백성 중의 모든 병과 모든 약한 것을 고치시니 (마 4:23)

 뇌 건강을 위한 팁 | 사랑에는 치유의 능력이 담겨 있다.

우리는 영적·감정적·화학적으로 얽혀 있다. 이러한 연계 때문에, 우리는 서로를 세워 줄 수도, 무너뜨릴 수도 있으며, 뇌의 구조적 변화도 긍정적인 방향일 수도, 부정적인 방향일 수도 있다.

우리가 서로를 사랑으로 대할 때, 정신적·육체적 고통이 실제로 사라진다! 강렬한 사랑에 활성화되는 뇌의 부위는 진통제를 투여함으로 통증을 진정시키는 곳과 동일하다. 그러므로 다른 사람을 향한 사랑의 감정을 표현하고 싶을 때, 머뭇거리지 말라. 사랑을 받고 사랑을 베풀 때, 엄청난 신체적 유익이 주어지기 때문이다.

예수님께서 수많은 치유의 기적을 일으키신 것은 결코 놀라운 일이 아니다! 그분의 말씀과 행동에 사랑의 능력이 있기 때문이다. 사랑은 실제로 당신과 당신 주변의 사람들을 치유할 수 있다.

> 이는 나 여호와 너의 하나님이 네 오른손을 붙들고 네게 이르기를 두려워하지 말라 내가 너를 도우리라 할 것임이니라 (사 41:13)
>
> 뇌 건강을 위한 팁 | 당신이 바꿀 수 없는 것들 때문에 염려하느라 시간을 낭비하지 말라.

DAY 364

살다 보면, 유해한 생각에 사로잡힐 만한 상황들을 만나게 된다. 그리고 그런 상황들을 통제하는 것은 정말 어려운 일처럼 보인다. 그러면 모두가 무력함을 느끼게 된다. 뒤돌아보면, 항상 하나님이 이면에서 역사하고 계셨다는 것과 매우 가치 있는 교훈을 얻었음을 깨닫게 된다. 하지만 또한 내가 얼마나 깊은 자기 연민과 근심에 빠져 있었는지도 깨닫는다. 나는 부정적인 생각이 내 생명을 앗아가고 있음을 느끼고 있었다. 해로운 생각들을 사로잡아 회개하고, 즉 마음을 변화시키고, 용서해야 한다는 것을 알았다. 그랬다면 평강과 기쁨이 내 안에 넘쳐흐르면서 하나님께서 창조하신 원래의 모습을 회복할 수 있었을 것이다.

어떤 상황을 생각하며 잠들었다가 다시 그 상황을 생각하며 눈을 떠 본 적이 있는가? 다른 생각을 할 수 없을 정도로 머릿속이 온통 해로운 생각들로 가득 찼던 경험이 있는가? 삶 전체를 사로잡거나 모든 것을 대하는 태도에 영향을 끼칠 만큼 해롭고 부정적인 생각을 한 적이 있는가?

해로운 생각은 마음의 평안을 빼앗고, 올바른 사고를 할 수 없게 방해할 뿐이다. 하지만, 다행히도 우리는 마음을 새롭게 함으로 그것들을 제거해 낼 수 있다. 생각은 능동적이어서 우리의 선택과 관심이 집중되는 방향으로 성장하고 변화된다.

DAY 365

우리가 선을 행하되 낙심하지 말지니 포기하지 아니하면 때가 이르매 거두리라 (갈 6:9)

TIP 뇌 건강을 위한 팁 | 참된 변화에는 시간이 필요하다.

가치 있는 일은 순식간에 이뤄지지 않는다. 우리는 꿈이 실체가 되게 만들 수 있다. 하지만 먼저 꿈을 이루는 데는 시간이 걸린다는 사실부터 인식해야 한다.

더 나은 삶을 위해 노력하되, 절대 포기하지 말라. 열정을 잃지 말라. 기술 진보의 시대는 '빨리빨리'를 조장한다. 변화와 성공도 예외는 아니다. 오늘날 사람들은 너나 할 것 없이 빨리 성공하고 싶어 한다. 하루빨리, 변화를 체험하고 싶어 한다. 그러나 성공과 행복에는 지름길이 없다. 당신이 속한 학교와 직장과 삶 가운데 성공하려면 오랫동안 노력해야 한다. 그래야 행복을 맛볼 수 있다.

현대인은 자신에게 익숙한 속도로 무언가를 성취하지 못하거나, 기대한 만큼 빨리 해내지 못하면, 어느 정도 노력하다가 포기해 버리는데, 이것은 건강에 좋지 않다. 포기는 마음에 괴로움을 안기고, 그 괴로움 때문에 뇌와 몸이 해로운 스트레스를 받게 된다. 몸은 피곤해지고 마음엔 좌절감이 가득 찰 것이다. 이런 상황에서, 과연 세상의 빛이 될 수 있겠는가?

| 에필로그 |

축하한다! 지난 1년 동안 당신은 자신의 마음과 하나님의 계획 사이의 상관관계를 생각하고, 질문하고, 답하고, 토론하면서 마음을 새롭게 해왔다. 하지만 기억하라. 이 훈련의 목적은 새로운 삶의 방식을 구축하는 것이지, 책 한 권 다 읽고 만족하는 것이 아니다.

깊은 생각은 뇌를 위한 유산소운동과 같아서 뇌와 마음의 건강에 유익하다. 깊은 생각에 잠길 때, 우리의 마음 활동은 더욱 활발해진다. 그러면 자신의 잠재력을 온전히 발휘할 수 있는 상태에 도달하게 된다. 이러한 변화는 '새로워진' 마음 상태를 장기간 유지할 수 있게 해 준다.

생각하고 말하고 행동하는 방식을 바꾸는 것이 다소 부담되긴 하겠지만, 마음을 새롭게 하는 습관을 장착하면, 점점 쉬워진다. 마치 제2의 본성처럼 느껴질 것이다! 생각을 바꾸면, 삶을 변화시킬 수 있다. 변화된 삶은 하나님께 바쳐질 거룩한 산 제물이 될 것이다. 남아 있는 나날 동안, 당신은 몸과 마음과 영혼을 하나님께 온전히 드릴 수 있다!

변화된 생각과 말과 행동으로 천국을 이 땅에 가져오라. 당신은 정말로 "천국이 여기에 있다!"라고 선포할 수 있다. 당신은 산 위의 마을에서 독특하게 빛나는 빛이다. 워낙 밝게 빛나기 때문에, 정체를 감출 수 없다. 악한 생각 습관의 됫박 아래에 그 빛을 숨기지 말라. 당신은 이 세상에 좋은 것들을 선사할 수 있다.

당신에게는 그리스도의 마음과 능력이 있다!

| 주 |

1. 톰 라이트, 《성경과 하나님의 권위》(새물결플러스 출판, 2011, pp. 1-60), 랍 벨, 《What is the Bible? How an Ancient Library of Poems, Letters, and Stories Can Transform the Way You Think and Feel about Everything》(성경은 무엇인가?. 시, 서신, 내러티브로 구성된 고대 문학의 집합체가 어떻게 우리의 생각과 감정을 변화시키는가?, HarperOne 출판, 2017), pp. 4-6, 87-93, 121-124, 151-174.
2. Ibid.
3. 토머스 오롤린, "The People of the Book"(성경의 사람들), 《The Furrow》 62권 4호, 2011년 발간, pp. 209-212.
4. J. C. 폴킹혼, 《양자 물리학과 신학: 뜻밖의 인연》(동방박사 출판, 2022, pp. 109-110)
5. Ibid.
6. 캐롤라인 리프, 《뇌의 스위치를 켜라》(순전한나드 출판, 2015, pp. 103-122).
7. Ibid.
8. 랍 벨, 《What is the Bible?》(성경은 무엇인가? pp. 4-6, 87-93, 121-124, 151-174).
9. 오롤린, "성경의 사람들" pp. 209-212.
10. 랍 벨, 《What is the Bible?》(성경은 무엇인가? pp. 4-6, 87-93, 121-124, 151-174).
11. 알리스터 E. 맥그래스, 《우주의 의미를 찾아서: 과학과 종교, 삶의 의미에 대해서 말하다》(새물결플러스 출판, 2013, pp. 1-14).
12. 오롤린, "성경의 사람들" pp. 209-212.
13. 랍 벨, 《What is the Bible?》(성경은 무엇인가? pp. 4-6, 87-93, 121-124, 151-174).
14. 톰 라이트, 《바울과 하나님의 신실하심》(CH북스 출판, 2015, p. 567).
15. 트렘퍼 롱맨 3세, 《잠언 주석: 베이커 지혜 문헌 시편 주석 시리즈 5》, CLC 출판, 2019, p. 420.
16. 톰 라이트, 《The Climax of the Covenant: Christ and the Law in Pauline Theology》(언약의 절정: 바울 신학 속의 그리스도와 율법의 관계), 미네아폴리스: Fortress Press, 1992, p. 185.
17. 《톰 라이트와 함께 읽는 사순절 매일 묵상집: 마태복음》(Lent for Everyone: A Daily Devotional, Matthew Year A), 에클레시아북스 2014, p. 13.
18. J. 리처드 파운틴, 《Eschatological Relationships and Jesus in Ben F. Meyer, N.T. Wright and Progressive Dispensationalism》(벤 F. 메이어, 톰 라이트, 점진적 세대주의가 바라보는 종말적 관계와 예수), 유진 오리건: Wipf & Stock 출판 2016, p. 131.
19. 앤드류 T. 링컨, 《Paradise Now and Not Yet: Studies in the Role of the Heavenly Dimension in Paul's Thought with Special Reference to His Eschatology》('이미'와 '아직' 사이에 놓인 낙원: 바울이 생각하는 천상 영역이 그의 종말론에 어떤 영향을 주었는지 연구하다) 캠브리지: Cambridge University Press, 2004, pp. 1-8.

20. 로저 펜로즈, 《황제의 새 마음: 컴퓨터, 마음, 물리법칙에 관하여》(이화여자대학교출판부, 2022).
21. 마이크 버드, "톰 라이트: 교회는 예수님이 시작한 혁명을 이어간다" 《Christianity Today》 2016. 10. http://www.christianitytoday.com/ct/2016/october-web-only/n-t-wright-jesus-death-does-more-than-just-get-us-into-heav.html.
22. J. 리처드 미들턴, 《A New Heaven and a New Earth: Reclaiming Biblical Eschatology》(새 하늘과 새 땅: 성경적 종말론의 회복), 그랜드 래피즈: Baker Academic 출판, 2014. pp. 129-176.
23. 헨리 스태프, "Minds and Values in the Quantum Universe"(양자 우주에서의 마음과 가치), 《Information and the Nature of Reality from Physics to Metaphysics》(물리학에서 형이상학에 이르기까지 정보와 실체의 본질) 중에서, 폴 데이비스, 닐스 헨릭 그레거슨 편집. 영국: Cambridge University Press 출판, 2014. p. 157.
24. 제임스 K. A. 스미스, 《습관이 영성이다: 영성 형성에 끼치는 습관의 힘》(You Are What You Love: The Spiritual Power of Habit), 비아토르 출판, 2018. p. 111.
25. 톰 라이트, 《바울과 하나님의 신실하심》(CH북스, 2015, p. 377).
26. 톰 라이트, 리처드 헤이즈, "Evening Conversation with N. T. Wright and Richard Hays"(톰 라이트와 리처드 헤이즈의 저녁 대화) 유튜브 비디오 중 발췌. https://www.youtube.com/watch?v=w6XakC2ZjsU&index=52&list=WL.
27. 마이클 겔브, 새라 밀러 캘디콧, 《이노베이터 CEO 에디슨》(Innovate Like Edison) 한언 출판, 2008, pp. 88-90.
28. 숀 어쿼, 《The Happiness Advantage: The Seven Principles of Positive Psychology that Fuel Success and Performance at Work》(행복 어드벤티지: 일터에서 성공과 성취를 주도하는 긍정적 심리학) 뉴욕: Random House 출판, 2011.
29. 리프, 《뇌의 스위치를 켜라》 www.21daybraindetox.com
30. 리프, 《완전한 나》 순전한나드 출판, 2018.
31. 리처드 스윈번, 《Mind Brain and Free Will》(마음과 뇌와 자유의지) 런던: Oxford University Press 출판, 2013.
32. 리프, 《뇌의 스위치를 켜라》, 《완전한 나》, 《생각하고 배우고 성공하라》(순전한나드 출판).
33. 리프, 《생각하고 배우고 성공하라》(순전한나드 출판).
34. 존 H. 월튼, 《창세기 1장의 잃어버린 세계: 고대 우주론과 기원에 관한 논쟁》(The Lost World of Genesis One: Ancient Cosmology and the Origins Debate) 그리심, 2011, pp. 72-77.
35. 월튼, 《창세기 1장의 잃어버린 세계》 pp. 72-77.
36. 《The Blue Zone: Lessons for Living Longer from the People Who've Lived the Longest》(블루 존: 가장 오래 산 사람들에게서 더 오래사는 법을 배우다), 워싱턴 D.C.: National Geographic 출판, 2008. pp. 1-22.
37. "Religion and the Quantum World - Professor Keith Ward"(종교와 양자 세계 - 키스 워드 교수) Vimeo 영상에서 발췌. https://vimeo.com/40154090, 18:00-18:25.
38. 리프, 《뇌의 스위치를 켜라》 www.21daybraindetox.com.

순전한나드 도서목록

번호	도서명	저자	가격	비고
1	존 비비어의 승리〈개정판〉	존 비비어	12,000	
2	교회를 뒤흔드는 악령을 대적하라	프랜시스 프랜지팬	5,000	
3	교회를 어지럽히는 험담의 악령을 추방하라	프랜시스 프랜지팬	5,000	
4	그리스도인의 삶의 비결〈개정판〉	진 에드워드	9,000	
5	존 비비어의 친밀감〈개정판〉	존 비비어	16,000	
6	내어드림〈개정판〉	프랑소와 페늘롱	7,000	
7	존 비비어의 축복의 통로〈개정판〉	존 비비어	8,000	
8	부서트리고 무너트리는 기름부으심	바바라 J. 요더	8,000	
9	사도적 사역	릭 조이너	12,000	
10	사사기	잔느 귀용	7,000	
11	상한 마음을 치유하는 기도	마크 & 패티 버클러	15,000	
12	상한 영의 치유1	존 & 폴라 샌드포드	17,000	
13	상한 영의 치유2	존 & 폴라 샌드포드	12,000	
14	여정의 시작	릭 조이너	13,000	
15	영광스러운 교회에 보내는 메시지 1	릭 조이너	10,000	
16	영분별〈개정판〉	프랜시스 프랜지팬	4,000	
17	영적 전투의 세 영역〈개정판〉	프랜시스 프랜지팬	11,000	
18	예레미야	잔느 귀용	6,000	
19	예수 그리스도와의 친밀함	잔느 귀용	7,000	
20	예수님을 닮은 삶의 능력〈개정판〉	프랜시스 프랜지팬	12,000	
21	예수님을 향한 열정〈개정판〉	마이크 비클	12,000	
22	잔느 귀용의 요한계시록〈개정판〉	잔느 귀용	13,000	
23	인간의 7가지 갈망하는 마음	마이크 비클 & 데보라 히버트	11,000	
24	저주에서 축복으로	데릭 프린스	6,000	
25	주님, 내 마음을 열어 주소서	캐티 오츠 & 로버트 폴 램	9,000	
26	지구상에서 가장 강력한 기도	피터 호로빈	7,500	
27	축사사역과 내적치유의 이해 가이드	존 & 마크 샌드포드	22,000	
28	출애굽기	잔느 귀용	10,000	
29	하나님과 사람에게 더욱 사랑스러운 자	듀안 벤더 클럭	10,000	
30	하나님과의 연합	잔느 귀용	7,000	
31	하나님을 연인으로 사랑하는 즐거움	마이크 비클	13,000	
32	하나님 마음에 합한 사람	마이크 비클	13,000	
33	하나님의 아름다움을 바라보는 축복	허 철	10,000	
34	하나님의 요새〈개정판〉	프랜시스 프랜지팬	9,000	
35	하나님의 장군의 일기〈개정판〉	잔 G. 레이크	6,000	
36	항상 배가하는 믿음〈개정판〉	스미스 위글스워스	13,000	

번호	도서명	저자	가격	비고
37	항상 부족함이 없으리로다	롤랜드 & 하이디 베이커	10,000	
38	혼동으로부터의 자유	릭 조이너	5,000	
39	혼의 묶임을 파쇄하라	빌 & 수 뱅크스	10,000	
40	존 비비어의 회개〈개정판〉	존 비비어	11,000	
41	금식이 주는 축복	마이크 비클 & 다나 캔들러	12,000	
42	부활	벤 R. 피터스	8,000	
43	거절의 상처를 치유하시는 하나님	데릭 프린스	6,000	
44	존 비비어의 분별력〈개정판〉	존 비비어	13,000	
45	통제 불능의 상황에서도 난 즐겁기만 하다	리사 비비어	12,000	
46	어린이와 십대를 위한 축사사역	빌 뱅크스	11,000	
47	빛은 어둠 속에 있다	패트리샤 킹	10,000	
48	목적으로 나아가는 길	드보라 조이너 존슨	8,000	
49	지도자의 넘어짐과 회복	웨이드 굿데일	12,000	
50	하나님의 일곱 영	키이스 밀러	13,000	
51	너희 지체를 의의 병기로 하나님께 드리라	허 철	8,000	
52	세계를 변화시키는 능력	릭 조이너	12,000	
53	왕의 자녀의 초자연적인 삶	빌 존슨 & 크리스 밸러턴	13,000	
54	믿음으로 산 증인들	허 철	12,000	
55	욥기	잔느 귀용	13,000	
56	나라를 변화시킨 비전: 윌리엄 테넌트의 영적인 유산	존 한센	8,000	
57	세상을 다스리는 권세의 회복	레베카 그린우드	10,000	
58	창세기 주석	잔느 귀용	12,000	
59	하나님의 강	더치 쉬츠	13,000	
60	당신의 운명을 장악하라	알렌 키란	13,000	
61	자살	로렌 타운젠드	10,000	
62	그리스도인의 영적혁명	패트리샤 킹	11,000	
63	초자연적 중보기도	레이첼 힉슨	13,000	
64	나는 하나님의 음성을 듣는다	킴 클레멘트	11,000	
65	하나님의 초자연적인 능력	바비 코너	11,000	
66	사랑하는 하나님	마이크 비클	15,000	
67	일곱 교회 이기는 자에게 주시는 축복	허 철	9,000	
68	일터에 영광이 회복되다	리차드 플레밍	12,000	
69	초자연적 경험의 신비	짐 골 & 줄리아 로렌	13,000	
70	웃겨야 살아난다	피터 와그너	8,000	
71	폭풍의 전사	마헤쉬 & 보니 차브다	13,000	
72	천국 보좌로부터 온 전략	샌디 프리드	11,000	

순전한나드 도서목록

번호	도서명	저자	가격	비고
73	영향력	윌리엄 L. 포드 3세	11,000	
74	속죄	데릭 프린스	13,000	
75	신의 성품에 참예하는 자	허 철	8,000	
76	예언, 꿈, 그리고 전도	덕 애디슨	13,000	
77	아가페, 사랑의 길	밥 멈포드	13,000	
78	불타오르는 사랑	스티브 해리슨	12,000	
79	능력, 성결, 그리고 전도	랜디 클락	13,000	
80	종교의 영	토미 펨라이트	11,000	
81	예기치 못한 사랑	스티브 J. 힐	10,000	
82	모르드개의 통곡	로버트 스턴스	13,500	
83	1세기 교회사	릭 조이너	12,000	
84	예수님의 얼굴〈개정판〉	데이비드 E. 테일러	13,000	
85	토기장이 하나님	마크 핸비	8,000	
86	존중의 문화〈개정판〉	대니 실크	13,000	
87	제발 좀 성장하라!	데이비드 레이븐힐	11,000	
88	정치의 영	파이살 말릭	12,000	
89	이기는 자의 기름부으심	바바라 J. 요더	12,000	
90	치유 사역 훈련 지침서	랜디 클락	12,000	
91	헤븐	데이비드 E. 테일러	13,000	
92	더 크라이	키스 허드슨	11,000	
93	천국 여행	리타 베넷	14,000	
94	파수 기도의 숨은 능력	마헤쉬 & 보니 차브다	13,000	
95	지저스 컬처	배닝 립스처	12,000	
96	넘치는 기름 부음	허 철	10,000	
97	거룩한 대면	그래함 쿡	23,000	
98	믿음을 넘어선 기적	데이브 헤스	10,000	
99	영적 전쟁의 일곱 영	제임스 A. 더함	13,000	
100	영적 전쟁의 승리	제임스 A. 더함	13,000	
101	기적의 방을 만들라	마헤쉬 & 보니 차브다	12,000	
102	개인적 예언자	미키 로빈슨	13,000	
103	어둠의 영을 축사하라	짐 골	13,000	
104	적그리스도의 영을 정복하라	샌디 프리드	13,000	
105	성령님 알기	마헤쉬 & 보니 차브다	12,000	
106	십자가의 권능	마헤쉬 & 보니 차브다	13,000	
107	축복의 능력	케리 커크우드	13,000	
108	하나님의 호흡	래리 랜돌프	11,000	

번호	도서명	저자	가격	비고
109	아름다운 상처	룩 홀터	11,000	
110	하나님의 길	덕 애디슨	13,000	
111	천국 체험	주디 프랭클린 & 베니 존슨	12,000	
112	당신의 사명을 깨우라	M. K. 코미	11,000	
113	기독교의 유혹	질 섀넌	25,000	
114	우리가 몰랐던 천국의 자녀양육법	대니 실크	12,000	
115	임재의 능력	매트 소거	12,000	
116	예수의 책	마이클 코울리아노스	13,000	
117	신앙의 기초 세우기	래리 크레이더	13,000	
118	내 인생을 바꿔 줄 최고의 여행	제이 스튜어트	12,000	
119	시간 & 영원	조슈아 밀즈	10,000	
120	하이디 베이커의 사랑	하이디 & 롤랜드 베이커	13,000	
121	하나님의 임재	빌 존슨	15,000	
122	하나님의 갈망	제임스 A. 더함	14,000	
123	형통의 문을 여는 31가지 선포기도	케빈 & 캐티 바스코니	5,000	
124	춤추는 하나님의 손	제임스 말로니	37,000	
125	참소자를 잠잠케 하라	샌디 프리드	13,000	
126	영광이란 무엇인가?	폴 맨워링	14,000	
127	내일의 기름부음	R. T. 켄달	13,000	
128	영적 전투를 위한 전신갑주	크리스 밸러턴	12,000	
129	성령을 소멸치 않는 삶	R. T. 켄달	13,000	
130	초자연적인 삶	아담 F. 톰슨	10,000	
131	한계를 돌파하라	샌디 프리드	13,000	
132	블러드문	마크 빌츠	11,000	
133	구약에서 일어난 모든 일들	윌리엄 H. 마티	13,000	
134	신약에서 일어난 모든 일들	윌리엄 H. 마티	11,000	
135	드보라 군대	제인 해몬	14,000	
136	거룩한 불	R. T. 켄달	13,000	
137	당신의 자녀를 향한 하나님의 65가지 약속	마이크 슈리브	8,000	
138	무슬림 소녀, 예수님을 만나다	사마 하비브 & 보디 타이니	13,000	
139	스미스 위글스워스의 병 고침〈개정판〉	스미스 위글스워스	12,000	
140	뇌의 스위치를 켜라	캐롤라인 리프	13,000	
141	약속된 시간	제임스 A. 더함	13,000	
142	실패를 딛고 일어서는 믿음	샌디 프리드	12,000	
143	스미스 위글스워스의 성령의 은사〈개정판〉	스미스 위글스워스	13,000	
144	끝날 때까지 끝난 것이 아니다	R. T. 켄달	15,000	

순전한나드 도서목록

번호	도서명	저자	가격	비고
145	완전한 기억	마이클 A. 댄포스	10,000	
146	마지막 때와 이슬람	조엘 리차드슨	15,000	
147	질투	R. T. 켄달	14,000	
148	사탄의 전략	페리 스톤	14,000	
149	죽음에서 생명으로	라인하르트 본케	12,000	
150	금촛대 중보자들 1	제임스 말로니	15,000	
151	금촛대 중보자들 2	제임스 말로니	13,000	
152	금촛대 중보자들 3	제임스 말로니	13,000	
153	올바른 생각의 힘	케리 커크우드	12,000	
154	부흥의 거장들	빌 존슨 & 제니퍼 미스코브	25,000	
155	악의 삼겹줄을 파쇄하라〈개정판〉	샌디 프리드	12,000	
156	지옥의 실체와 하나님의 열쇠	메리 캐서린 백스터	12,000	
157	문지기들이여 일어나라	제임스 A. 더함	15,000	
158	안식년의 비밀	조나단 칸	15,000	
159	교회를 깨우는 한밤의 외침	R. T. 켄달	15,000	
160	하나님의 시간표	마크 빌츠	12,000	
161	사랑의 통역사	샨 볼츠	12,000	
162	예루살렘의 평화를 위해 기도하라	탐 헤스	13,000	
163	마이크 비클의 기도	마이크 비클	25,000	
164	유대적 관점으로 본 룻기	다이앤 A. 맥닐	13,000	
165	폭풍을 향해 노래하라	디모데 D. 존슨	13,000	
166	영광의 세대	브루스 D. 알렌	15,000	
167	영적 분위기를 바꾸라	다우나 드 실바	12,000	
168	하나님을 홀로 두지 말라	행크 쿠네만	14,000	
169	하나님이 디자인하신 완전한 나	캐롤라인 리프	20,000	
170	대적의 문을 취하라〈개정증보판〉	신디 제이콥스	15,000	
171	R. T. 켄달의 임재	R. T. 켄달	13,000	
172	영성가의 기도	찰리 샴프	10,000	
173	과거로부터의 자유〈개정판〉	존 로렌 & 폴라 샌드포드	14,000	
174	하나님의 불	제임스 A. 더함	15,000	
175	일상에 임한 하나님의 영광	브루스 D. 알렌	14,000	
176	일곱 산에 관한 예언〈개정판〉	조니 엔로우	15,000	
177	마지막 시대 마지막 주자	타드 스미스	13,000	
178	주의 선하신 치유 능력	크리스 고어	13,000	
179	건강한 생활 핸드북	로라 해리스 스미스	15,000	
180	더 높은 부르심	제임스 말로니	12,000	

번호	도서명	저자	가격	비고
181	레위기, 민수기, 신명기〈개정판〉	잔느 귀용	14,000	
182	당신도 예언할 수 있다〈개정판〉	스티브 탐슨	14,000	
183	생각하고 배우고 성공하라	캐롤라인 리프	15,000	
184	기적을 풀어내는 예언적 파노라마	제임스 말로니	13,000	
185	케빈 제다이의 초자연적 재정	케빈 제다이	14,000	
186	적그리스도와 마지막 때 분별하기	마크 빌츠	13,000	
187	마음을 견고히 하라	빌 존슨	9,000	
188	천국으로부터 받아 누리기	케빈 제다이	13,000	
189	모든 것이 당신에게 유리하게 되어 있다	케빈 제다이	15,000	
190	징조 II	조나단 칸	18,000	
191	데릭 프린스의 교만과 겸손	데릭 프린스	10,000	
192	유다의 사자	랍비 커트 A. 슈나이더	15,000	
193	십자가의 왕도〈개정판〉	프랑소와 페늘롱	9,000	
194	원뉴맨성경 신약	윌리엄 J. 모포드	50,000	
195	하나님의 임재 안으로 들어가기	데릭 프린스	11,000	
196	One Thing	샘 스톰스	15,000	
197	거룩한 흐름 분위기	조슈아 밀즈	10,000	
198	천사들과 동역하는 삶	케빈 제다이	15,000	
199	꿈 상징 사전	조 이보지	10,000	
200	뇌의 스위치를 켜라 365	캐롤라인 리프	22,000	
201	꿈 상징 사전	조 이보지	10,000	

목록에 없는 도서들도 알라딘, 리디북스, 예스24에서 전자책(ebook)으로 이용 가능합니다.

Switch on Your Brain Every Day

by Dr. Caroline Leaf

Copyright ⓒ 2018 by Caroline Leaf

Originally published in English under the title
Switch on Your Brain Every Day by Baker Books,
a division of Baker Books Publishing Group,
Grand Rapids, Michigan, 49516, USA.

Korean Translation Copyright ⓒ 2022 by Pure Nard
2F, Eonju-ro 69-gil Gangnam-gu, Seoul, Korea

The Korean edition is published by arrangement with Baker Books.
All rights reserved.

본 저작물의 한국어판 저작권은 Baker Books와의 독점 계약으로 '순전한 나드'가 소유합니다.
저작권자의 허락 없이 이 책의 일부 또는 전체를 무단 복제, 전재, 발췌하면 저작권법에 의해 처벌을 받습니다.

뇌의 스위치를 켜라 365

초판 발행| 2022년 12월 24일
2쇄 발행| 2023년 9월 8일

지 은 이| 캐롤라인 리프
옮 긴 이| 심현석

펴 낸 이| 허철
책임편집| 김혜진, 김선경
디 자 인| 이보다나
제   작| 김도훈
총   괄| 허현숙
인 쇄 소| 예원프린팅

펴 낸 곳| 도서출판 순전한 나드
등록번호| 제2010-000128
주   소| 서울특별시 강남구 언주로69길 16, (역삼동) 2층
도서문의| 02) 574-6702   팩   스| 02) 574-9704
홈페이지| www.purenard.co.kr

ISBN 978-89-6237-380-6 03230